阿垅致胡风书信全编

阿垅 著

陈沛 晓风 辑注

中华书局

图书在版编目（CIP）数据

阿垅致胡风书信全编/阿垅著;陈沛,晓风辑注. —北京:中华
书局,2014.8
ISBN 978 - 7 - 101 - 10153 - 9

Ⅰ.阿… Ⅱ.①阿…②陈…③晓… Ⅲ.阿垅(1907~1967)
－书信集 Ⅳ.K825.6

中国版本图书馆 CIP 数据核字(2014)第 088184 号

书　　名	阿垅致胡风书信全编	
著　　者	阿　垅	
辑 注 者	陈　沛　晓　风	
责任编辑	阎海文	
出版发行	中华书局	
	（北京市丰台区太平桥西里38号　100073）	
	http://www.zhbc.com.cn	
	E-mail:zhbc@zhbc.com.cn	
印　　刷	北京瑞古冠中印刷厂	
版　　次	2014 年 8 月北京第 1 版	
	2014 年 8 月北京第 1 次印刷	
规　　格	开本/700×1000 毫米　1/16	
	印张 24¼　插页 4　字数 250 千字	
印　　数	1－4000 册	
国际书号	ISBN 978 - 7 - 101 - 10153 - 9	
定　　价	48.00 元	

阿垅 1953 年 7 月 11 日

阿垅与张瑞

阿垅及子陈沛

1947年11月16日于南京栖霞山：化铁、路翎、黄若海、冀汸、黄夫人、阿垅

1949年10月19日于鲁迅墓：阿垅、罗洛、化铁、杭行、雪苇、梅志、庄涌

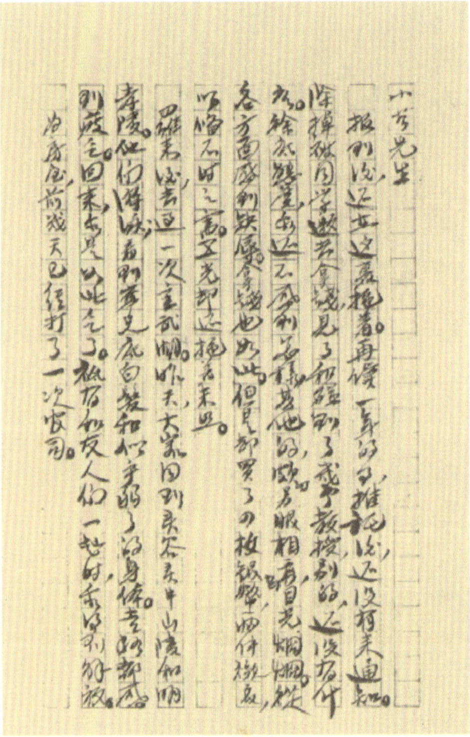

阿垅 1948 年 6 月 21 日自南京（局部）

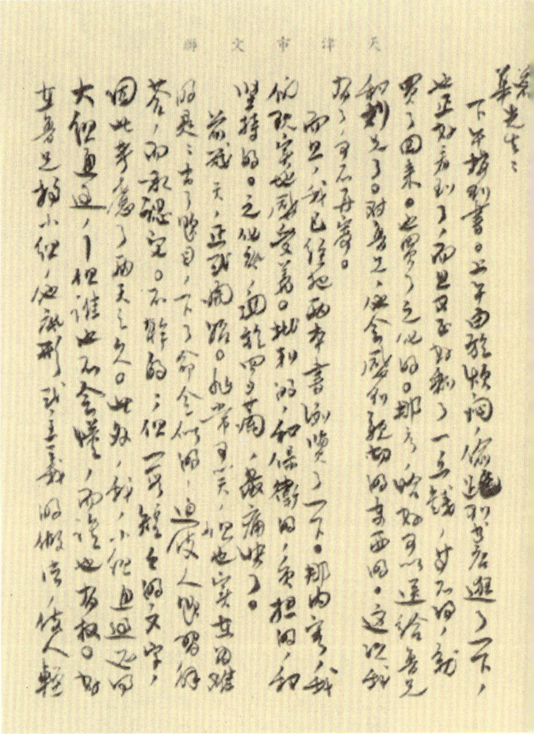

天津市文联

阿垅 1952 年 6 月 26 日自天津（局部）

出版说明

本书收录阿垅致胡风书信共346封，其中有少部分或致胡风、梅志二人，或致胡风、路翎二人，或致梅志一人的书信，也包括存疑书信1封。时间跨度自1938年2月至1955年3月。有340封是从"胡案"平反后由公安部归还的书信整理而成，另外6封源自《关于胡风反革命集团的第三批材料》（由公安部另行归还），原件分别现存于阿垅独子陈沛处及北京鲁迅博物馆"胡风文库"中。另外，胡风致阿垅一人及致阿垅等人的书信共有36封，现存北京鲁迅博物馆"胡风文库"中，本书特按写信时间附于阿垅相应书信之后，在此向提供胡风书信的晓风女士表示感谢。

阿垅给胡风和梅志的书信最早由陈沛先生整理成初稿，再由晓风女士校核。书信按时间先后加以编辑整理，很多未写年月日的书信，由晓风女士根据胡风日记及其他资料加以推测，不能完全确定写信时间地点的则括以问号待定。为了便于读者的理解，特加以必要的注释。注释中除采用了阿垅1955年向组织交信时的注释及胡风写"交代材料"时的说明外，其余均为整理者注，不再另行说明。全书最后经陈沛审阅后定稿。

书信全按原文录入，写信者的习惯用法仍依原样，为了便于阅读，全书分为四辑。书信中很多字词难明其意，但为忠于原作，也依原样录入。信中的着重·号为原有。个别笔误由整理者根据内容加以更正。缺字由整理者补上，以［ ］标出。由于信纸缺失或磨损看不清之处，以□代之。少数涉及个人隐私及他人隐私之处，由整理者加以删节，并以"（略）"表示。写信时间和发信地点存疑时，由整理者加以"（？）"。正文中少数"×××"、"××"处除特地注明"原信如此"外，均为整理者所作之技术处理。

目录

出版说明

一
1938—
1941 年

三
1946—
1948 年

三
1946—
1948 年

四
1949—
1955 年

四
1949—
1955 年

四
1949—
1955 年

四
1949—
1955 年

1938—1941 年

1. 阿垅 1938 年 2 月 19 日自长沙[1]

胡风先生：

见了面不但话笨拙得说不出，连姓名都忘掉留下。但是，这无话的话你一定了然，那不比我多说更好么。虽然主题的话十分重要，不当的话又随口滑出。

可是自己简短的介绍却是必需的，现在补写在这里：我叫陈守梅，是八八师五二三团的一个排长，阶级是少尉，带兵有一点困惑，做军人吃力不讨好。思想上很苦闷，孤独与无所措手足。所以愿意接近你们，因为从文字上看出来你们可以有益于我，对我底思想甚至有教育的作用。

看了《座谈会纪录》[2]，也觉得一件事在进行中要全面描写是太早了，也忙不过来的。自己就是个证明。很久以前，写了一个长篇《摸索》，那是只有热情，从现在看来简直反动，对于自己是打击与嘲笑了。这以后，本想再写两个：一个从九一八到八一三，暂名《动乱》；一个从八一三开始，暂名《扬弃》。自己底意识与能力如何，自然是一个大问题。可是要着手总一时不能。

这里又是一点诗。我不担心在发表，更在取得指正，并非是"客气"的话。

我现在暂住在伤兵收容所。

---

[1] 此信为现存的阿垅给胡风的第一封信。阿垅在上年的"八一三"战事中右面颊及牙齿负伤，被送到后方南昌医院再转长沙医院。此时，胡风在武汉。从内容上看，似乎他在去信之前曾见过胡风，但在胡风日记中并无记载。日记中最早出现的记载是："1938.3.23 得陈守梅信。"

[2] 《座谈会纪录》即发表于《七月》第 2 集第 1 期（1938.1.16）的《抗战以来的文艺活动动态和展望（座谈会纪录）》。

祝光明！

陈守梅上

二月十九日

信由长沙教育会坪宪二团八连蔡炽甫[1]转。

2. 阿垅 1938 年 3 月 21 日自长沙

胡风先生：

我又静静地想过了。

不错，我是"野生"的。我完完全全是"野生"的呢，我有这么一身的刺。

可是，我这"野生"的，竟失去"自然美"了么？

但是，你知道，我这"野生"姿态受过多少打击么？

因为人要的是花，不是刺，和你不同。

在这里也适用达尔文底《选择论》。我是受了修正的。

但是，我为什么要在园艺家手中受修正呢？这有几个原因：第一，我容忍修正有一个限度，只要内在的东西不被歪曲，形式柔软一点是不妨的，但这个柔软又一样有一定的限度。第二，因为那也是前进者底忠告，譬如，"诗虽然不必像天书一样难读，但是诗总得有诗自己底词句……"第三，作品必须通过发表与出版，才能够得到读者群，编者底权威与渴想接近读者群，使我少生一枝刺，多开一朵花。

《新月》不能够给我影响，像温室里的郁金香不能够给"野生"的刺以影响一样。他们底东西，我还读得可怜地少呢。

看了《新月》影响这样的话，我很难过。

---

[1] 蔡炽甫为阿垅友人，具体情况不详。

但是，假使我不是由于他们底影响，而是由于自己摸索底结果，和他们不知不觉地走了同一的路，那是更值得我悲哀。

我完全是"野生"的，我不受谁影响。

这话自然是太任性了。假使说我是不免受影响的，那倒不是《新月》，而是鲁迅先生与俄国作品，Maupassant 等。

对于诗底形式，我自己底意思如此：

能够控制韵脚的时候，可以不放弃韵脚的。我往往这样自信。但是到韵脚要成为诗底桎梏的时候，那就完全得牺牲韵脚。因为我想，诗和别的文体不同之处，就在它有旋律与韵脚，假使能够利用旋律与韵脚，倒不也么。虽然在别一方面有散文诗，一样动人。

在诗歌朗诵上，韵脚可以有一点帮助。

我倒是在句的构造与用字上，入了魔道的！

在这里我得特别感谢你给了警告，使我反省。已成的诗，虽然不想改，以后总得小心了。

也并不能够全推在别人身上。在句的构造与用字上，自己特别想写得美，这也不对。想想不免好笑，脂粉是这样失败的。

但是想想又不免担忧，如此担忧：我自认是"大众化"底信徒，也正在这条路上走。怎么，路愈走愈远了么！

所以你底警告于我有益，我很看重。

但是这里我又想起了，这可是说"责人则明"。有许多诗，句与字是这样平易的，可是我读起来却十分艰深，那又是什么缘故呢？

这里，为了表示感谢，我向你提出，我以后一定更努力"大众化"。说到这，从我多数的诗与诗和文的对照里，也可以看出来的，我是如何保全我底刺啊。

你又说我可惜没有给《血肉》[1] 以"具体的批评对象"。

这在文字底处理上是困难的。有的时候是怕太锋利了，有的时候则因为那不是一件事，而是一束事。《血肉》是属于后者的。

---

[1] 报告文学《血肉》二章，文后署"1938.1.22 南昌"，后发表于《七月》第2集第6期（1938.4.1）。

我读《野草》与《故事新编》，也很有不知所指处。但是，我虽然不知道那一件，我却看到了那一类，一样感动。

《血肉》的对象是如此这些：

有说"再打下去饭真要生问题了——物价……"的"唯生论"者，有"日本人来也不见得就把我们老百姓都杀完"的"乐观主义"，有"上海市面则仍旧很好"之类的"回乡运动"，有"祈祷和平大会"，有"东北人底命运不比我们坏"的狗屁！……

别一方面，有"卢沟桥是我们底坟墓"的大言壮语，有"挨打主义"，有"放弃"与"新阵地"……

卑鄙、无知、愚蠢、可怜、恶毒、阴险、懦怯、自私、贪婪……诸如此类。

我只能够抽象地写。

所以我提出了："血、肉是既非奴隶，更非食料！血、肉是既非和平，更非死亡！"

关于长篇，虽然我没有考虑过我底能力，但是有没有写的时候，对于死亡线上的人，也正是问题呢？现在不能够写，自然是憾事。但是可以写《最后一课》之类。

这不能够还有一个原因，就是，现在所见的黑暗面比光明面多，一写下来，无异是"汉奸"之类，倒不是怕自己人讨厌、误解，只是怕有利于敌人。一定要到了战事结束了，那时候写，第一可以检阅过去，第二可以更看出来中国是从怎样的黑暗中英勇地战斗到取得最后胜利的。

一点点意见，希望仍旧能够得到指示！

附稿。

祝光明！

陈守梅上
三月二十一日

3. 阿垅 1938 年 5 月 3 日自衡山

胡风先生:

两次的信,末尾你都祝我保养。我想起来真够寒心,从火线下来已经半年,伤已经全好;身体虽然不能和以前一样好。这是无问题的,伤好了,就是了。不是保养的时候里,我担心我这状态是一种过分的保养。问题是在这里。但是两件事却如此妨碍着我,而归根结底又转到钱的问题上去。第一,是牙始终没有医好,左眼也因为营养不够发生过白点。第二,是到西北去[1]的问题。南京退却以后,我这师底师长下落不明好久,因此我底饷成了问题,从一月起我就没有得过,现在已经决心不要了。牙是贵族病,军医院没牙科,那我只有"打下牙齿和血吞",谁给我"以牙还牙"。从上海下来,只是个破碎身体与一身破碎的军衣,什么全丢了,在这种情况里,只有固定在一处。要向西北去,那就给行李与路费压住了。没办法里,我到这里来工作[2],来做"心不在焉"的工作,为了得些钱,可以医牙作路费。这里还有问题:第一,时间能够等我么?第二,到了一期(十星期)以后,钱够我医牙作路费么?我是如此急于想把身体健全起来,急于到西北去,急于回到抗战里。那末,我就只有写文章,希望写文章了。我计算过,要达到上述两个目的,有一百元也就够了。我因此写下了约三万字的《闸北打了起来》[3],想从它取得一切。这文章,我还没有誊正,先想问一问你,可以做到否?商人底条件即使再苛刻,为了得些能帮助我底身体尤其是志愿的东西,也就无可奈何。没话说了。

这里没有《七月》、《战地》等杂志,连看报也十分艰难,世外桃源。

我想,以后我们还是直接通信吧。这里信件传递如此慢,转寄更多费时日,并且,朋友们也走的走了,我底地址在一二个月内又固定下

---

[1] "到西北去",此时阿垅渴望到延安去。

[2] "工作",即他此时担任的湖南省衡山南岳市保安团队督练处上尉教练官。

[3] 报告文学《闸北打了起来》,文后署"1938.4.29 衡山师古桥",后分两次发表于《七月》第3集第3期(1938.6.1)和第3集第4期(1938.6.16)。

来。不过，这里有一个不十分好的要求：请你不要用七月社底信封，我在这里要躲着真的自己。地址：衡山南岳市保安团队督练处。

寄来小说一篇，诗一首。恐怕没《咳嗽》[1]紧张，《阵地是怎样造成的》你有什么指正的话么？我盼望能有。

尹庚[2]现在在哪里？

祝好！

陈守梅上
五月三日

4. 阿垅 1938 年 5 月 22 日自长沙

胡风先生：

真不愉快，齿根膜化脓，又使我到长沙来。但是，在这里我看到了《七月》十二号与一号，参加了中苏文协底座谈，誊正了《闸北打了起来》，也是可喜的。

在《七月》与别的刊物上，我看到一些鹿地[3]先生底以及关于他的文字，真使我感动。有的地方我太容易被感动，像听见人在远处唱歌词也不知道的小曲会堕泪；有的地方又太不容易被感动，像看见了流血也全无心肝。对于鹿地先生，这感动可不是廉价的一种。八一三发动以来，我曾经为了有"伪军"参加在正面敌人中十分激动，这仿佛割我身上的肉，在一次一次的情报前，我开始用天真的心不信，从接触的时候起，直到我没法否认，各处都是这样说，报上也登出来，自己派出去的搜索部队报告说真听见了中国话一样的炮兵口令，这个时候我才茫然又

---

[1] 小说《咳嗽》，文后署"1938.3 长沙"，发表于《七月》第2集第5期（1938.3.16）。
[2] 尹庚（1908—1997），原名楼宪，作家。胡风东京留学时的老友。
[3] "鹿地"即鹿地亘（1903—1982），日本反战人士、作家。后信中提到的池田幸子（1911—1973）为他的夫人。

茫然，不知道是愤怒好还是悲痛好，总之是感动。这是最大的感动，仅仅一次。假使有第二次的感动的话，那么这个位置就应该给鹿地先生。从自己人里产生了敌人，与从敌人阵营里伸过正义与友谊的手来，真使人要哭。我永远忘不了他底《使人哭泣》与《日本军事法西斯主义与文学》，正如我永远在脸上或者心上留着伤痕。我应该求他握我底手，热烈地握手！

自己的文章不但写不好，有的地方要"真"也为难。但是最近看了几篇关于军事的小说之类，更感觉到这是一个值得讨论的问题。有的是常识，有的是专门东西，随便写来，无论意识怎样正确，作用怎样大，总由于不"真"，使懂得一点的人看了反无亲切之感，甚至滑稽，因此这篇文章就等于白写。举一个例：骆宾基先生底报告，在前线与在医院中，我都爱读。但是最近他发表在《烽火》复刊号上的《一星期零一天》，简直牛头不对马嘴。老百姓看懂了，军人却无法看懂。这里摘录一点原文在下面，这是比较容易看出的错误：

"再向后三哩，阵地属于迫击炮队了。"

"三哩"这数字，我有点怀疑。假使是"英哩"，这错误是肯定了的，迫击炮最大射程多大，有效射程多大，那是有一定的数字的。

"刺刀插上步枪探条……"

刺刀是上在探条附近的刺刀驻筒上的，不能够插上探条的。

"原阵形就地散开！"

"目标：正前方二百米……射击。"

"目标：正前方二千米开炮！"

这些口令都牛头不对马嘴。"原阵形"应该是"原队形"，但是在阵地战中这应该是"进入阵地"；更与"就地散开"无关，或者喊"就射击位置"也可以。

第二个口令起码这是射击口令，在指导射击中用的，那起码应该指出目标种类与位置来。也应该指出射击方法、瞄准点、补助目标或者补助方法。否则，出现在正面上的目标假使不止一个，那向哪一个射击好呢？目标在哪里？向什么地方射击呢？要这样才正确：张三，李四

（或者轻机关枪。由谁射击得指出）：

"目标：正前方（方向，决定目标位置的条件之一），小石桥（补助目标），右面三指幅（补助方法），敌人轻机关枪（目标种类），瞄准点目标幅左（可有可无），四百（公尺数，即距离，决定目标位置的条件之二，缺一不可）。快放（射击方法。在轻机关枪，射击方法更复杂）！"

假使情况紧急，那就只有各自射击，用不到指示目标。

第三个口令是迫击炮口令，除掉也犯了同样的错误，那还得指出多少角度多少药包，这是决定弹道的必要条件。

"工程"，这应该是"工事"。在这样的小说中，还可以指出工事种类来，像立射散兵坑、交通壕之类来。

你底意见怎样，关于"真"？

我底态度是如此，遇到了不懂的东西，不是请顾问，就是想法回避了。

末了，报告你我在这里的工作。这里是军事训练机关，被训练的是地方武力。我在这里"等因奉此"。第一，因为这机关是"等因奉此"的，同时同事们又都面目无味，思想可憎；第二，就被训练的说，我们是客体，努力了他说你要夺他底地盘，发生摩擦，同时接受性也太不够。我住一期后打算走。

不相干的话也告诉了你。

附上《闸北打了起来》与《衡山》，愿你指示。前面的一篇怎么处置，我希望先能够得到你底信。

祝光明！

陈守梅上
二十二日

通讯地址：衡山南岳市保安团队督导处。请不要用七月社信封。

5. 阿垅 1938 年 5 月 29 日自衡山

胡风先生：

有形无形中，你都鼓励了我。

《闸北打了起来》，已在二十二这一天寄上，是在长沙寄出的。我现在焦灼地望着遥远的却又近在心上的西北，徐州一丢，只有望陇海底平静状态能够维持到我弄到些钱。走的时候假使有了一百元，那是一点问题也没有了，路费与配牙的钱都可以对付了。这钱与时间，真苦了我。愿得到你底帮助。

这几天颇不得闲，《阵地是怎样造成的》想抄寄，那还得等几天。这里，流汗，忙，毫无益处，却使手足凝固在所谓工作上；（环境！）写作又不愿意给人看见，困难是双重的。但一定重抄寄你。第一次是（四月六日）在长沙挂号寄出的。

《空间的苦闷》说明自己底困难与决心，原意并不在说教的。正好，刚预备写《续空间的苦恼》呢。别人底意见，无论如何说法，你能够给我知道么？

靳以[1]先生既然问到我，自然可告诉他的。

稿费收到，谢谢！

草率得很。祝

好！

陈守梅上

二十九日灯下

我假使走，有三个学炮兵的、一个学骑兵的也要跟着走。青年是向着光明的。

---

[1] "靳以"（1909—1959），原名章靳以，作家、编辑。

6. 阿垅 1938 年 6 月 4 日自衡山

胡风先生：

　　《阵地是怎样造成的》抄好寄上。我觉得，把许多件事缩写在一起，形象有不够处。不知道你看了怎样？《在雨中走着》[1]说杂感也可以，说散文诗也可以。写法或者也是失败的。

　　假使一切顺利，我预备本月底、七月初向西北走。

　　盼你底信！

　　祝光明！

陈守梅上

四日

　　我文中专门名词嫌多么？需要注释么？

7. 阿垅 1938 年 6 月 18 日自衡山

胡风先生：

　　信及稿费都收到。

　　《闸北打了起来》，因为是事实，不是小说，所以写成这个样子。

　　《阵地是怎样造成的》可不登。续写的事须等一下。但是，我底困难是，闸北根本没有什么血战，尤其是我这一部。但是，假使当历史写，还是可能的。

　　谢谢你帮助我。

　　我还是想走的，话长。

---

[1] 散文《在雨中走着》文后署"1938.3.26　长沙"，发表于《七月》第 3 集第 6 期（1938.7.16）。

祝好!

陈守梅上

六月十八日

8. 阿垅 1938 年 6 月 28 日自衡山

胡风先生:

最近写成了几篇东西。《慢性革命者》,仇视地写出了逃避抗战却拥有抗战的人,这,我在这里看见了好几个。《一个汉奸底死》,这是想象的文章,目的在给汉奸们以警惕,并且分析了它形成的原因。《战地小景》,是东北各战场上的小故事,写中国兵是怎样把生命当成儿戏——勇敢。诗《小兵与新的黄河》。除诗以外,我都想看一看再决定寄不寄给你。这几首诗,还逃不掉韵,但觉得还不违反自然;而意思又占第一位,所以寄给你,请你批评。

闸北之战,我不敢草率写,这要真实与组织,所以我还想多想想再动笔。看了《七月》三期"明信片"[1],你过于夸奖我了,我不好意思。

祝光明!

陈守梅上

六月廿八日

我不欢喜称我"守梅先生"。

---

[1]《七月》第 3 集第 3 期(1938.6.1)"七月社明信片"中,胡风写道:"《闸北打了起来》,下期可以登完。我们相信这是抗日民族战争底可宝贵的记录之一。即使像作者自己所说,这不过是'粗线条',但读者当能读到我们民族底旧的死亡和新的成长吧。……"

9. 阿垅 1938 年 8 月 17 日自衡山

胡风先生：

从池田与艾青那里，知道武汉空袭你住址附近都粉碎在法西斯蒂底炸弹下，虽然说你底屋子巍然独存，也但愿战斗的你能够无恙保持着这样一份力量，对于你总不免在惊愕以后牵念。愿你安好；愿得你安好的信。奚如[1]先生怎样？

因为你几次向我提起艾青[2]，他发在《七月》上的诗我也读了些，孙福熙[3]又说起他住得这样近，我访见了他，更由他会见了池田。

看起来，艾青是如此厚重，瘦弱，尤其是生活似乎不很好的样子。我不知道我看对了没有。我为他担一点点忧。他进行乡师的事，他认定失望是必然。这里面思想与人事纠缠着，讨厌。

池田说起，在这里自由有点被限制，和汉口不同。想不到，人为了正义越过了国界，对于这样的人不感动反异视的。或者，这是应该想到的。

他们也记念你。

祝你安好！候你底消息。

陈守梅

八月十七日

---

[1] "奚如"（1906—1985），即胡风在"左联"时的战友吴奚如，此时在武汉八路军办事处工作，并任周恩来的政治秘书。胡风日记中记载："1938.7.25 下午 S.M 来，说是还要回到衡山去。""1938.7.29 到 S.M 处，同他一道吃午饭。"胡风在《回忆录》中写道："我发表了他的作品，通过几次信，他到武汉来看我……他提出希望我帮助他到陕北打游击去，我立即允诺了，并介绍他见了当时在八路军办事处工作的吴奚如。奚如和他谈过话，对他印象也极好，决定介绍他到延安进抗大。……他回到衡阳，1939 年单身一人由衡阳步行到西安才进了延安。进抗大后有过来信……"
[2] "艾青"（1910—1996），原名蒋海澄，诗人。胡风曾于 1936 年发表诗评《吹芦笛的诗人》，首次向读者介绍了艾青。后将其诗集《向太阳》编入《七月诗丛》，由海燕书店出版。
[3] "孙福熙"（1898—1962），美术家。鲁迅友人孙伏园之弟。

10. 阿垅 1938 年 9 月 1 日自衡山

胡风先生：

前几天接到奚如先生底信，就知道你是平安的。

我又会见池田和艾青一次，并且一同吃了饭，受了招待。池田在和孩子剧团的孩子玩——可见成人是使人讨厌的。他说起过张励生可怕的样子。艾青因为轰炸写了一封快信给你，寄汉润里，给退了回来，他很不懂。

到桂林还是到重庆？几时走？

另挂号寄《从进攻到防御》[1]篇。收到后，请给我一信。怎样处置都可以，你决定好了。

《抗战文艺》可以给我代买几本么？这里没有。

祝好！

陈守梅上

九 . 一

信今天才收到。稿费收到。

11. 阿垅 1938 年 11 月 21 日自西安

胡风先生：

经过一个月艰辛跋涉，终于到了西安，也终于把问题解决了。[2]抱

---

[1] 胡风日记中记载："1938.9.7 得 S.M 信及稿。""1938.9.17 夜，看完 S.M 底《从攻击到防御》原稿。"报告文学《从攻击到防御》，文后署"1938.8.2 衡山师古桥"，分两次发表于《七月》第 4 集第 2 期（1939.8）、第 4 集第 3 期（1939.10）。

[2] 为了掩人耳目，阿垅单身一人由衡阳步行到西安，经十八集团军办事处联系后前往延安，进抗日军政大学庆阳四分校、延安抗大学习。

憾的是到武汉时奚如先生刚走，因此在这里等于"毛遂自荐"，也几乎出了毛病。假使奚如先生底地址你知道，请告诉我。我通信处：重庆江北米亭子八号三楼楼淑政转。

　　祝好！

陈守梅上

十一月二十一日

12. 阿垅 1939 年 2 月 9 日自延安

胡风先生：

　　信在前几天就接到了，复信直耽搁到这个时候。接到信的时候正十分记念你们。

　　丁玲和雪苇[1]先生我都没有见到，雪苇先生那里先后去了两次。见面以后，再把情形告诉你。

　　《七月》一样在记念中，愿得到这信的时候已经出版。

　　我底文字你看得太重了，我惭愧呢。到这里以后，自己决定，在学习期中把《南京》[2]这个长篇写成，可是现在还没有着笔，心太乱了。和你取得联络后，我一定继续把所写的寄来。

　　这里，气候有点冷，但是我还没有穿线衣呢。当我来的时候，池田先生和燕君，都要我多带一些衣服，我却支持到河冰欲化的现在了。你说，愿我觉到的是一种温暖。自然，春天来了，应该是暖的，也自然是

[1]　"丁玲"（1904—1986），原名蒋冰之，女作家，曾任"左联"书记。1949 年之后曾先后担任文艺界多个领导职务。1955 年和 1957 年，先后被错定为"丁玲、陈企霞反党集团"和"丁玲、冯雪峰右派集团"，受到不公正待遇，1980 年平反。"雪苇"即刘雪苇（1912—1998），文学评论家，胡风"左联"时的战友。后去延安，任中央研究院特别研究员。解放后曾任上海新文艺出版社总编，华东行政委员会文化局书记。1955 年被定为"胡风集团骨干分子"。1979 年 3 月平反。

[2]　《南京》为阿垅所著描写国民党军队在南京的大溃退和日本侵略者灭绝人性的血腥大屠杀的报告文学，为国内相关题材的第一部文学作品。

暖的。可是也有冷处，和原始的想象并不一样，这真有点讨厌。但是，为了总的政治路线的正确性，和边区人民生活底实质上的向前，我决没有怨言。冷是冷的，有的地方，但是这是春冷，并不是初秋风。我想过，现在是需要工作的时候，并没有走上完成的道路，你说是么？

友人楼君的侄女淑政君，想见见你。我虽然不很知道她，但是她不是个红红绿绿的女人却可以肯定的。她底要见你，大概是请教之类，你允许么？

我在"抗大第三大队第十队"学习，信就寄这里（延安）。

热烈地握手！

陈守梅上
二月九日

假使寄杂志等给我，最好挂号，免得遗失和偷拆。

13. 阿垅 1939 年 5 月 5 日自西安

胡风先生：

我的牙又生问题。此外，又角膜溃疡两次，左臂防疫注射溃疡，所以到西安来治，好了马上回去的。在这里大约有三、四星期住。住西安中正门外郭上村十三号周兆楷君处。[1]

我曾经陆续寄了信和文稿来。因为没有得到你底信，不知道收到没有？《七月》还是难产么？这环境原是沉闷的。

我很大胆，着手写长篇《南京》，已经成了二章，约二万多字。我

---

[1] 1939 年 4 月，阿垅的旧伤牙床溃疡导致糜烂，发烧时坚持野战演习，于跃进中摔倒，右眼球被地面杂草蒺藜刺破，经组织上同意后至国统区西安医治。眼疾牙疾愈后，因交通线被国民党封锁而未能返回延安。胡风日记中记载："1939.5.21 得 S.M 信，他到西安来医病了，即复。""周兆楷"为阿垅友人，具体情况不详。

很想写得像样一点，你给我指出的毛病我不知道能力够不够克服。

很是记念的，愿得到你底信。

丁玲先生见了一次。雪苇先生见的次数多些；但是我感觉得他对我的认识上有云翳处，我愿是我底误会。我不怕质直，甚至对我鲁莽；我怕的是怀疑和客气。最后一次见面，他说看了《闸北打了起来》后对我有更多的了解，我愿那样才好。

祝光明！

陈守梅上

五月五日

14. 阿垅 1939 年 5 月 16 日自西安

胡风先生：

才听到重庆轰炸的情形[1]，愤怒、憎恨外，很是记念的，对于相识的人。愿平安，愿如经过风暴仍旧挺立在原野里的巨树，愿得到你平安的消息。

我底病，眼和手臂已经没有什么了。问题还是在牙齿，因为左下的一个仅仅地留着的大臼齿不断化脓。我要保留它，我底牙齿损失得不小，假使再拔掉，吃饭大是问题。但是医生们说终于得拔去，不拔去会影响健康。补救的办法是右下的两个白齿得镶配起来；这，在过去，我因为打算路费和给膨胀的金价压住，没有理它，现在才知道是自己错了。我想，一切会过去的。

对于《七月》，很是记念。一路上，我看见很有几个人注意和关心《七月》的。

---

[1]　陪都重庆常遭敌机轰炸。1939 年 5 月 3 日、5 月 4 日，敌机对重庆进行了狂轰滥炸，平民死伤惨重，史称"五三、五四大轰炸"。

前一信里，说起我开始写《南京》的事，并且说这是大胆的尝试。这真是大胆的，不但由于我底力量能够控制这巨大的题材与否，我所搜集材料太少，没有可以作为根据的旧报，最没办法。而就专门技术这一问题说，也是很不容易的。我才开始写了两章，到西安后，发现了两个错误（这错误，一般的读者一定会忽略过去；并且细腻，比较于某些人所写的）。一个是关于防空总机专门技术的描写，一个是二公分苏罗通（高射炮）底射击场面。这些专门技术部门，在我应该是相当亲切的，结果竟隔着距离。这是可怕的。但是，我记得，我曾经写信给你谈起一位报告写作者对于迫击炮专门技术描写的大胆，等于杜造。手边有七、八两期《文阵》，我又发现他在用这种同样的错误在写长篇了。我受过军事教育，错误还这样多，一个完全不懂军事的人来写军事的长篇，我想也是可怕的。

关于《南京》，我以小说的形式写。因为，虽然是历史，却并不是在十分具体的事实上真实的，而是在一般的真实上。假使，《七月》复刊，我愿意而且希望把它发表在《七月》上的。此外，我希望我能够出一个小册子，不知道可能么？

在学习中，我有错杂的感想。我仿佛疏远了和抗战的血缘关系，虽然在主观上我底努力方向是相反的。我不知道我还是学习好，还是工作好？还是前线好，还是我现在所处的地位好？还是枪杆好，还是笔杆好？我，三十多年，还不能够"而立"，也是可怕的。

因为辗转投递，最近接到一个同学底信，说在田家镇白刃战中受三刺刀才离开火线，另一个同学受伤三次上前线三次，心真是吃苦酒一样激动的。

愿很快地得到你底安好消息！

陈守梅上

五月十六夜

奚如先生底通信地址，艾青先生告诉我过，但是他不能够说得清楚，愿能够也知道他底一切。

15. 阿垅 1939 年 7 月 6 日自西安

胡风先生：

不时常看报，看的时候只爱看大的题目，而又往往蒙蔽于一无所失的宣传。因此，重庆两月来连续的轰炸，到我注意那东洋式的杜黑主义时，事件已经满村听说了。除掉血的愤怒，对于师友们的记念也很强。尤其是，差不多一个人也没有信来。真记念不尽。愿是安好的吧。虽然这愿望很可怜，不像强者；只是，心所敬爱者，总不愿为暗影所罩。

《七月》改在市中印刷，这样一下，更多困难了吧？其实，是种子，是花，屠杀何尝能够使它生命断绝。

最近，又搬到郊外来，周围很有可厌物，挥之不去舔眼吻唇的苍蝇，咬得又痛又痒而捕捉不住踪影的白蛉子，无耻的轰炸群，以及附近驻扎常来捣乱无纪律的我底同行，真痛恨！

生活还是那样，仿佛一个蜻蜓在咬吃自己底尾巴。小时候，雨后的河边看到这，很不懂得此中悲苦。

愿得到平安消息！

陈守梅上
七月六日

明天又是七.七，更想《七月》。

16. 阿垅 1939 年 7 月 17 日自西安

胡风先生：

昨天看到了《七月》和给我写的明信片^[1]，真是高兴得很！

---

[1] 胡风在《七月》第 4 集第 1 期 "七月社明信片" 中写道，共寄给 S.M 四封航空信，但来信总说没有收到，不知是何缘故？

你底病好了吧？病真是最讨厌的东西！

四封航空信中，我在这里接到过一封。寄学校的已经由友人代收，不过没有给我转来。寄雪苇先生转的，大概也是在的。只有寄这里的另一封，大概是失掉了——原因是，我住在一个朋友处，他底住址因为炮阵地底改变曾经改变一次。不能够完全和马上读到你底信，很是抱憾；何况又累你盼望了。

到这里来，这信以前曾发过三封信，你收到的大概是第一封，此外五月十七日和五月二十九日各寄出快信一封，附着一篇小说《论高贵的生活》。愿能够收到。

到西安来，不知不觉已经两个半月，牙病始终没有好什么。这里的医院没有 X 光，这里又没有好牙医。朋友们劝我到成都去，为了病我想那样做！但是那样一来，我到西北来的目的就失去了。

近来心里只是打架，附上一篇《希望在我》，可以看出一点，真是痛苦的事。两首诗的一首，这十四行，又太讲形式了的。

假使《闸北打了起来》和《从攻击到防御》印小册子，名《闸北七十三日》好么？[1]

东平和曹白[2]两先生都在新四军吧？假使你写信的时候，请给我说，远远的风沙里有一个人伸着一只手给他们。

祝痊好！

陈守梅上

七月十七日

信寄西安崇耻路六合新村五号炮兵四十一团十六连周兆楷转，这是

---

[1] 《闸北打了起来》和《从攻击到防御》，经胡风合集为《闸北七十三天》列入《七月文丛》，交上海海燕书店，后于 1939 年 11 月在香港印制出版。

[2] "东平"（1910—1942），原名丘东平，作家，"左联"盟员，抗战时参加新四军，后英勇牺牲。胡风曾在《七月》上发表他大量的报告文学，并将其报告文学集《第七连》编入《七月文丛》出版。"曹白"（1914—2007），原名刘平若，木刻家、作家。曾在《七月》上发表报告文学数篇。胡风后将它们集成《呼吸》编入《七月文丛》出版。

可靠的处所。

17. 阿垅 1939 年 7 月 28 日自西安

胡风先生：

连续不断的轰炸已经使人怀念不已，接连的信也没有消息使怀念更深。愿是安好的。愿得到信。

重庆到底弄得怎样了？饮食店底广告却仍旧是香气满纸的？

植芳[1]来信，也纪念着你呢。

愿安好！重复的话。

陈守梅上

七月二十八日

18. 阿垅 1939 年 8 月 3 日自西安

胡风先生：

昨天由山西转来了你寄学校的一封信。

七月十七日寄北碚航空挂号信一封，想可以收到了。那是看了《七月》四集一期写的。

假使出书，我想，用《闸北七十三日》好么？或者就用《闸北打了起来》？上次的信中曾说起；你决定也好。序不想写，虽然有一些话；留待《南京》写成时罢。出书的时候，两处错误是要改正的：一、"大

---

[1] "植芳"，原名贾植芳（1915—2008），作家、学者、翻译家。笔名"杨力"等。自 1936 年开始，即向胡风主编的《工作与学习丛刊》和《七月》投稿。胡风曾将他的小说集《人生赋》编入《七月文丛》出版。1955 年被定为"胡风集团骨干分子"。1980 年底平反。他与阿垅于旅居西安时认识（见贾植芳文《纪念阿垅》，载《一枝不该凋谢的白色花》）。

夏大学"是"暨南大学"之误；另一处是"我写……中"有一段文排乱了。要明了一个战役底全般情况，当然可以从搜集材料着手。但是，由于军事秘密底绝对性，等等，那是困难的。所以，写战争，多半只能够由自己周围展开。真是恨事。例外的是，假使写作的人在高级参谋部中，或者是联络军官通信军官之类，才有一切便利。前在湖南，听池田先生说起，有一个日本通信士写了十五六万字的报告，心是多少被激动的。在中国，条件大约束人了。

我在这里已三月，病源没有找到以外，最近又知道学校搬走了的消息，真是个打击。已经写信去问了。假使那样，我虽然渴望回去，或者更回去不成了。一年来，不但脱离了战争，手中一无所得，对于自己，真是应该严责的。朋友们要我在这里做事，我怎么愿意在这个只有鬼事可做的地方呢？为了治病，或者要到四川来的。假使我不回去的话，那末，我决定一面治病一面写完《南京》，到两本书能出版时，再回前线去。我不能够为了等捉凤凰，让麻雀从手中漏走。何况，我这样，简直是多少回避抗战的事！痛苦得很。

奚如先生底信，也从山西转来。太迟了，因为我出来了，学校也搬走了。约一月前，寄了一封航空信到桂林去，没有得到复信。

西安闷热得很。我爱热，它像个青年人，它使草木茁壮，它是暴风雨底前驱。但是，闷字当头，是可怕的。而且，我告诉你一件小事：这里，有日本钢笔卖，有仁丹摊摆在大马路边，没个人管，我走过，仿佛看见刺刀和子弹。这里行政机关只会封闭生活书店之类，天！

愿得到你底信！祝安！

鹿地、池田先生附候！

陈守梅上

八月三日

每期《七月》可以寄这里一本么？

来信请写下面的番号：西安崇耻路六合新村五号炮四十一团十六连

周兆楷转。因这里有几个单位。

19. 阿垅 1939 年 8 月 17 日自西安

胡风先生：

接到信真高兴的。平安就好了。日子越是惨酷，偏要活着。

能够出书，自然高兴的。但是英军撤退后的上海，想将更难。重庆呢，只有更艰苦的吧。靳以那里的集子取回来也好，使我可以淘汰老弱。更希望能够换以新的血。那集子底名字是《闸北七十三日》。

艾青底性格我也有点了解。在湖南的日子，那平静的日常生活中就表现了相当多。其实，我底灵魂也不健康，更不健康。这一年来在西安过的生活，自己给自己的谴责就不少。有的时候自己这样想：不配救人，且要自救。所以，读到灵魂要粗暴起来的句子，又是兴奋又是不安的。

我底生活还是这样不死不活，工作很少，譬如养羊。几个打算——打破，想走到好的地方去，总逗留在漩涡里。本来打算读陆大，要求报送的时候给批了个"为何"。牙齿还是好一阵坏一阵的，看看医药常识书说看要侵入血液云，虽然担忧也只得由它。

萧军[1]没有来过，看广播之类他怕已到了目的地了。植芳有信来，也十分记念你。

你底背水阵愿能够打个全胜。

附剪报。[2]

祝好！

陈守梅上

八月十七日

---

[1] "萧军"（1907—1988），原名刘鸿霖，曾用名刘吟飞、刘羽捷、刘蔚天、刘毓竹，笔名萧军、三郎等，作家，胡风老友。

[2] 此处略。

20. 阿垅 1939 年 8 月 25 日自西安

胡风先生：

八月十四日的信收到。

看你底信，似乎病已经好些，又似乎并没有怎样好，真使人记念的！

我底病只是讨厌，甚至莫名其妙；并不严重。我内疚的是，仿佛多少用病为掩饰，而离远了现实。

谢谢你给我介绍文稿。

既然定名《七月》，就仿佛是一篇辉煌的宣言，已经很够了的。这一期，作者都是有跃动的血的，因此文字也就这样表现出来，譬如曹白底，等等，宋之的[1]底特写。曹白底事我一点也不知道。但是他是那样深入战争，深入生活，不说文章，也没有一点可以"迁怒"处；何况他底文章是写出了我们这一世代底雄姿和艰苦来的。假使是，一个"革命作家"，而他底看法和我们不同，甚至"迁怒"，那是使人痛苦的事。我希望，这不过是他一个人底偏见之类吧。《失去了的两个苹果》我读后很有一点感动；《李陵》我也十分爱读，看见汉奸没落心是轻松的。庄涌[2]底诗气概雄浑像黄河，这是艾青之外又一可贵的风格，是我所学不到的。但是我在别处也看见过他底诗，有这样一点杞忧，假使离开"自然"这一条件，就很容易流入二花脸架子的。不知道这是不是我底坏看法。为了相敬爱，提出作为一个参考，你以为可以么？你底论文是很正确的。文艺批评在这一时代地位更是重要，尤其是正确而有光辉的文字。自己，在理论上太小学生了，真是恨事。短短的复刊词等于一篇战斗宣言，写出了《七月》壁垒态势和青年人底走向抗战的姿态。

我或者先找一个事做，经过一些时或者还要到四川来医牙。

---

[1] "宋之的"（1914—1956），作家，胡风曾在《七月》上发表他的五篇报告文学及通讯。

[2] "庄涌"（1919—　），诗人。胡风曾在《七月》上发表他的诗作，并将诗集《突围令》编入《七月诗丛》出版。1954 年 4 月 24 日，因莫须有的"反革命罪"被捕入狱，后又成为"胡风分子"。1974 年被判二十年徒刑，1979 年撤销原判，恢复自由。

《论高贵的生活》大概是寄柳湜[1]先生转的。

这里，附寄四首诗。自己爱《黄帝陵下》和《题照》。《曼陀铃》除掉音节外，不过写出了情绪底一角；但是它是容易走入不健康的。

你大概记得的，有一位何未秀由七月社转一封信给我。现在，我已经和她通过几次信，思想和文字都相当好，但是深的认识短短的时期中自然是做不到的。

楼女士底十叔告诉我，她曾经来看你一次。不来见也好，因为，这到底是怎样的人物，我也不过听人说而已。

祝恢复健康！

陈守梅上

八月二十五日

《南京》这几天正重新写。

21. 阿垅 1939 年 9 月 17 日自西安

胡风先生：

信和译诗都收到了。七月二十九日的航信也收到的；复信在八月十七日发出，想可以收到了？

日本强盗和中国小窃给你的损害，我自然同样有愤怒；但是，我所最担忧的，是你底生活怎样支持过去？仗要打，肚子也要吃饱的，即使那是不怎么好吃的东西。在复旦还任课么？以后怎样呢？这一年多，我就为了吃饱肚子，在浑蛋群里过浑蛋日子，仅仅只有写似乎还是正经事，但是也正经得极可怜。真的，要自由，要为民族或者人群做事，首先得不吃链子一样的饭——像《西游记》中的魔王所吞的馒头。不过伯

---

[1] "柳湜"（1903—1968），教育家，此时正主编刊物《全民周刊》。

夷、叔齐之类圣之清者，没有把天下弄清自己就死在首阳山，而蕨薇又有人说近于周粟，无益而又为难。所以，我还挨在这里；而来四川的心只有更急，虽然四川并非较好的地方。仗是一定要硬打，饭也得找一碗比较没有血腥虫蚁的吃，然后再走近自己底梦。

《七月》，凡是好的，没有不艰难的啊。这里乱七八糟的《黄河》却雨后春笋一样，比照之下，真是愤然。

是《闸北七十三日》，上信已经提出。我底字写得乱七八糟，不好看的，这里附上。一切都耗费你底时间、精神，《希望在我》也一样。靳以没提到，但是我已写信去。假使黎烈文能够容纳，我也希望。请便中一问。

译诗，我英文程度比小学生坏呢，不能够有什么话。但是总是高兴的，因为是情诗之类又不很好意思。好的，我几时写封信去。只有一点，"三头的恶狗"，并不是三只恶狗，而是看守地狱之门的一身三首的大犬。

艾青怎样呢，我是这样记念他，想和他说话。

祝福！

陈守梅上

九月十七日

我打算写一篇可怕的故事，那是吃伤兵的事。难处虽然也很多，打算硬着头皮写。

22. 阿垅 1939 年 9 月 22 日自西安

胡风先生：

十八日寄出航快一封，想收到了？重庆、西安之间，仅仅渝、蓉间有航快，不知道能够快一点么？

宋雪[1]那里我写了一封信，暂时署名陈斯蒙。

昨天接到一封索稿的信，要我给《文载》写东西。编者是署名深渊的孙承勋[2]，我住青年会的时候，他也住在那里，偶然给他捉住了我。看人，是一个小孩子，像不知道什么东西的。但是他在劳动营住过，而到四川工作之处也使我不得不有所它想。第一次向我索稿的时候，我以假使态度相同时文章没问题的话拒绝了，这次又叮住，并且说不寄文章的话他要哭。假使是一个青年而态度又无问题时，要求写东西，我决不推托，坏在我全不知道他之外，知道了一点讨厌的。他告诉我第一期阵容，有你底文章，还有茅盾[3]、胡绳[4]底。你知道他么？我希望能够知道。第一期我寄一篇，虽然在我有许多不便，可能还要出纰漏事，但是为了同是一样的青年而又向我说话，我不得不这样做。以后的，再看。

寄上文三篇。《弹尽》一篇，只可作小说，固然由于真实性，也为了人有所恶和怕被利用。吃人的事我听了些，真毛骨悚然，并不是如我所写地吃，而是野蛮的、卑鄙的。那个我可是不敢写。《吉诃德》一篇，我用这体裁不知道合适么？过去一个时期，我爱用讽刺作诗，那样的东西我积着成册，可是差不多没有刊出的。写这，心中并没有油滑，只有桠桠杈杈的愤怒，真是愤怒。任钧[5]底讽刺诗我读得很少，偶然读了的总觉得和我合不来。我这样写，我宝贵和盼望着你底意见。

这几篇，你爱时你留着，或者给些靳以。《战线》编者是怎样的人？望告。

[1] "宋雪"，不详。

[2] "署名深渊的孙承勋"即何满子（1919—2009），原名孙承勋，作家。何满子在口述自传《跋涉者》中曾叙述到这一段：这之前，他由于不适应延安的生活，离开了延安，来到西安，被当局强制安排进战干四团特训总队（后改组为西北青年劳动营），在住处与同住在那里的陈守梅相识。《文载》为何满子与芦甸计划编印的刊物，后未办成。

[3] "茅盾"（1896—1981），原名沈雁冰，作家、社会活动家。1949年后历任全国文联副主席、文化部部长、中国作协主席、全国政协副主席等职。

[4] "胡绳"（1918—2000），历史学家、哲学家。抗战期间曾任中共南方局文委委员、《新华日报》社编委等职。1949年后历任中宣部秘书长、《红旗》杂志副总编辑、中共中央党史研究室主任、中国社会科学院院长等职。

[5] 任钧（1909—2003），原名卢嘉文，诗人，著有诗集《冷热集》、《战歌》等。

艾青住哪里？望告。

最近有谣言，说重庆市周围三十公里全不住人，等等，不知怎样？
祝福！

陈守梅上

九月二十二日

23. 阿垅 1939 年 9 月 26 日自西安

胡风先生：

信和稿费都收到，谢谢！书这里还没有到，只在《新华日报》上看
到书目。

有许多事真是我无法深深地了解的。对于《七月》，并不是因为我
有文章在上面发表，所以取拥护态度，而是由于编辑态度和写作的人大
都是思想前进而情感丰厚的缘故。所以，独立出版社在他们底《抗战文
选》上转载着《在雨中走着》，真是我有被强奸的羞辱和痛苦，我愤怒，
我要逃开，我要否认那一篇东西是我底血肉！但是对于《七月》，对于
这样的刊物，有什么可以非难的呢。朋友间偶然吵闹一下也没有什么大
不了的，譬如高尔基和列宁有一个时期就是各走各底。把情感扩张到这
样的情形，我也认为不很好的。往往有这样的事，为一件小事，却把共
同的事业放下了，这，只有便宜站在旁边等机会的人的。我愿这事是浮
云，飞过去就算了，遮不住青天，而后面来的是融合的日光。我愿你宽
大。我认识奚如先生很短，接触也很少，湖南人底性格多少是过分的，
不正常的。但是他，我看是忠诚的——也许由此他更鲁莽了。

《南京》第五章要完成了，字数已近八万。但是一提起笔来写它，
涌出的不是如泉的文思，而且不断的各种的困难。我得要有更多的力量
和勇气，尤其需要更多的指示，可惜我离你太远了。对于我底诗，我盼
望着续写，你底意见那在我是十分宝贵的。我底步子才会沿着墙壁和家

具爬呢。

内疚实在是徒然的。但是，也幸而有这么一点，否则，没有给自己的警告，走路走下去将是无底的深坑。

我底牙也是大工程，去年耽误了，今年金价又太贵，加上这里没有牙医，一切暂时只好一笑。到明年，我或者要到四川来医牙的。

艾青先生还是在桂林么？到这里后，寄了一、二封信去，没有得到回信，很是记念的。

我和爱祖国一样爱着苏联，最近，她对波兰的行动使我深深痛苦，我要逃到幻梦里去了！或者，这是由于我认识不够吧。我愿有更好的场面展开使我惊喜。

祝健康！

陈守梅上

九月二十六日

《第七连》出版了没有？

二十日，三十六架敌机轰炸西安，十几分钟前我在那上面写《南京》的桌子给炸震碎了，一个炸弹在前面一家爆炸。而我给八、九级风力以上的和着灰土的炸弹风直吹着，虽然是在防空壕里，也转不过头来。六合新村中一百弹左右，全毁了。但是我却在一个弹痕前二、三十步处，也是一个死难者前面三、四十步处，看到一株鲜红的花盛开着。这几天，天天有警报。但是，这并不能够打击抗战的，从哭声和沉默里，我听到了更多仇恨的诅咒。

24. 阿垅 1939 年 10 月 30 日自西安

胡风先生：

给我的《七月》早已收到。我特别爱读鹿地、曹白、艾青底文章。

鹿地是犀利而深刻的。曹白所写的，是一种活生生的战斗生活，而那里的天地又于我是十分熟习的。但是从文字中，我却看出来，他们在军事知识上，是怎样饥荒着。这，第一，使他们底战斗更泼辣有力，因为没有成熟的技术和狂热的情热底不平衡是一种可敬爱的大胆，已经一年了，战斗一定已经教给他们许多。艾青写得美丽得很，真是一个诗人，但是这美丽和舞台上的粉墨又大不相同。

但是直到今天，这里《七月》还没有到，真是奇怪的。想三期大概已经要出版了吧。

报告你，我是如此欢喜！《南京》写成了！（我不知道是否是成功的，写法是一种大胆的尝试。）这，你给我的激励使我振奋；每次提起笔来，我总想到你要求把握现实主义精神的话，和有一次和你谈话中所听到的深入生活的问题，不要脱离生活，也怎样使我警戒着自己啊！

第一章轰炸，第二章扫清射界，第三章南京防御战形势，第四、五章外围战斗，第六、七章城内外战，第八章退却及渡江，第九章敌占南京后的暴行和没落征候，最后尾声——邓龙光师克复芜湖。附长序，说及写作态度和经过、各种困难、战术问题，并对于激励我者的感谢。共约十五万字。这是我在病后——脱离战斗后的一点小工作。为了凑热闹，响应文协征文，昨天我寄到重庆来了。无论中选否，我都想把它列为《七月文丛》之一。你同意么？我是渴望着的。抱恨的是，没有能够请你先看。

写《南京》，何未秀君也是鼓励我者之一。

以后，想写一点短文。血的故事这样多，讨厌的是，有许多地方要触及专门而生涩的技术问题，而这是必要的。祝
安！

陈守梅上

十月三十日轰炸后

牙又在轻微化脓。终南山山顶云开时可见雪。

附诗一首，文一篇。最近，或者要决定做起事来，为了生活——尤其为了牙齿。咬出一个茧壳钻入一个茧壳，思想、生活、工作全脱节，真是痛苦而又无可如何的事。巴尔扎克有一篇和魔鬼订契约的小说，是够悲哀的。

25. 阿垅 1939 年 11 月 8 日自西安

胡风先生：

好久没有接到信，也好久没有写信，在轰炸中，真记念得很呢！愿知道你底和《七月》底消息。

我还是这样不死又不活，不像个人，看看曹白底作品，自己更不安起来。最近看了《北方的原野》、《子午线》底一章等，在军事技术上全是乌七八糟的。和曹白所写的相比，真是一天一地。

最近写了一篇《世界战略论》，长万字，不知道送到什么地方刊登好？或者投给《中苏文化》之类。有的文章，像和时间有关系，尤其是判断，今天不刊明天就成马后炮了。

艾青还在么？请告诉我住址。贾植芳兄也好久不知消息，不知道是 [到] 别处去了，还是病了，他那里环境使我担忧。宋雪那里还有没有回信，不知如何？

文协征文还没有死刑判决，待囚者是不悦的。

祝好！

陈守梅上
十一月八日

26. 阿垅 1939 年 11 月 17 日自西安

胡风先生：

生活是一条曲线，在我，这曲线更染色了忧郁的调子。懂是懂得的，爱却为难。远远地从南方到北方，满心热火，生活将从此有规律有意义可寻了。但是，残伤却打破了我底计划。为这残伤，和复发性的角膜溃疡，我闲着手在西安住了半年，为这些所纠缠，正像不懂游泳的人两脚给水藻所捉，一切是不死不活。死可以解决一切，不一定坏。活，像火，像春花，自然更好。但是这不死不活呢！牙不断地有一点脓，眼不断地有一点毛病。为这，和所谓"生活"，我在"干四团"吃苦酒一样担任下来地形学教官[1]。从一个茧壳到一个茧壳，这就是一切！但是这就是一切么？过去，我对自己什么都不注意，我像浮云一样到哪里算哪里。但是，就是这生活方式，使我无法解决牙和眼的问题。而假使活着，要活，要更好的活，牙和眼得恰好地做一总解决。说到这，我不但得在这里"生活"一些时候，我还得到四川来。这一切，全转变作我所不善处理的钱的问题。在这里，我希望小册子能早出版，也希望短文能印出，我希望着你给我一些帮助。因为，到底，我不但要弄好牙眼，我也总得要使生活像火，像春花。

第二期这里始终没有到书，据书贩说，通知单是有的，真不懂是什么道理了。第三期进行得怎样了？艰难，从出版底迟缓上也可看出来。我仿佛有这样的感觉：凡是好的，没有不艰难的。或者，凡是通过艰难的，才是好的吧。书价比较其他的杂志似乎卖贵了一些，但是买的人还是一样多。

西安的生活是十分寂寞的，甚至在寂寞以上。在江南底小阳春的日子，已经冷得使软弱的人发抖。土地是枯黄色的，尤其是没有花的季节。没有书店，只有公膏店。物价贵得异乎寻常，和南方来的人所说的，相差不知好远：民生墨水二元八角，小鲫鱼每斤三元六角，旧书摊

---

[1] 1939 年 10 月，阿垅在西安国民党军事委员会战时干部训练团第四团任少校教官。

上的书也加价百分之二百以上。西安真是讨厌的地方，一早的乌鸦，一晚的乌鸦，一飞起来就飞满了一天的乌鸦。

艾青有信和文章么？

祝健康！握手！

陈守梅上
十一月十七日

最近，一个朋友要我写文章，把我介绍给殷作桢[1]，我不能因为他底好意和钱而在文字上卖淫，讨厌的事。

信仍寄周君转。

到这里才几天，就有呆不下去之慨。进来的时候有些笑话可以供给果戈里作写作材料。

27. 阿垅 1939 年 11 月 21 日自西安

胡风先生：

昨天刚发出复信。今天接到四日的挂号信和汇款。信到达得太慢，你一定是在盼望吧。谢谢你！

《南京》在上信中已经说到，不知道这样太麻烦你是不是不应该的。我到四川来的日子，现在还无从决定，这也将给《南京》以延缓的影响。

植芳兄好久没有信，不知道怎样了。那工作和环境，使我怀念着。

这些日子很写了一点诗：《收获期》、《葵花》、《苏联影片〈彼得一世〉一集观后小写》、《枪边小唱》、《并蒂菊》、《期待》等，以后打算寄给你求益。

警报呢。

---

[1] "殷作桢"，不详。

祝好!

陈守梅上

十一月二十一日

28. 阿垅 1939 年 11 月 23 日自西安

胡风先生：

　　刚发出一信，就接到你底信了。谢谢你给我很多帮助！汇款收到了。

　　写《南京》，自己也认为工作之一，不过是小小的工作，和作战比，是要黯然无色的。你底奖赞太多了！《南京》有底稿在。

　　刚寄了几篇稿子给何未秀君，或者她会转给你。或者，我马上另誊。

　　《七月》底艰难是想象中的，但是对于"前进的"书店，是梦想也想不到的。好吧，我们还是干我们底吧，至少，世界有我们底一份。

　　奚如先生底事又是想不到的，我常这样认为：一个人，只有在钱和女人上，他恰好地表现他自己。到底，我们底社会是从高利贷进到前资本主义的社会啊。有什么办法，除掉自己好好走路。

　　我是一定要到四川来的。但是以筹足路费和在四川找到工〔作〕为第一步。牙齿还是小小地不断地化脓，医生找不到病灶。

　　最近的生活很痛苦。我什么也不敢表现自己，无论是意识和才能。我仿佛是一个高等勤务兵，甚至受着呵斥。但是对于写作，自己底心和生活的体验，和对于某一角落的认识，是不是完全白费的。

　　稿就寄。

　　祝光明！

陈守梅上

十一月廿三日

29. 阿垅 1939 年 12 月 7 日自西安

胡风先生：

《七月》昨天收到的，还没有开始读。周而复先生我看见过，那文章也是好的。

前几天寄出的两篇短文和两首诗，想收到了。这里再寄两篇。《论高贵的生活》是有感而作的，材料是过时了些，但是这情形到现在仍旧存续着（尤其在西安），甚至还在扩大，所以我抄下来了。而另一方面，市侩们却发足了抗战财，穷人真被他们挤住了。同时，这文章里，我提到了汪精卫，对于他，我有着比他人更多的痛恨。因为，在改组派时代，我和一大群青年被他们玩弄了，而青年是往往被玩弄的。现在，他是汉奸，我仿佛也有污辱，所以我更痛恨。另一篇写的是一件可笑的真事，拉兵是盛行着，这怪现象。

《南京》不能够请你先看真是抱憾的。早知改期，我尽可以留着的。你说给弄插画，那我得更对你感谢，你给我的关心太多了。《闸北七十三日》在上海出版，我想是很合适的。但是不知道发行有没有阻碍？自然，有阻碍也不必管。

我底字朋友们都说糟的。因为，一誊清的时候我就心中发乱，而我的字又都是不以规矩的。听说，鲁迅先生在这方面是一丝不苟的，我真惭愧呢。这一次还是改不了许多吧。

×××和我之间像有一点误会，我很不痛快，转学的事已转告她。

近来牙安静了的样子，连续发了小小的眼病。一个青年，也是一个军人，却这样像林黛玉，多少讨厌！

祝光明、健康！

陈守梅上

十二月七日

30. 阿垅 1939 年 12 月 10 日自西安

胡风先生：

　　正写了《枯枝和火》，接到了朋友底报告，心更幽暗了。你把（付）她底信转给我的时候，曾嘱我"审慎"，我却在坦白里接连失败了。虽然还不敢怎样断定，一切已经不同。她对我的朋友这样说："××[1] 里现在很宽和，工作是不成问题的。"一切她愿尽力去做。她底父亲是个军阀，现在带了两个太太在香港隐居。哥哥们在红军入川时被杀戮个不剩。我真陷入了轻信。但是，对于个人，是无妨的，而对敬爱的友人们假使也有影响，真太讨厌了。转学复旦的事，你斟酌吧，最好是由她。我呢，看她有信没有再说，不到见面，我不敢多说了。心很痛苦。世界是这样可怕么。虽然，我希望阴霾后的晴朗。

　　第一次寄上的文章，都是为她写的。这一篇也一样。抄给你看这一篇，不过讲讲心境，不一定要刊登。

　　匆匆，祝

光明！

陈守梅上
十二月十日

31. 阿垅 1939 年 12 月 13 日自西安

胡风先生：

　　这里再寄上诗一首，文一篇。

　　对于汪精卫，不知道要怎样，才能够出出我底怨气，因为我是这样恨着他！对于他，我有比［别］人深的认识，但是我要怎样才能够把他

---

[1] 原信如此。

写得恰好丑态毕露呢？

对于不可一世的人物，我讨厌，所以写了《巨人底悲哀》[1]，其实他们还没有这样"巨"。写拿破仑我用了冷嘲，而写项羽却无意中多少给了同情——因为有刘邦么。

我愿你告诉我你底意见。

不知道我告诉过你么？知道《国民公报》是靳以编后，寄了一信去。

× 底事使我怎么也安宁不下来。一切全是意外。

祝光明！

陈守梅上

十二月十三日

32. 阿垅 1939 年 12 月 24 日自西安

风先生：

这里告诉你一件我底事。可能的，或许于《七月》也会有别的什么。诗，正是写的这事。

这《奈何辞》，是怎样苦吟着。我和风浪一样激动，并且花费了如此大的力量，比写《闸北》诸篇有更多的激动，用更大的力量，不能使自己平心静气，完全不能，虽然那样做于一个作者和一篇作品都更好。

在无人处，我野兽一样扼了自己，打了自己，直到第二天进食右扁桃腺发痛才知道自己底手是太沉重了，直到洗头的时候才发现头上有一个肿块。虽然一切并不严重，而自己也决定好好地控制自己底情感了，但是我想不到我底痛苦会如此深。

大革命时代，我恋爱过。我是柏拉图式的家伙，为了敬和爱，我始

---

[1] 散文《巨人底悲哀》，文后署"1939.12.11　西安西南郊"，发表于《七月》第 5 集第 4 期（1940.10）。

终沉默，经过三年，我才说第一个爱字。但是，就是这个时候，我失败于既成事实。为了牺牲自己，为了把敬和爱放得更高，为了她底幸福和平静，我不多说一个字，默默地走开，仿佛没有那件事。其实，我是万分痛苦的。而这，使我和她到现在还继续着洁白如玉的友谊，变了可贵的友谊，连她底丈夫也和我建立了相当的情感。但是说那件事，我固然爱，固然痛苦，却没有愤恨的，和这次不同。为了爱惜自己底情感，为了再也没有遇到和我思想平行、趣味平行的人物，为了使痛苦不复发，虽然人有美丽和情感给我，我却在十年中独步，长长的十年！与其不可得，不如不得，我坚持着。虽然有的地方我不免被感动，并且生活的要求又相当强烈，但是我坚持着，制伏着自己，独步了长长的十年！但是，意外地，发生了 × 底事。

开始，我并不那样想的。但是，她底信是如此热烈，声音是如此美丽，有的地方更鼓励我，说和我大致相同的话，又告诉我她底生活环境和我相同，告诉我她底性格和我相类，告诉我她也爱着"西伯利亚的风霜"和"梦想的王国"，问我有"孩子"没有，说要到西安来……我仿佛看见昨天向地平线沉落的太阳今天又高高地升起，我死灰复燃了。

但是，朋友去访见她后的来信里面，她所说的话，和直接对我说的不同，并且有些可疑的地方。上次的信中已告诉你。朋友底信来得太迟，我向她混合着强烈的情感吐露了一切（自己底），以傻气的坦白和情热吐露一切。又是突然，和开始一样突然，她不给我复信，更使我迷乱。直到前几天，她底朋友代她写了一信来，说她结婚了，并且在第二天患了伤寒，写信的时候正在一百二十度的危险的高温中；又说她反覆读我底信，反覆地微弱地要她底朋友"告诉他（我），请他（我）继续鼓励我（她）……"，说那样的话，又说她底"再生"将是我底"赐予"，她盼望我底信。……

我再三思索着，我是被骗了！或者，那是她底青春的游戏，这倒罢了。或者，以我为工作的材料，这就更可恨了。她病，她结婚，我全不相信，我不能够相信说过一句使我难信的人的话。

除掉我底痛苦，我怕连《七月》也有人开玩笑。所以，假使《奈何

辞》在《七月》上发表，在我以为有三个用处：第一，迷于爱情尤其是轻信的爱情的忏悔；第二，向同人提出警惕；第三，向那样的女人告诉她《七月》已经懂得她们了。我真怕《七月》继续或同时被开玩笑呢！

虽然，我底心还如此矛盾啊，我是愿意向坏处想的，在一件开始有坏的倾向的事上，即使它也有向好的方向走的可能，而这又是仿佛不十分不合理的——我是如此矛盾着。

我为什么愤恨和痛苦呢？虽然她是游戏甚至工作，但是从我说，所引发的却是真诚的情感，它和狂流一样，一冲出堤防，就没法收回。其次，我是如此真诚，却做了玩具或者工作材料，被侮辱得不堪。最后，假使她底朋友底信是真事，她是没有力量，一方面想向理想生活飞，一方面又屈服于现实，并且真是病了，真在希望我底信，那我底同情是应该有而且是已经有了的啊！我怎样有力量把她推开，而且假若是误会呢？

我所以向坏的方面想：第一，可以防御万一；第二，希望（唉！困难）它能够杀死我底爱情。

我决不再爱第三个女人，决不再玩恋爱了！

这也好，使我可以少做一件事。

其次，报告你，四川的工作机会是有，有朋友在进行，虽然这是一个一个的茧壳，但是为了牙，我不得不多吃几杯苦酒。但是，想到能够和你们相见，也是好事。

我决定在牙治好后和书出版后，想法下部队。一些朋友拉我考陆大。

《南京》，寄给文协我又悔了。我底原意是，我希望一个速战速决，假使它有助于我，牙可早治，书可早出版。却想不到它延期了，我被迫于持久战。又是一件讨厌的事，寄稿出去已经两月，双挂号回单却没有来，不知道命运如何。

《闸北》在上海出版是最适当的。但是我想亲校一遍怕为难了吧？

艾青好久没信了。对于敬爱的友人，我自觉惭愧。

鹿地先生夫妇安好么？

祝安，愿得你和《七月》消息。

陈守梅上

十二月二十四日

我在这里更烦躁。

《七月》一期才来不久，三期还没有，西安真是西安。

33. 阿垅 1940 年 1 月 30 日自西安

胡风先生：

几次的信、稿，想都收到了？十一月二十八日《大公报》、《七月》四期底广告早已看见了。真是记念的。三期的，西安市还没有到书。

今天，突然又接到 × 君底信。虽然，我始终向坏处想，想杀死自己底感情。但是她这信，却告诉我另一件事，那是我也想到过的。这并不是说，我又改变了。不的的。我还那样想（我还取防御态势），不过颜色冲淡了一些。我底结论只是：（由两次的经验）在这个社会制度中，理想的恋爱是没有的；同时，（即使感情纯朴可贵）我不应该做感情底奴隶；更不应该有自私自利的心——即使是潜意识的。假使事件如她所说的，我们倒应该有更深的同情。所以，《奈何辞》虽然是我底感情底泛滥，虽然呵斥着一种黑暗和阴影，虽然我把它认作是自己生命底重要的一页，而且不愿它被埋葬，任何情况的埋葬，愿意取得你底同意不刊出吧。唉！一切，都需要把这个老世界颠倒过来，这个老世界！想想，有点黯然，广漠的空间中一个独行的人，一个朋友说我，想到我，总想到流浪相的卓别林在幕尾凄然而去的影子，这是玩话，也是真话吧。

《七月》到得这样迟，是什么原因呢？四期的，我愿早早得到，更希望得到你底信和指示。

靳以先生取得了联络，最近寄来过一点稿费和《文群》。谢谢你给我介绍文章。我寄了些短文和诗给他。

工作是如此不习惯，生活是如此空虚，每次都想到蜻蜓咬吃自己底尾巴的事来。所以最近打算写一点什么，只有写的时候，我是自由的，只有写，这权力属于我，而工作，或许有益于人。最近打算写几个报告：一个高射炮排武汉外围的撤退，一个战车防御炮连兰封附近的退却战斗，一个连底斜交遭遇战[1]，等等。讨厌的是总要触到生涩的技术问题，知道一点，人倒更胆小了的样子。此外，又打算写第二个长篇，《论勇敢》，揭出勇敢底本质和表现的形式，这形式是如此复杂多样的。用书简式写。但是，心是如此不安，勇气应该有，而是这样不多。

愿安！

陈守梅上
一月三十日

以前信中说到"前资本主义"的话，那是我底错，应改正为"资本主义化"。

34. 阿垅 1940 年 2 月 7 日自西安

胡风先生：

实在是记念的，想不到你遭了大故[2]。悲痛在人是不免的；但是你，我想理想主义的心是高出于悲痛之上的。

你底提示在我是十分宝贵的。写《南京》的时候我也常常想起你底话来的，序文上的"××先生鼓励我……"那就是指的你，因为接受一个朋友的劝告，怕引起人底误会，所以用符号代，到发表时揭出。

---

[1] "一个连底斜交遭遇战"后写成报告文学《斜交遭遇战》，文后署"1940.2.23 西安西南郊"，发表于《七月》第 5 集第 3 期（1940.5）。

[2] 上年 11 月，胡风的父亲在逃难返乡途中因病去世。

评选委员不妨严格些。但是我怕他们对于"军事"不怎么知道。

最近看了一篇写战争的文章，说两夫妇在内战时期用两个人底力量一夜之间埋藏了一门重炮，现在拿出来打"皇军"。人却把它看成真实。重炮是十公分口径的加农炮和十五公分的榴弹炮，差不多非机械化不可，骡马拖曳都成问题。就是普通的山野跑，也非四只以上的骡马不可。所以，军事问题，看和写都十分麻烦。

关于 × 底事，最近接到她底信以后——她底信愈写到后来愈潦草，而且软弱得孩子一样，那是和平时的秀丽有力的笔调是不同的，所以，我想她底痛苦是真的。我底结论是：旧世界里理想的两性关系是不存在的。而我应该跳过自己底身体向前走。在这里，心上的暗影虽然仍旧存在，但是问题却变了质。我不能看人为我痛苦——不妨痛苦的是我自己。自然，我是要从痛苦中出来的。你底这方面的提示，也是十分宝贵的。

《七月》四期和信同时到的。愿很快地能够看到五期的。

稿费谢谢！

旧历年底，街上，商铺全关门，人全吃酒；我却寂寞地听着一路的自己底脚步声。

愿好！

陈守梅上

二月七日夜

35. 阿垅 1940 年 2 月 17 日自西安

胡风先生：

五集一期的《七月》很快地收到了；市上到的也特别快，真是可喜的。可是书贩那里，四集三、四期的还没有到。印刷条件改善了，全是可喜的。

读了你底论文《高尔基论社会主义的现实主义》，和《文学月报》上的《论新现实主义》，真是得益不少的。我在这方面真是抱憾的，因

为，一切我是不是由理论达到的，那是由直觉，或者说由热情吧。所以，我往往有坏事处。我是需要学习，假使有不弃我的师友。

你底信我读了又读，想了又想呢。

五集一期是如此充实的一册！

今天接到靳以底信，问我《从攻击到防御》收印集子了没有？因为文化生活社要他编一个丛书。我已经告诉他，那已经和《闸北打了起来》编入《七月文丛》了。真的，对于《七月》的情感，在我是如此深。假使我有最好的文字，一定得给《七月》的。所以，《南京》一开始我就希望它成为《七月文丛》之一。而最近，正在想——真是想呢，写一篇较好的战斗故事给《七月》。

他又说，另外的文章也可以辑成一本。所以，我想问你，《咳嗽》等是不是可以给他？第二个问题是，有些人说《咳嗽》等不好，不好的东西印书不是糟糕吗，到底可不可以印书呢？愿能够告诉我。虽然自己也有一点意见，但是自己是看不清楚自己底脸的，没有镜子的时候。

祝一切好！

陈守梅上

二月十七日夜

36. 阿垅 1940 年 3 月 9 日自西安

胡风先生：

这里又寄来稿二篇。在我周围，很多"少尉先生"这样的人物。我可怜他们，但是，我更恨他们。所以写了这个；难免又是一幅粗糙的漫画。偶然翻翻日历，看到了自己底生日，虽然离它还有三个星期，忽然心情汹涌得那样，禁不住一气写下了约二百七十行的诗，这样长的，我是很少写得出的。我过去的生活，没有报告你过，从这，可以看一个大概吧。我写东西，往往从自己展开问题。以前听雪苇先生批评郭沫

若[1]，说和鲁迅先生不同，而又不能够有鲁迅先生高者，就是由于这一原因。因此，我想，这难道又将成为我底毛病？《斜交遭遇战》收到了么？最近，有希望解决一个技术问题，那我可以给《七月》写一个动人的故事，一个战车防御炮连底退却——《新兵器、新兵、新官》了。

四围的空气愈过愈使人窒息，虽然麦已发绿，桃渐开花，摩擦极大，笑话百出，要哭无泪，要笑无声。而自己底生活，又不知道什么时候才可上正轨，无愧于自己，有益于人。但是，我却这样相信：麦要更绿的，桃花要更红的。

关于×××底事，现在又有新的发展。总之，我完全给弄得糊涂了。她说她离婚了，而语气中是为了我。我的一个猜测：她在试探，以打击作为试探。一切，我全不问；我所不安于心的，除爱我外，她底思想是否和我平行呢？没有见面，一切都不十分清楚。把好的当作坏的是这个世界的损失，把坏的当作好的当然又是十分可怕的。做人真难，做今天的人。将来的日子到底是什么？

你近来怎样？艾青有消息么？鹿地、池田两先生好么？

前几日打算向《文学月报》投稿，现在又不了。

祝康健！

陈守梅上
三月九日夜十一时

37. 阿垅 1940 年 3 月 23 日自西安

胡风先生：

平快早收到了，航信今天才收到。

---

[1]"郭沫若"（1892—1978），原名郭开贞，作家、诗人、考古学家、社会活动家。胡风在东京时与他相识。抗战时，任国民党军事委员会政治部第三厅厅长和文化工作委员会主任等职。1949年后历任国务院副总理、中国科学院院长等职。

关于我底文字的批评是很对的。

关于《南京》，你给的关心，我是感谢的。作为《七月丛书》，我就满足了。假使不是为了牙齿需要较多的钱，我是不愿意试试赌博的。失败也是我底教训。文字底价值，有历史作最终批判的。愿保守沉默吧，听它自然发展吧。

还是想到四川来，因为只有到了重庆、成都等处才有足够的技术和设备来治牙。但是，为了久久没有筹好路费等，所以还得迟延一些时候。真是一切都不由人的。而前几天牙又化了一次脓，所以就显得急了。

散文留在手边的不够出一本书。那么，过一些日子再集吧。

我所以以书信体写第二个战争的长篇，因为方便而已。是的，热情是怒马，需要缰勒的。

只要不久能印作书，我底问题是可以解决的。

最近又有一件烦恼的事，接到一个母亲凶病的电报。但是发报地址是重庆，而父亲最近的信中又什么也没有提到，不知道到底怎样。

七月二期又遭遇了新艰难么？

上次寄的诗《生日》，末一段想略改一下，附在后面。

祝安好！

陈守梅上

三月二十三日夜

附诗几首，一笑。

读胡风先生诗

白日黄尘战士悲，烧天荒火不成灰。

大风歌起同心壮，明月光高空泪垂。

铩羽云霄鹰有恨，暴尸原野狗堪肥。

何当一发英雄怒，热血春花共乱飞。

今　日

乌鸦满树叫晴晖，今日长安诸事非。

空见风沙相扰扰，岂知时节已芳菲。

宝刀不用光仍在，雄马长鸣心欲飞。

若是江南三月晚，桃花如血映征衣。

忆杭州

灯满长街花满城，鸟声到处杂歌声。

不知今日湖边路，仍否春风三月晴。

柳枝如梦月芽明，黄土高原人夜行。

壮士不忘怀剑去，到今仍有故园情。

38. 阿垅 1940 年 4 月 1 日自西安

胡风先生：

关于《南京》的评论，我看过了，而且已经想过了。好久了，我总难于平心静气的，这次，我却忍耐地达到了。在自己底序文中早已自觉地指出：因为偏于写历史，我没有打算用一个中心人物把他贯穿在整个结构中。因此人物就零零碎碎的，故事也仿佛零零碎碎的。事实上这不可能。除非那是不依附于那样的事和那样的人的（实事和实人）。

所以，假使要改写，照上面的说法，在我不可能。我只有这样：每一篇中的人物，把他写好，每一件事，把它写好。这心，我有，而且诚恳。

但是，他们要人和人的联系，像一棵树长个别的枝桠，我不可能。我只有，像许多支流汇于大江，澎湃一气。在序文中，我说，我不是写一个人，而是写一群。

关于技术的话，我觉得，假使致力于形象的完成，要它凸出，有许多地方必须写。否则，将给读者一种什么印象呢？一大片天地完全同一么？譬如，枪炮底射击声，不可能随便写来，有这样的问题：目标是什么，距离多少，战斗激烈程度，射击部队或者射击手底状况等。因此，有说我描写重复的，我实在想不出来（打算能够再看一遍）。

评论对于我是有益的。但是我部分地保持着自己底意见。

所以，怎样改在我心中起着斗争，有惰性，也有毅力。

但是，限于实生活，最近想改也无法改。（想，另写一个长篇，也不知道有可能否）

想来想去的结果，打算让它以原来状态出世，从这可以吸取更多的意见，作以后写作预备。

你不会赞同这意见的，我知道。

问题是在，到重庆后我需要一些钱。

或者，你会想到我有钱。不。我那几身衣服，是朋友们换着穿的，为了要去见一些所谓上官找工作做，我才穿了。而且，朋友们底衣服，大都是南京时代的，想不到现在适用。笔润大部垫还路费。

为什么要钱呢？因为，或者我要结婚，或者我要处理一件诉讼，或者我要从这里逃走。

因此，无论你赞否《南京》出书，假使我请你给我介绍出版处，是不是能够给我帮助呢？又，《闸北》，是不是也能够得些钱呢？

或者，我会做一件不好的事。

关于 ×，现在的问题相当多：思想路线问题，这，有许多地方不像；生活态度问题，有极大胆处，但是像有些曼侬倾向；还有对于共同生活的意见。但是，我真这样决心，像几次告诉你的：幸福要踏火而取，地狱要有胆进探最深处。我想，人生是这样完成的。所以，让要来的来吧。我所注意的是，无论我如何牺牲，幸，献给世界，不幸，不牵涉别人。

心乱，祝好！

陈守梅上

四月一日

《希望在我》怎样？也请告。

39. 阿垅 1940 年 4 月 7 日自西安

胡风先生：

今天从灞桥回来，突然看到贾植芳君底留字，当即到他那里走了一转。略略谈了一谈，明天打算再去一次。关于《七月》和《南京》，知道得更多一点，既然如此，索性随它吧。我希望你编的丛书能够顺利地进行。

朋友周君职务调动，我底通讯处暂时改为"西安西关介家巷庙一号西安头等测候所程纯枢先生转"。这是一个科学机关。

牙仍在化脓，工作仍是灰黑。到四川来的心很切，但是一、二月内还没有办法。

心乱，不多写。

靳以处，便中请转告我底新通讯处。

祝健康！

陈守梅上
四月七日夜

40. 阿垅 1940 年 4 月 20 日自西安

胡风先生：

信和诗全读了。

《七月》贾植芳君已经告诉我一些，这世界，要令我不懂了。《新兵器……》这一篇，还没有着手，写是容易的，但是条件不够的时候却不敢胡来，所以，暂时还没法写。《生日》给小朋友们吧；我希望能看到这刊物。

《南京》，有你底指示和激励，在我是多高兴呢。我愿意大大改一次，也希望很快能到四川来。问题是，我底生活缚束着我，使我迟缓于蜕化。

是的，我底愿望应该放高些。其实，每次——尤其是写值得用虔敬的心写的东西的时候，我是有那样的愿望的，心无杂念。但是，没有柴烧的人，会把栋梁拆下来；要走路，所以先走桥。——这种低级的愿望是"副产品"而已，并不是为它而写《南京》的，倒是写成了《南京》才触到它。因为，我是这样渴望健康，渴望由这健康更走向战斗。目的是那样，而生活是这样，于是愿望拍卖了！

到四川来，不是目的，那是桥。但是，这不是一句话，而是这样艰难啊！

《七月》使你精疲力竭，我是深感到的；也深深地敬意，只祝你壮健。在这里，我也有精疲力竭感，同样窒息；虽然有的是时间，甚至可以吊儿郎当。

读了诗，感叹不尽。

假使值得舍却生命，战斗能够开花，恋爱纯朴如玉；战斗能走向梦想，恋爱是热情奔放——就舍却性命也罢。

贾君见谈了几次。很好。

祝康健！

陈守梅上

四月二十日

41. 阿垅 1940 年 4 月 30 日自西安

胡风先生：

和这信同时，寄出《希望在我》。这是一个散文集子，想请你看后给靳以的，对于每次给我的忠告，这只有可羞处。但是，人往往有他个人底愿望，想生活得好一点（不限于物质生活），想做人做得好一点。因此，我往往廉价地待遇自己。最近的愿望是，能够到四川来，几件事要靠这个决定，到四川后，假使可能，住下来用三个月的时间把《南

京》改作一次，空着手是不能够来的；也没法住三个月。我只有以文章杀条血路。要我走贪污的路达到成功，那是要我底命也不会做的。这是困难的一切。自然，这困难中还包含着我自己底弱点和缺陷。

我这里一天也不能呆。活是白活。

《血肉二章》底稿失了。我希望能够从你那里得到，补入。

《杭州底故事》等是未刊的，《印度教堂之忆》和《活在心上》已经给靳以了。

写文章，我觉得写出是较易的；为难在搜集和整理材料上。所以我想，三个月的时间，或者可以把《南京》弄好的，只要你给我指示出来。《南京》底酝酿，差不多经过一年半，写得虽然快，很有点吃力的。但是，为了写得更好，为了你给的可贵的劝告，我是不怕而且急于要修改了。

真的，恋爱是要性命的。朋友们说我盲目，说我在恋爱俄国小说，有的地方是对的；但是每一个人有他底情感底深度，熟朋友也很难触到。我还不知道我将成功，还是失败。一个唯一的决定是，我一定要做一个"英雄"，失败是不怕的，人得做得好一点。

假使到四川来住，一个月不知道需要好多钱能够活下去？

二期《七月》出版了么？

附信，请在稿到时同时转给靳以，谢谢！

谢冰莹[1]在这里编《黄河》，一篇文章中指《七月》文章和作者阵容都太狭窄，不知看到了么？谢冰莹由蝴蝶变了毛虫，前进的女性结果如此，还要指责人呢。

祝安！

陈守梅上

四月三十日

---

[1]"谢冰莹"（1906—2000），原名谢鸣岗，女小说家、散文家。北方"左联"发起人之一。

靳以告诉我，可以预支钱，我想，或者可以帮助我达到到四川来的期望的。

42. 阿垅 1940 年 5 月 8 日自西安

胡风先生：

寄上《总尅服》一稿，这是朋友周君底故事。写这个，或者含有友谊的成份，但是有也是很少的。记得，听这个故事的时候，心是那样激动，仿佛自己亲历着那样的艰难困苦。抱憾的是，或者描写得不够，甚至把握得不够。虽然这故事属于平凡的一类，并没有血淋淋的战斗，但是它所含有的质，却是一样地多，甚至是较高级的。一个军人要攻取一个高地那是容易的，几小时的奋勇就够了；要经历一次这样的退却，困难连续不断地发生，并且那是全是出于意外的，前途是雾一样的，这就需要意志的力，不是随便可以做到的。而且，所谓战争，一般人以为那自始至终是冲锋陷阵，那是完全错误的。假使那是运动战，行军占全战斗过程百分之九十以上；假使那是阵地战，工事底构筑占全战斗过程百分之九十以上：这才是真实。而行军和构筑工事比较冲杀是士兵们所怕的，因为那才是艰难，那才是劳苦。写《总尅服》底一个用意也在这里。故事全是真的，名字只略改了几个字。想写的时候很早，到现在差不多有半年。

《新兵器·新兵·新官》因为技术问题没有满意地解决，还得搁一下。《七月》四期还没有看见，几时可以出书呢？困难总是不断的啊！

我，写文章，已经多少给他们知道了一点，自然这是不好的。我只想能够早一天脱离精神的囹圄。

祝健康！

陈守梅上

五月八日夜

艾青到重庆来了么？贾植芳君告诉我他将来的消息的。

最近搬到青年会住。但信还是寄"西安西关介家巷庙一号西安头等测候所程纯枢君转"吧。

43. 阿垅 1940 年 5 月 20 日自西安

胡风先生：

航信收到。贾君底信已转出，通信处写"宜川第二战区司令长官办公室刘克先生转"。

才从月光里踏回来，有的地方有酒香，有的地方有树腥味。看见了火光，看见了受伤的红血。两次的轰炸，在两条大街上画了一个十字。青年会北院也遭波及，我底宿舍只震落一片窗纱。心超过愤怒和恐怖到达平静，不知道该算进步该算退步。

谢谢稿费。《七月》愈是艰苦，我愈有从旁支持的义务，虽然我只是一枝小小的椽子之类。钱多少没问题，这不过是可怜的副次的目的而已。而你，不是更艰苦于我们多多么？为什么该你一个人苦撑？想到这，有些事我总麻烦你，消耗你底时间，是不该的吧。

我写文章稍稍被察知一点，也不管它。可笑的是我的主官半命令式地要我给浑浊为害的《黄河》写稿。我已经向生活妥协了太多，意志和行动哪里能够再屈服呢，那要使我跌到底。

对四川本没希望存在心上。来的目的很小。但是，不会比这里更坏吧。在这里要吐血，做人难三个字：又要做人家的人，又要做自己的人，又要做内部的人，又要做外看的人。

《总尅服》想可收到？愿得到指示！

祝好！

陈守梅上

五月十九夜，二十日续写

44. 阿垅 1940 年 5 月 26 日自西安

胡风先生:

《七月》愈是艰难,我愈是该写文章给《七月》。《总尅服》想必收到了。这里再寄来两篇。

《真》[1],很就想写的,但是又不敢写。第一,理论的东西是使我害怕的,我没有那种修养。第二,防人说我攻击人。但是,每次读战争故事,总发觉那是不忠实的。真正的战斗无论说本质,说方式,全不是那样的,完全不对。假使那不是欺骗,就是狂妄,或者是他自己也给自己底智慧蒙蔽着。所以,终于写出来了。为了避免误会太多,我只引用两个错误太大的人底作品,并且不指明姓名。我希望这文章能够影响他们。自然,我说过,也要警惕自己。很痛苦。说来说去理论是我不懂的,以后也不打算再写,这一篇请你好好指教我。那两个作者和两篇文章,在这里附告你,请不必宣布。那是骆宾基[2]和他底《东战场的别动队》和碧野[3]和他底《守黄河》或者《黄河底奔流》。

《神翼集》是我作的恋歌。不但因为它是我底生活和情感的声音,无邪而热情,所以寄给你,也因为我所歌唱的比恋爱更多。我不知道你还是笑我底单纯还是骂我没出息。我恋爱着,欢喜着,痛苦着,希望着,忧愁着,我要疯狂了的样子。我还没有见过我底恋人呢,我不知道她是我底爱人呢还是我底敌人?啊啊!

《南京》已经拿回来了么?假使拿回来了,请暂存你处。

这一晌,很有回到江南去的幻想。曹白被打了头那样的事我不知道受不受得了。所以,回去在我是不行的。读《浮桥》,很念艾青。他来四川了没有?最近读他底《他死在第二次》,我以为《吹号手》那一首最好,很想写点批评,又害怕理论。这以外,害怕被骂作捧自己底一

---

[1] 评论《真——关于战争文学》,文后署 "1940.5.26 西安案板街",发表于《七月》第 6 集第 3 期 (1940.12)。

[2] "骆宾基"(1917—1994),原名张璞君,作家。

[3] "碧野"(1916—2008),原名黄潮洋,作家,"左联"盟员。

群，或者搔痒不着痒处，岂不糟糕？

《希望在我》可以印么？可印就交给靳以吧。我有很久没有接到他底信了。

祝康健！

陈守梅上

五月二十六日夜半

45. 阿垅 1940 年 5 月 30 日自西安

胡风先生：

这几天读报，已经记念得很，今晨看到三大学校长呼吁的电文，更是对于师友不胜怀念。愿平安！也愿《七月》平安![1]

据一般经验，敌机在水平投弹时，大概有四千公尺的高度。假使假定瞄准的偏差成十与一之比，那有四百公尺；又破片散布，以爆击弹计，大概威力圈半径最大是三百公尺，所以，住处和避难处最少应该距离显著物体（如大学校舍）这个距离。死在战斗中是不必顾惜的；不能给予敌人以损害而反为敌人所损害于平白无辜中，却十分不值，也不愿。尤其，留着一口气战斗下去，在文化战线上，你是有大光的。

我还记念鹿地先生夫妇，和艾青先生。最近看什么报，说艾青怀着他底诗稿到重庆来了。我和他失［去］联络相当久了。祝他们全好吧。

附信请转靳以。

炸的时候，你在城在校呢？损害怎样？武士道颇近阿 Q 相呀。

---

[1] 1940 年 5 月 27 日，敌机轰炸了北碚和黄桷镇，复旦新校舍四周围落了弹，教务长孙寒冰被炸死，有大量平民死伤。胡风住处也进了弹片，家人幸未受伤。

祝平安！

陈守梅上
五月三十日

46. 阿垅 1940 年 6 月 24 日自西安

胡风先生：

好久没有接到你底信了。尤其是复旦被炸以后，更是记念你。愿一切都好吧。

寄了来几篇文章，《总尅服》、《真》、《神翼集》都收到了吧？这里附寄《掩护部队》一篇。关于这，有一些事我不敢写进去。所以，这不是报告，近于报告，而多虚构的成份。在溃退的京、沪路上，是很有可写的东西的。最近见了几个炮兵队的同学，说到了各战区的故事，有的真太好了。譬如卜福斯山炮渡河，水深岸陡，驴子底背脊也几乎淹没。问题是，有许多事属于技术范畴，我这步兵一时没法写。《新兵……》那一篇，到现在还是没法动笔。

《七月》，看来情形很艰难吧？在硗瘠的荒地上开放的，在风、雨、冰、雪中开放的，那才是最好的花。只是太辛苦了你。

植芳君来了复信。你底信已经转到。说，害了一场病呢。他说到了杜斯妥益夫斯基[1]小说中的青年，想想很给自己害怕。

看广播之类，艾青兄已经到了重庆了吧？愿他也平安吧。写成一篇《读艾青》，寄给了靳以。我爱读《吹号者》。那仿佛说的是他自己。但是，赞美得不好等于污辱，真给自己害怕。下次再不敢了。相见时，给我说一说。

有许多人写军事真够大胆，连名词都没有摸清就整篇整篇干起来。

---

[1] "杜斯妥益夫斯基"即俄罗斯作家陀思妥耶夫斯基。

田涛在《文群》上发表了一篇《乡下人》，有"瞄准了瞄准器的度数"这样的说法。那是不对的。写了一封信给靳以，请他转告作者，最好在事先找人谈一谈，或者看一看，不知道我这好意有用么？这不但是形象问题、技术问题，同时也是历史问题。把战士底姿态画得奇形怪状，把读者群引到现实以外去，总是憾事吧。

《南京》还没有退回来么？一切还没有消息，我有点疲倦了。看到一个消息，火野苇平底《麦与士兵》在美国很风行，改变了美国人底看法，再想想自己，想想中国，真不愿再写下去了。[1]

一月以来闲得骨头发软，吃饭睡觉以外，就是看秦腔戏，什么《湘北大捷》，什么《长江会战》，锣、鼓、旗、甲，不亦乐乎。这日子我太过不下去。而到四川来也还没有日子。

祝一切好！

陈守梅上

六月二十四日

47. 阿垅 1940 年 8 月 2 日自西安

胡风先生：

对于你以及《七月》，真是记念啦！愿钢铁一样以壮健无畏地兀立在铁雨硝风中！

我底住址有点改变，以后信写"西安南关外冉家村西安头等测候所转"。愿能够从这信得到平安消息，愿能够从这信恢复联系。

---

[1] 阿垅于 1939 年 10 月 15 日在《南京》后记中写道：日本军人火野苇平在战事中所写的报告文学《麦与士兵》，影响很大。"我惭愧了！为自己，也为中国人。……跟在惭愧后面，愤怒来了！我不相信，'伟大的作品'不产生于中国，而出现在日本，不产生于抗战，而出现于侵略！中国有没有'伟大的作品'呢？有的！中国有血写成的'伟大的作品'！……那作品，将伟大于火野苇平的《麦与士兵》的！否则，是中国的耻辱！我是这样才写《南京》的！"

植芳兄来了一信，也十分记念着。问《七月》情形，我给他寄了五集三期去。

还是没有来的一定日子。最近，空间成为黑雾，呼吸窒息万分。而我自己，又不振作得很，像蚯蚓，或者更不如。我要救我自己。

以前曾寄了《总尅服》和《掩护部队》来，各约万字。不知收到么？假使没有，或者在轰炸中弄掉了，而且要用它的话，我可以再抄寄。愿安！

七月二十八有一快信。

陈守梅上

八月二日夜

48. 阿垅 1940 年 11 月 20 日自西安

胡风先生：

谢谢你从各方面给我鼓励和帮助！我不能够向你说更多的和更有力的话。

二日的航快，十九日才接到。而我又整整想了一夜，脑像一团旋风，作战时也不常有这情形，到这时候才能够写信。

假使没有通报和钱的事[1]，这事我早已当作结束了。

决斗的时候带伤下来，很可以反省自己底膂力和剑术，反有益，并没有耻辱和失望。但是，这里情形既然不同，并且事件已经有结果了，我是有些不舒适的。

我并不重视这一种"威信"。第一，让群众和历史给它作结论吧。第二，假使以自己作尺度，每一个作者都优秀于我，事实上那是我们底

---

[1] 小说《南京》获中华全国文艺界抗敌协会征文奖（400元）。但因故未能公布名次，也未能发表和出版。直至 1987 年 12 月，小说《南京》方由人民文学出版社据幸存的初稿整理，并改题为《南京血祭》出版。

抗战获得了巨大的力量。不然，中国底水准是可怜的了。我决不愚妄到这一步。我倒往往把自己底体积弄得缩小，并且热望着更好的。真的，直到今天，我没有以一个作家自居，我只是诚诚恳恳地抱着这一态度，同时，更诚诚恳恳地写。

我底不舒适，是钱挑起来的。不当选那就完了，为什么又给些钱？我不得不这样构想，一张俨然的脸，"兄弟！拿钱去！——可是不要闹！"或者那样神秘地笑着，"给你点不及格的钱，给你点不及格的光荣，但是你得向我们底公平的权力签字承认。"我不和那一位作家一样，像被强奸的人不敢在日光中谈自己底事。我是，在事实上既然被斥，是不是还要使自己更在精神上成为他们胜利的俘虏？我要向钱低头么？不！不！我还得向他们低头么？

但是，从另一方面说呢，钱！钱！第三个还是钱！为它，我已经在西安被活埋了一年。而最近我身边发生了的事是：家里来信要求帮助。或者，×××要到我这里来。她不来时，我得找路费向四川愈快愈好地走。这是给我的一副夹棍，我要做人，得在中间活下去，怎样最好就怎样活下去。自然，是最好，并不同时是痛苦底解脱。为明天打算，我今天在自己脸上抹泥。

所以，我底决定是如此：接受四百元。让书名和笔名发表在报纸上，这可以给《南京》在历史事件上以一个失败证据，可以给将来的人一些索隐。但是，这里请你帮助我，不要让"陈守梅"这本名披露出来，否则，我底文艺工作将遇到障碍，甚至，我底军事工作（这是我底本职）也就完结。至于稿子，请你给我保存，在未出版前，你是第一个爱惜它的；假使你有时间，还请你细看一遍，是不是有旁的弱点（另一个反动的想法是，不修改了，让它以本来面目和世界相见吧）。旁人的意见也请告诉我，或者我在那里是真无力的。《闸北》是不是已经印出了？我愿得到几册。

这里我附带报告你我底心情和计划：

我底生活，从来没有它原来那么大，是压缩小了的。只有在两次恋爱上，我手提血淋淋的心肝向宇宙无愧而立。只有一次的战争，我骨如

铁柱。只有一次的短征，我溶解于光明。只有在写文章中，我完全回到了我自己；自然，力量底薄弱是另一件事。

当我写文章的时候，我是大步前进的，但是写成以后，它却成为我底前进的障碍之一（这是个大弱点）。像由青虫到蛹是进步，由茧生翼的时候蛹的过程是阻力。因为，写成了，并不是结果，结果是出书的日子。所以，没有做到这一步之前，我没有力量跳跃而过。而我又不愿和不三不四者低眉高眼。

我底计划到现在扩大了。因此实行起来也就更难。我打算写《摸索》、《动乱》、《战争》三部。

《摸索》搁在灰尘里已经近十年，计十章，约十一万字。用笔名蠢然，在孙福熙编的杂志上发表了八、九章。那个时代我是一个民主主义者。那在我是一个遗蜕。所以还爱惜着并不是依恋昨天，而是给明天以证据。从那，说明有一群青年怎样生活过来，说明有怎样一些事件发生在我们底时代。因为汪精卫的叛卖，在我这文章，更有向他反击的力。自然，我得写一个好好的序。

《动乱》包含下面几部：第一，九一八前后时代，我忘不掉那时候的学潮和工潮（可惜我没有向工潮突入）。第二，"一·二八"前后时代（或者和大革命尾巴一同并入第一部分去）。第三，军校时代，这是个极五花八门之至的世界。

《战争》包含《南京》和计划中的《论勇敢》，和将来展开的形势，直到自由、解放底取得。

我相信，计划，总是好的。但是，我是给生活捉弄得雄心如灰明灭不定呢。愿鞭策我吧。

关于所谓军事文学。让我，我向你是诚挚的，恕我荒唐吧，说几句狂放的话。这不是由于我底绝对的优秀，而是由于相对的熟悉。正像我烧饭没有我底勤务兵那么好，我磨面没有邻居底骡子那么有好成绩。我所看到了的，百分之九十以上是开玩笑一样的。就是在我自己，或者还是有着很多不妥处的。曹白底成就，使我向他一人心折。东平底《一个连长底战斗遭遇》最近又读了一遍，有力如雷霆，压倒了其余的人，但

是在军事技术上也有点问题。比如，那样的歌不是士兵能够唱的。比如，在阵地战中，像东平所描写的，连和营不可能那样失去联络（除非溃乱中），同时连作战营不可能不知道情况（除非连有独立分遣的任务）。想到这，一些人给军事文学以批评，是不是自己先立住在军事技术的条件上呢？

再报告你一个尾巴。这里，凡进步刊物大都不许卖了，中央审查通过的，这里有权压倒它，使我想起踏在主人脸上而给对手一个耳光的姿态。《七月》以后的命运不知道怎样。土货刊物出二十余种，政治居多，是摩擦第一线，文艺一种有零，军事一种。军事底编者是我的直接上司，向我命令，写了一篇《日本进攻荷印么》，决心是不卖良心。又写了一篇《世界战略论》，不给它了，寄到《中苏》，但是听植芳兄说，那也是不高明的（这书这里似乎也排斥了）。

谈得太多，原谅我无礼，愤不择言了。

祝福！

陈守梅上

十一月二十日

49. 阿垅 1940 年 × 月 × 日自西安[1]

胡风先生：

连续给你写这样的信，太麻烦你以外，自己已经弄得不好意思起来。

问题是在，我必须在这个时候到四川来，一切，都迫切地要我把握住。我现在的希望，和所能够依傍的，仅仅是那个。

可是，文协的一些先生，似乎偏偏和我为难似的。上次寄出信到今天，又经过近十天，还是毫无消息！我受不了这持久战、消耗战。

---

[1] 此信未署月日，现依内容录于此处。

　　而能够给我一点帮助的，又仅仅你一个。所以，不得不麻烦你到底，给我弄个清白。羞愧和愤怒使我十分不安。

　　我想，既然由你通知他们汇款，那么，地址一定是冉家村无疑的，不会弄错的。

　　接这信后，假使我没有来信报告收到钱的事，那是他们还没有给我汇。

　　我是怎样想立刻来啊。

　　糟糕得很，很久没有写什么了，恋爱苦（或者甜吧）得我坐立不宁地过着日子。

　　对不起！

　　祝安！

陈守梅上

50. 阿垅 1940 年 12 月 12 日自西安

胡风先生：

　　十一月二十日和二十三日的信，想可以收到了。那时候的生气，现在并不懊悔，不过觉得近于浮躁，甚至浮躁得软弱。

　　关于东平，我怕有着语病。《一个连长底战斗遭遇》，无疑还是最优秀的，从题材，从描写，从文学条件，甚至从军事场面，完全像赤道上的太阳呢。我是这样说像这样一篇好文章，也难免有军事技术方面的弱点，不容易看出来。那些市场上的战争文学，像《北方的原野》，像《山野火烟》等，从一个军人看，几乎是全部错误的。但是在文坛上却大捧特捧，愈捧愈高的结果是：第一使这作者相信了他底幻想更虚骄起来；第二使读者以为战争是如此一回事（假定读者也缺乏军事知识）；第三认真的作品就暂时无从识别了。对于批评，我总怀着好感的，但是，近来却觉得有些随便说话之处。自然，批评和写作全难。真的呢，

我觉得写作是十分困难的，虽然学过军事，拿起笔来往往有笔重如山的时候，尤其是，自己相信了自己底军事学识，或者在这里就要出毛病了。批评也一样的，我想。批评家往往劝作者写他所熟悉的，为什么自己往往批评自己所不熟悉的，甚至竟以这样的路决定一个人，一个他所不知道的人，一些作品，一些他们所不熟悉的题材呢。上次的话，写这作补充。东平还是我打算学习的。

在诗，我，作风和艾青自己知道不同，能力也知道不够，但是我是向他学习的。

《七月》，五集四期已到。这里很讨厌，凡文涉及 8＋L[1]者都不许发售，所以一个相识的书贩把书弄到洛阳去了。所以，《七月》到后一下又看不见了。

寄上诗五首，愿能得到指示。

祝好！

陈守梅上
十二月十二日

51. 阿垅 1941 年 1 月 22 日自西安

胡风先生：

新年中第一件不愉快的事[2]，是东平们底命运在我底心上所提出的控诉。最近很听了一些怪话。说是怪话，其实是真话。我很不懂世界要往哪里去。愤怒过甚，成为平静倒不坏，但是我却成为忧郁了。

文协底通告登出到现在已一月，可是没有什么消息给我。是不是文协方面又出什么事？我决定二月来重庆，因为，这时候朋友周君可同

---

[1] "8＋L"即八路军。
[2] "不愉快的事"指国民党针对新四军发动的皖南事变，而丘东平就在新四军里。

来，同时重庆方面的工作可以及时解决，挨下去又得弄糟的。十三日的航信，想已经到了吧。请帮助我，向文协把这事弄好，我急于来呢。

一期广告已见，书还未到。

匆匆，祝

福！

陈守梅上

一月二十二日

52. 阿垅 1941 年 1 月 25 日自西安

胡风先生：

一月十二日的快信收到了。十三日和二十一日的航快，想已经收到了。

钱还没有收到。不知道已经寄出否？又，地址是否是冉家村？假使寄的是旧地址，六合新村，那又麻烦了。请你代我查一查。但是，我还是希望能够由你转寄，我怕会弄得给四百元卖掉的。附着信，给文协。我决定二月来，迟了工作机会会成问题。我希望能够电汇。钱到的时候就是我来的时候。假使寄的是旧地址，需要通知汇款机关改正。已经寄了就讨厌。

《七月》已经买到一本。第一篇文艺论文，或者正打中了我底弱点。我决定好好地做，请你常常告诉我一些。又《七月》情形困难，以后我不必给稿费。

要上课去，匆匆。

祝好！

陈守梅上

一月二十五日

53. 阿垅 1941 年 3 月 4 日自重庆

晓谷[1]兄:

　　到此已一周。一切忙乱而且徒劳。[2]

　　在城仅三日,已有一种预感,或可谓前奏,将展开幸与不幸。但我仍抱前此态度,以生命搏击一切——即使芝麻绿豆事,何况非芝麻绿豆事。

　　令门兄[3]所遭,已略为猜得,自以为如此。但未敢下断句。

　　已发一信与宁[4],渠当能告知我之状况、地址等。

　　闷,不多谈。祝

安!

穆

三月四日

54. 阿垅 1941 年 3 月 7 日自重庆

晓谷先生:

　　前几天的信到了吧? 说得那么混沌的。但是在这信,也不会更明白。

　　旧的,现在到底了结了;如附诗,我是在翻拨着熄灭了的灰烬! 两首旧诗,也一样。

---

[1] "晓谷"为胡风长子名,此处系借用,信中亦作"小谷"。后亦作"谷兄"、"谷先生"等。

[2] 胡风日记中记载:"1941.2.26　S.M 由西安来。"

[3] "令门兄"即杜谷(1920—　　),原名刘锡荣,现名刘令蒙,诗人。1942 年应胡风之约编成诗集《泥土的梦》,列入《七月诗丛》第一辑,后因诗稿未被国民党当局审查通过而未能出版,直至1986 年才由湖南文艺出版社出版。1955 年被定为"胡风集团骨干分子"。1980 年平反。

[4] "宁"即路翎(1923—1994),原名徐嗣兴,作家、剧作家。胡风曾在《七月》和《希望》上发表他的小说、散文、书评等,并将他的小说《饥饿的郭素娥》和《青春的祝福》编入《七月文丛》出版,他的长篇小说《财主底儿女们》亦由胡风办的希望社出版。1955 年被定为"胡风集团骨干分子",1979 年平反。

　　但是新的——新的，又照样突然开始了！我记住你底话：全或无；再加了我自己底，是或否。我将像手榴弹底一掷！我原是兵。

　　暂时不能更多了，暂时不能了。

　　好，握手！夫人安！

圣门

三月七日

　　　　惆怅三年人再来，豆花畦垅散香埃。
　　　　当时杜牧真何奈！诗卷兵书总可哀。

　　　　未堪重问望江楼！门巷枇杷相忆否？
　　　　春自芳菲人自笑，此心如水沓然流。

1942—1945 年

55. 阿垅 1942 年 3 月 12 日自重庆

成先生！…[1]

徐、何[2] 都怎样渴望这一个消息啊！……

忙乱了一阵，什么也没有做出来；但是你回来了，那就是一切。

"再来吧！"——但是也真一言难尽。

重庆么是个讨厌地方。你想想，那些说"良心话"的人们[3]；还有，刊登记吊销的事！[4]……

我这时得告诉徐、何，暂时停止在这里，总之，你是回来了！

握手！

陈守梅上

十二日

附：胡风 1942 年 3 月 7 日自桂林

守梅、嗣兴兄：

我回来了。到此后，知道你们的怀念和关心，但我们却是无恙，后来是高高兴兴地走着路的。除应用衣着外，什么都丢光了，但值得可惜的却是别人的一些和我自己的一点产品。遇着了敌人就决不会有全师而

---

[1] 此信为得胡风 1942 年 3 月 7 日自桂林来信后的复信。1941 年 5 月，胡风遵周恩来指示，为抗议国民党发动"皖南事变"自重庆撤退至香港，香港沦陷后经营救脱险，于 1942 年 3 月 6 日来到桂林。此时，阿垅在重庆任军令部第一厅二、三处少校参谋，并以"圣门""师穆"笔名在邹荻帆、姚奔、曾卓等于重庆创办的《诗垦地》丛刊上发表诗作。"成先生"，胡风在香港时化名"张成"。

[2] "徐、何"，即路翎（徐嗣兴，后信也作"路兄""翎""宁""兴"等，见前注）、何剑薰。何剑薰（1911—1988），作家、教授。1955 年 6 月受"胡风案"牵连被隔离审查。1980 年平反。

[3] 《良心话》为国民党一小报，在此前曾造谣说"胡风附逆"；后文阿垅 3 月 25 日信中也提到《黄河》新年号上提出了"讨伐汉奸胡风"的号召。不久，胡风著文《死人复活的时候》予以反击。

[4] 此句指，《七月》因过了登记期限而被当局注销。

返的道理。再来罢。

据说我可以回渝，但目前无法上路，而且也担心到渝后不能活命。或者休息几天再看。

一切不明了，疲乏。望即转告何、邹诸君[1]。

信由彭君[2]转。

56. 阿垅 1942 年 3 月 14 日自重庆

成先生：

自从战争到了你那里，说句实话，我们不能不是不安的；这之间，由于消息底奇突，一时激愤，不知道要撕裂一些什么，一时麻痹，弄得一点哀思也虚无飘渺。有些地方却是奇突的，平时不看的报，看的时候总有一句两句关于所想念而又似乎懈怠于想念的人，好的有，坏的更多，仿佛它要来提醒人，刺激人，捉弄人似的。宁和剑，常常问到我，同样，我也常常问到他们，以为或者你有信寄白庙子，这样彼此探索，彼此安慰。到后来，会见了些从香港出来的人，才确定那战争是：只有照例的混乱，而无想象的激烈的。这，我是个军人，知道得要明确些，那我就用这样的话来支吾人，也支吾自己。既然是支吾，也只是支吾而已。直到接到你自己底信。

这里，地方，人，一切如常，和你在时没有分别，只有物价更高，如此而已。或者这样说，不会变好，只会更坏。

朋友们底情形如此：

宁仍在原处。想转开，但是又转不开的样子。努力得很：改写了

---

[1] "何、邹"指何剑薰、邹荻帆。邹荻帆（1917—1996），诗人，其诗集《意志的赌徒》曾被胡风编入《七月诗丛》出版。

[2] "彭君"即彭燕郊（1920—2008），原名陈德矩，诗人。曾在《七月》上发表诗作，为"七月派"诗人之一。后信也作"燕兄"、"郊兄"、"彭君"。1955 年 7 月受"胡风案"牵连被捕，1980 年平反。此时在桂林编辑《半月新诗》。

《谷》，写成了《棺材》——一篇出色的小说。但是也苦闷得很。最近又在写一个中篇，已经写成了几万字。进步得太快：深刻、生动。我对于他底力，很觉得自己无望。

剑曾回家一次，结了婚，吃红苕吃了几个月。终于又漂泊到重庆附近，带着妻和两个弟弟，担子真亏他。最近看了他一篇《升天》，已寄给燕兄。还有一篇《查学》在我处。本来打算出书，预备一些什么。现在，这计划还毫无成就。他在改一个长篇。他对于你的想念，不仅是无用的情感的，而且是有计划样子的。

海[1]见过。刊本来他编了一期，不巧出了问题。详情他当告你。

我呢，什么也没有写！只写了一些杂七杂八的诗。想离开重庆，希望能够找到一个清闲的工作，暂时脱下军衣，来完成两个长篇，也养养伤。就是这打了折扣的计划，也似乎无法开始。

附着一百元，一点点，真所谓杯水车薪吧。暂时用几天，情形真像瞎子帮扶瞎子走路。

握手！

圣门上

三月十四日

邹他们出了诗刊，《黎明的梦》和《枷锁与剑》。拉了我。一些人：冀汸、白岩、曾卓、白鲁[2]，都年青。不坏。只有邹本人接触少，捉摸不定。

[1] "海"即欧阳凡海（1912—1970），作家，后信亦作"区易"、"易兄"等。胡风离开重庆时曾将《七月》的出版业务交给了他。
[2] "冀汸"（1920—2013），原名陈性忠，"七月派"诗人。此时为复旦大学学生。后在《七月》上发表诗七篇。诗集《跃动的夜》和《有翅膀的》被胡风编入《七月诗丛》出版。1955年被定为"胡风集团骨干分子"，1980年平反。"白岩"，情况不详。"曾卓"（1922—2002），原名曾庆冠，"七月派"诗人。1955年被定为"胡风集团骨干分子"，1979年平反。"白鲁"（1917—2005）即冯白鲁，剧作家、编导。时在重庆复旦大学读书，建国后曾任东北电影制片厂编导。

57. 阿垅 1942 年 3 月 25 日自重庆

成先生：

今天看到谢冰莹编的那个《黄河》底新年号！——当香港战争一开始，一个中华大学（翎底朋友）的学生写来一封信，说到那个谣言怎样散布在他们那个学校底每一个缝隙里；本人，是好的，但是他是十分惊惶的。这在我们，是十分愤怒的；除掉愤怒能够有什么呢？想不到今天又狭路相逢似的。想：它们是怎样要进行谋杀，比谋杀更丑怪毒狠啊！

回来了，那就是一切：我们曾这样说了。但是，回来了，眼前就有怎样生活的问题在的。记念得很呢。回重庆么？还是住现在处？口粮怎样？翎怕你妻离子散；他以为在上海呢。我却告诉他，挚妇将雏底不易；蓬子[1]在这里发表了你底信的。但是我想，重庆是无可住的；就说印刷吧，又贵又坏；人物、空气，一切都无可爱。——自然，工作不在其内。

我很厌倦。很想暂时脱下军衣来（反正现在不像个军人的），找个清闲的事，把想写的真正写好，弄好，然后索性回到前线去，是带兵，不回来了。只有战争和血这样的强烈刺激救得我底黯弱的灵魂，使我于事有益；也只有一弹打中的死，一方面结束痛苦，一方面不是逃避和呻怨。前次郊兄征求我底意思时，我还以为能够在现状况下克服自己的；是这样不安和难于振拔。全不是你所想的样子的罢。

今度兄[2]，我，谈到过《闸北》的事。想在国内印，增加一些；开始我想等你有消息时，征求你底意见的。一个朋友看见桂林版的什么选辑，偷窃了八十个人之多，也偷窃了这个；什么人，什么东西都有的。今度兄有一个丛书，要。现在我这样想，假使《七月丛书》在国内仍印，那就换别的吧；假使一时不弄国内版，你底意思可以另印否？

翎兄在写一个中篇；剑兄已寄桂林两篇，我这里还有三篇，就是那个《查学》、《说教者》和《意外的血族》。都想给今度兄的。翎兄四月初到我

---

[1] "蓬子"即姚蓬子（1891—1969），作家，时为重庆作家书屋老板。

[2] "今度兄"即聂绀弩（1903—1986），曾用名耳耶、萧今度，作家，与其妻周颖均为胡风在东京留学时的老友。后信亦作"度兄"、"三耳"、"耳兄"等。

这里来，或者剑兄一同来，或者和他到剑兄那里。他们也真想念得很啊！

告诉我们现在的你底状况。

祝

安！

圣门上

三月廿五日夜

58. 阿垅 1942 年 3 月 30 日自重庆

成先生：

二十二日的信高兴地接到了。路兄正来。冀汸也来了一次，是星期。

"良心"这东西可恶的。其实是"君乘马我戴笠"那一类。这恶毒处不是人与人的距离，是使世界灭绝的。

但是，只要好的更好了，坏的也就让它更坏吧。

我是发表得滥了；而且不该给《诗创作》和《自由中国》之类的，是我自己弄的，悔是最可耻的。

集子编理作序后即寄来。但是你斧削的。

路兄底中篇将在下月完成。或者把一些收集起来也可以。对于那个性格，有那样严重吗？意志，和新的英雄主义，我虽然看不深，但觉得应该有别的看法的。

何也有信来的吧。

祝好！

聂彭二兄好！

圣门上

卅日

59. 阿垅 1942 年 4 月 6 日自重庆

爱甫[1]先生：

上午寄到的集子三个想收到？

今天突然看到广平先生被敌寇捕去的消息！我总会偶然地看到这种不祥的新闻。不看见也罢，看见了就无法摆脱了。啊，我愿这又是谣言！但是假使不是呢，她，婴，还有那许多的遗物！[2]……

其次，三个集子可能或者必要时给我自己复校。十几年前就帮朋友义务干过。我自信很仔细；但是一些符号却忘掉了。

兴兄来信，说，还没接到你底信呢。

握手！

穆

四月六日夜

60. 阿垅 1942 年 5 月 9 日自重庆

成先生：

这几天荻们从北碚来。从他们，听说你不来了。也有人说你在种菜。你底情形怎样呢，念得很。

我呢，到桂林来的计划，暂时——只得说又失败了。记得到这里来时，你曾经劝阻我；因此也想到到桂林以后。我从来不那样想，但是并不是出于不严肃，只是，觉得自己底力量底细小，和另一面欲念底强大，职业地作是不来的。原想，因为到桂林可以有一个清闲的工作，我可以趁此把计划中的东西弄个结束；经过这一个时间，还可以开始一个

---

[1]"爱甫"为胡风的另一化名。

[2]上海全面沦陷后，日寇于 1941 年 12 月 25 日将许广平逮捕下狱，拷打受刑，三个半月后释放。

新的，我憧憬着一种强烈的生活。

上次寄的诗集，集名一个朋友说不好而又和另一个人底集名相同。我想改作《横槊集》。但是，第一，所有的诗句并不那样铿锵，第二，那多少又是一种个人英雄主义底脸嘴——我既不配，也不太喜爱。或者，马马虎虎吧。——假使你也觉得后者要好些，就用这一个；或者改作《无槊可横集》。

这里，一些人，有几个又开始毫无踪影，有几个思想行动又逃不出狭笼。说是开始，是不对的，是继续和展开。这日子真可恨啊。

度兄和郊兄底工作怎样？好久没写信了。

很疲倦。不知道由于闲逸，还是由于纷乱。有的时候觉得只是闲逸，有的时候又觉得只有纷乱；纷乱得闲逸，闲逸得纷乱，自己也怪，人也怪。

握手！

梅
五月九日国耻

诗刊，第一，我讨厌通信中浓烈的广告气味，第二，颇有些人说到"人"，第三，轻得那样轻，所以自己走过去又退了回来的。你看呢？

没有武器的，不刊吧。——我总是如此，走向极端。不仅仅由于喜爱，也由于情感被压抑吧。

61. 阿垅 1942 年 5 月 12 日自重庆

成先生：

前后的信都收到的。

第一，报告你，翎和一只恶狗血战，头打破，饭碗打碎了。正在找工作；就要到我处来的。你给他的信，暂由我转。——接到你底信，同

时接到他的信这样说的。

关于文集，决定照你说的办。版税之类，对七社我不列入预算的。

诗，留着的很少；未发表的也多不在手边。要另编的是：我从恋爱到失恋的几章，所以叫"苦蜜"，不论好坏全在内共四百行。要独立印的意思，是情调可以较完整些。现在在等另一首诗底刊出，然后可成了。你底意思，这样的东西合在一起不会半红半蓝难看么？请告我。我再决定。

《三角》，不错是从失恋来的。题目怪些，意思：从三个角度看，这也同一件东西。《读……半卷》，这讽刺形式曾经是我所爱的，也曾经害怕讽刺的流入浮滑。

不选的中，我想留《纤夫》。你假使觉得太不成，那就割弃吧。不用的，但请仍留寄我。

这里补寄来几首。也请你看看。假使可以，《谣言》和《南寄》排在《握手》后，《雾》在《街头》后，《知道》、《寂寞》在《三角》后，《刀》、《再生》前。[1]

我南来的真意，前信中提及，想已收到的。

要上工去，别的再谈。

得谢谢你的，给我看诗！

握手！

圣门上

五月十二日

庄涌在《大公报》编辑部工作。

---

[1] 此信后半部分主要谈《无弦琴》的编集事。胡风日记中记载："1942.4.29 夜，审阅 S.M 诗集原稿《无弦琴》，删去大半。""1942.5.22 编定 S.M 底《无弦琴》。""1942.8.6 《无弦琴》印出。"所提及的诗，后均收入《七月诗丛》之亦门诗集《无弦琴》，于 1942 年 8 月由桂林南天出版社出版。

62. 阿垅 1942 年 5（？）月 15 日自重庆

晓谷先生：

　　海兄今天来，信已面交。但前信未转到。他主张先打听好手续和人事关系。然后再进行；上说的事，回去他就可开始。一切多灾多难；但好花正开在是处。骆女士[1]那里，以后看情形怎样再去。海兄当有详信来。

　　海兄说：那是看了你和耳底信所作的；但并没有对其他人道及。

　　从海那里，转来了《复活》[2]。读了你底，愤怒啊。耳要文章，暂时附诗一章，请转。看夹在书中的广告，似乎《希望》[3]已出，假使是，我不知道能够有多少钱？耳兄说你太清苦。那就从这当中拨用些。我这里只要有二三百元就足。你不要客气，也不要想我会穷促。附信，也请转。

　　有消息，当即告。

　　握手！

梅

十五日

63. 阿垅 1942 年 5 月 25 日自重庆

晓谷先生：

　　前后数信均收到。嘱转者均已照转，勿念。

　　宁兄事已当知。渡江时，又在轮渡中跌伤，幸似已无恙。

　　书已送审，甚慰。但《咆哮》及诗之款我不要，留给七社。聂那

[1]　"骆女士"即骆剑冰（1911—1962），戏剧工作者，与胡风在东京留学时认识，此时在重庆。
[2]　《复活》指胡风反击国民党小报《良心话》造谣的文章《死人复活的时候》（1942.4.14），刊于《山水文艺丛刊》。
[3]　《希望》即阿垅散文集《希望在我》，本拟在胡风的桂林南天出版社出版，后未成，原稿遗失。

里，成时，款可寄我。

诗，本月十二日航挂寄来《刀》、《雾》、《谣言》、《南寄》、《寂寞》等五首；这里再补寄《黄帝陵下》和《五个鲜红字》二首。前日寄燕郊《诗垦地三集》，内《冲锋》一首，请他转你，未收到时请一问。前信我拟保留《纤夫》。这样，合共已千行。

《五个》小标题可去。写时尚不知，情绪颇两样。但想到其他之处，这样写也可以。……

《血的洗礼》小序可不要。因一移即失真实。所说五六个牙齿，盖初到医院尚不知更多更坏，为保持当时状况才不改的。

关于这集子，我最终决定用《红血的诗句》。

关于《苦蜜集》，尚未编成，尚在等几首诗底刊出。（无底稿在手边。）共四百行左右。其中几首，还在斟酌，为事件底完整得留，为诗底完整可去。

握手！

夫人候痊！

既解散，生活如何呢？

陈圣门上

廿五日

64. 阿垅 1942 年 5（？）月 29 日自重庆

晓谷先生：

十八日信收到。

书继续收到各八册。

（略）

更正表寄来。《平行四边体》另航快寄上。名字我想了许多时间还没有找到，你看呢？

《弹》稿在乡间，要一两星期才可寄的。

以后信全寄建干路。十四日的信收到否？

又看了你底一些文章，有感想，尤其关于诗。我想，某种骄傲也是轻佻之一，而诗人是几乎颇愿骄傲的。

现在要出去，匆匆地写。

祝福！

穆

廿九日

名字用师穆如何？

65. 阿垅 1942 年 6 月 9 日自重庆

晓谷先生：

眼不知已康复否？还得写得少些。

彭来信，说诗已送审，那就不补入和不改集名吧。我以后再弄别的请你看。

最近，有一个过去很好而现在我却怀疑的朋友在纠缠，要我写什么。你认识或知道李从心否？还有那些人物：姚雪垠、碧野、田仲济[1]，你晓得一点否？我什么也不知道，要拉在他们一起似的。

祝康好！

圣门上

九日

---

[1] "姚雪垠"（1910—1999），原名姚冠三，小说家。"田仲济"（1907—2002），笔名蓝海、野村，作家、教授。

我底贫弱衰老的母亲在衢州，到今天还无消息。昨夜，一夜汗出如雨，病了。这年头，世界、国、家、身，全不得安静，全受罪！

66. 阿垅 1942 年 6 月 16 日自重庆

晓谷先生：

路兄来过，为了寄短篇集和看我，冒了大雨。他给我看了你底信。

我还是没有开始。我底通讯处，以后改为"重庆领事巷六号黄启埈君转"。上次寄你的《信号弹》廖宅转到否？你寄的诗稿我已收到了的。

当满身臭虫的时候，当病得不舒适的时候，我会有些可怖的怪想头。臭虫底血就是从我吸去的，但臭味却和我大不相同；假使血液不是战斗的，随时可以病倒的。也真几乎病倒了两次。我恨尽了重庆。

思念得很。

聂彭那里，我没去信；便时请将新址告他们，否则以为我躲避的。

祝好！

圣门上

六月十六日

67. 阿垅 1942 年 6 月 25 日自重庆

晓谷先生：

十一、十二的信早收到；荻和沩的亦早转出。病了三星期，今天才从乡间友人处回城。

你眼睛如何了？

宁、剑二兄当各有信来。

　　我真不解的，人和文距离会相差很大，或者是二重人格的么？我倒由他们底文向着他们的人。什么地方去找战友？又怎样防备敌人？但，鲁迅先生曾一个人走来！

　　对于你，宁和剑，与其说友情，不如说感激。

　　《南京》未写，已和宁兄稍一讨论。我希望有自己底时间，更需要自己底自己。

　　我总想，《七月》由你一人支持，太累，所以我愿把版税之类作一块砖一方土。这心是诚恳的。好在，虽穷，饭有吃的。

　　刊被丢，同样觉得损失太大。尤其，各期刊似丰收而实荒歉，甚至有不好地方的这个日子。但我们将如何呢？

　　你告诉我的话，我切记着：一面一定和你们站在一起，另一面自己尽力学习。讨厌的是我颇有老粗气。

　　聂有信，说他底刊已弄好，要文章。

　　我实在愿意在"人事"上孤独。接近人，是冤枉弄到的。李是在海澄处认识的，他也谈东平。不过衡山时期以后，他底职业使我惶然。还有任钧的。或者，我得给写点不相干的物事。前信说略了。他们底刊是北新的，名《文艺界》月刊。请吃饭我不去。应付得很不舒适。

　　《冲锋》是另一首。

　　《信号弹》附上，别的另抄。[1]

　　诗稿已寄出否？

　　祝安！

圣门上

廿五日

---

[1]　胡风日记中记载："1942.7.3　得S.M信及诗论《红信号弹》稿。"

68. 阿垅 1942 年 8 月 13 日自重庆

成先生：

一日的信今天才收到。海兄那里曾连去几信。大概，因为我地址变动，传达不灵了。昨天就有一信去。今夜再去，约他谈，不再笔墨往来了。

我没有说什么。我和他见面极少，信也不多。我很能够隐忍一切，所以一切不说的。只有和路兄，没有一些隔障；彼此所接的信也互相交看过。别的人，不会多说什么。因为：第一，我对三在短短的接触中，虽也有一些觉得异样处，却晓得的不深；第二，对海兄，因为一些事（譬如对李性青年底事，和"文章"和"外交"问题），也有一点不痛快，因此更不会开口。或者，偶然淡淡地流露一点，在忘掉控制自己的时候也会有；但满天风雨却不会。你放心。但相见时打算问一问。

《希望》耳兄未告我。我怕羞；但又不痛快。我不知道要怎样。

有消息，即告你。

握手！

圣门上

八．十三

《铁》[1]，只使我觉得"不许"打日本人似的！万一不成，可否提出理由抗议呢？

69. 阿垅 1942 年 8 月 20 日自重庆

成先生：

八月十日的信，收到，附信已转区兄。七月廿三日的信也从帆兄

---

[1]《铁》，不知所指。

转来。

昨天接到路兄信，说你"目标很富"，诧异着；我也诧异着的。或者一个苦行僧，对于信心和生活有着自满之处。但是，对于我们，以不客气为是。

《琴》底钱请不要寄来。《希望》底钱我希望得到一部［分］，余剩的你支配。《琴》有二十本是够的；到需要时再给你写信。

过些日子，我想弄些东西；现在还没有独占一间房子的。想弄长的；也想整理一个诗集。想从那得些钱，到冬天，可以住医院割痔疮去。

到重庆后，身体变得极弱，今天中午就要吐。我要健康，我要强劲。握手！

圣门上

八月廿日

70. 阿垅 1942 年 8 月 23 日自重庆

风先生：

一切要我做的，照做。多印点，我也高兴做这。

但长篇还得等一等。

《铁》，内中两篇长的，我连底稿也不存在了；不知道万一不成时，可找到别的否？上海方面出的，这里没有吧？我不好受；这战斗的故事，还有什么问题出来？

不多谈。祝

健！

圣门上

廿三日

郭序[1]在我处。对翎的话，我同意。但我没有看到本文，所以说不出多的来。

71. 阿垅 1942 年 8 月 31 日自重庆

成先生：

易兄那里，还是没有具体情形见告；大家都焦盼非常。发这信时，再去问一下。有消息时就告你，想你很念的。

我底生活，除身体一日比一日坏下去，其他沉闷如常。还有则是，一种使人当心伤风的耳边风。一个兵，出点血不算什么，但给狗咬出血来，却可憎之至。但这不过是预感。

书到今天止，才收到四本。雨，包子弄坏了。版式很好，签字也很像；虽然有些错字，但你一个人作一切，实在不容易，我只有感激处。

前两次的信，收到否？

又有点病的样子。匆祝

永安！

圣门上

八.卅一夜

72. 阿垅 1942 年 9 月 6 日自重庆

晓谷先生：

二十三日信收到。海兄信即转去。庄信俟再打听一下，到确定了所在再转。

---

[1] "郭序"指胡风为路翎中篇小说《饥饿的郭素娥》所写的序文。

信大概都接到的。书前后已共收到十二本，只有两本打雨受损。

《铁》，只有寄希望于无望之望了。但实在生气！

《旗》[1]出时，可寄我一册否？以后每种都给一本好么？

没有找骆女士；原因是第一条门槛尚未跨过。海兄进行得很无力的样子，一点消息也没有。原来以为先打听所有手续、条件，进行起来，可以一帆风顺，应付有方的；但到如今似乎连这打听也万分费力，不知何故。路兄也来问这个，真使人焦躁迷惑。[2]

那个什志我已告路兄，要文章去。剑兄好久没有通信了。

《南京》未弄。原来多病，和一个钻进帐幕来避冷的骆驼占据了我底空间；但慢慢要提笔的。

危舟[3]我认为无可交结，那派头油滑而且虚骗（譬如说给我寄的书永不寄，我底一个朋友订了什志也不寄直到去信大骂），里面没有好的东西。他接近你时，防人之心不可无。且看他们斗法。《弹》两方都不要给；彭那里我有许多诗在。但你给什么什志时请告我，或者留给要你弄的什志。

有消息再告。

握手！

圣门上

九月六日

上饶沦陷后老母弱弟即无消息，不知是死是活。

---

［1］孙钿诗集《旗》亦为《七月诗丛》之一。"孙钿"（1917—2011），原名郁文源，诗人。胡风曾在《七月》和《希望》上发表他的诗作，并将他的诗集《旗》和《望远镜》编入《七月诗丛》出版。1955年被定为"胡风集团骨干分子"，1980年平反。

［2］此段主要说的是为《七月》复刊需要向当局进行哪些手续。

［3］"危舟"即胡危舟，诗人，此时在桂林主办"诗创作"社。

73. 阿垅 1942 年 9 月 8 日自重庆

成先生：

昨天曾发一信。

今天接海兄信，附上。怎样？除非你自己来？

但"灰色"，那将使爱者失望；鲜明才是路。

你决定。告我的，当以骆驼穿针孔——涨破它！

祝福！

圣门上

九.八

74. 阿垅 1942 年 9 月 9 日自重庆

晓谷先生：

入秋，心中苦闷，为之消解。然而晓雾沿江，雾季已渐来心，则又为之恼然。

五伯伯讼，不知何所底止。老太爷以大少爷初来，渠不易来也，日前曾设盛宴，除各家长外，并及大少爷之婢仆，可为体贴。至于延请律师为之升堂辩护不足，则又可以用及市井无赖，议辩纷纷之余，非全然无一出打手可能也。此事终郁郁。[1]

清秋已届，诗兴如何？近得两首，附后，不值推敲也。

祝安！

圣门

九月九日

---

[1] 此段隐语的含义不明。

新秋二首

良夜迟迟星斗明，牧夫在座猎夫横。

枕前堕梦窗前事，蟋蟀宵深作急鸣。

一叶知秋景又新，清飙黯黯见征尘。

江南前事真惆怅，风雨巴山忆故人。

75. 阿垅 1942 年 9 月 17 日自重庆

晓谷先生：

　　《诗丛》这几天一家书店才到。昨夜买了一本《旗》，匆匆读了一遍，欢喜得很！自己底，被排列在这样的好诗之间，为什么不欢喜？读了好诗，即使自己得低头吧，为什么不欢喜？——而今天我却接得了你寄的三册！

　　说到诗，化铁[1]，一个十分年青的人底，我记得似乎向你说到过他的，你对他的看法，路兄也已经转告我了，我很希望也在《诗丛》中居异彩的一席。我向他说，要他给你看，但他自谦得退到蜗牛干壳中去。

　　《琴》，到今天止，已经共收到十四本，三卷《创作》寄的，四卷《远方》寄的。是不是还有几册未寄？假使已经寄出的，最好查一下。我盼望那六本。

　　这半年，可以说并没有写什么。但诗，检查一下，倒又不少了。近来常弄政治诗、讽刺诗，我想给你看看的。最好是你来了以后，我能够直接发问和直接得复。我愤怒。但我不知道那样有意为之是好否？艺术上的道路又怎样？

　　区易底信，想收到？一个朋友说，这几天他要进城，我希望能见到他。闷得要死。

---

[1] "化铁"（1925—2013），原名刘德馨，诗人。胡风曾将他的诗集《暴雷雨岸然轰轰而至》编入《七月诗丛》出版。1955 年被定为"胡风集团骨干分子"，1980 年平反。后信又作"花啼"、"馨兄"。

生活还是如此，糟蹋自己，病不离身。

庄涌底信，今天才转去。开始问几个朋友，不清楚，或者还在打听的样子。昨天直接到报馆一问，确实在资料室，今天就写信去了。你一定等候了吧？

剑兄说长的已寄来，又在弄中篇。路兄的长篇已成近十万。

而我，我消耗了我自己。

握手！

圣门上

九月十七日

三耳那里我不知到底怎样的？

76. 阿垅 1942 年 9 月 23 日自重庆

晓谷先生：

昨一信想到矣？

因为怕病传染，我处在检查体格。昨天我已经过初度检查，认为有肺结核嫌疑。以后或将被好意硬迫住院。但，我并不想中止劳作。唯一问题，既有病，自当暂息声影，少操作，以资休养。[1] 您安好否？为念！

此颂

秋安！

门上

九·廿三

---

[1] 此信主要是指阿垅在国民党军事委员会的军令部工作，因接近革命青年参加进步活动被怀疑，受到警告。胡风日记中记载："1942.9.30 得 S.M 信，说将被强迫住院。"

77. 阿垅 1942 年 10 月 1 日自重庆

晓谷先生:

九月廿三日的信，或者大震动了你？在我，这虽然并非虚惊，经过仔细推究，倒也并不来势汹汹。一切难讲得很。但无论如何，我总得比以先小心谨慎。沉默么，退缩么，那不是我。

路兄和花啼来过。

《琴》收到已十八册。希望能再寄两册。

我底家！——直到今天才接到信。四个月的流离道路，狼狈得很。人活着在，已经多谢天地了。但敌人既然退去，就想回乡归去，而这个给我的责任是筹钱。

但我决不要《琴》底。

附信，请转耳兄，看是如何。我希望能够得到一点。

假使无望，我决定把手边已刊未刊的诗（只有诗），集成一册，找个出路，目的是弄一千元。但，我希望这小集同样能够经过你的擢择；自己或者有偏向，而冤枉了读者又罪该万死。假使你就来，那最好；否则，我弄好后要不要寄来呢？有地方不呢？

海来信，说下星期日来，并约了以群[1]来。

祝好!

圣门上

十月一日

以后信面上请不必写明我底名字，或再装一个内封之类，免转者为我麻烦。

---

[1]　"以群"，原名叶以群（1911—1966），文艺理论家。

78. 阿垅 1942 年 10 月 5 日自重庆

晓谷先生：

　　九月二十二日、十月一日各发一信，不知收到否？

　　昨天星期，下午易兄和以群来，谈了一谈。据说，你底名字容易碰钉，而刊名也同样，这一切，就和你信中所说的相同。手续已打听清楚，过去只要社会局一有批文，即可将稿件送审，但现在若非人力，面子和请饭之类，那就得再等内政部批下，非三月半年不可云。现在看你底情形，和你底决定。假使你预备碰一下，不论失败否，这里易可就进行。而我底意思，不妨碰。因为：第一，假使碰而不通，则你在与否并非主要问题；第二，与其怕失败而先灰色，不如碰后再作打算。你以为如何？等你底信。

　　以后通信，以寄何处为好？

　　祝好！

东门浩萌上

十月五日

　　以群可近否？

79. 阿垅 1942 年 10 月 13 日自重庆

晓谷先生：

　　翎、剑、铁都来过，附给你诗，还有方底信。

　　稿子已送去了。

　　我正忙着。我要胜利；但是怎样的一个胜利，我却很茫然。我且这么做，而且尽力。

　　耳兄那里的东西很使我怀念着，仿佛飘着帆船到太平洋底彼岸去

了。假使通信时，请代我问一声——耐不住的了。

像沉酒，又往往猛然吃惊。

祝

安！

门上

十．十三

80. 阿垅 1942 年 10（？）月 13 日自重庆

成先生：

序今天才寄出，原因是我怕"轰炸"，弄到乡间去了的。

这半个月来很热闹，徐来了，花啼也来了，末了是剑兄也来了。

《旗》，都已给了，还给了花啼一本。《琴》，也都给了的。

《旗》和《琴》，仅生活有，据说每天可卖几册，情形不热不冷云。批评则尚未看见，哑默是可恨的。

九月二十二日、二十三日，十月一日、五日各信收到否？有诗和更正表（由书店转）。

《琴》到今天，仍到十八册，那两册想是丢了。我想再要两册至四册。

祝好！

圣门上

十三日

我底第二集已编好，计三千行，有许多是好的。要寄来否？还是等你来了？

81. 阿垅 1942 年 10 月 15 日自重庆

成先生：

昨日匆忙，忘答数事。

一、《琴》此间价八元，《旗》五.五元。以小卷寄而论，挂号两本才三角。同时批发当有折扣。譬如以《琴》而论，老板利润竟在百分之百以上也。如此事件，对读者，大为刮皮。有无力量干涉？

二、家最近才从建阳来信，说将回浙。一切狼狈不堪。

前数函中，曾提及《希望》事。昨又在广告上见到。我意，若你交涉，似有从中干涉之嫌，不方便时，可勿再道及；同时假使他不给钱，或穷极无聊，再交涉些似也无用。故我意必要时即放弃，我不能在此等事上多伤脑筋也。但很怒。若书果已出，但请设法寄两册来。

又《琴》再寄两册即可，昨函要四册，不必如此多也。

祝好！

圣门上
十五日

82. 阿垅 1942 年 11 月 9 日自重庆

晓谷先生：

四日的信收到。度兄已汇来五百元，我前几天有信给你的。

有几封信记得是由南天转的。似乎和散文《夜行》和六首诗一同的。

你底文、诗我读到些。《诗创作》上的、《青光》上的"彷分行散文体"，《戏剧春秋》上的剧评。别的，还没有。

昨天的信报告你调了工作。不干吧，没有过河先拆桥（我往往如此）；干吧，闷不下去。

你底行期，是我们所悬念的。关于我自己，有一件事决不定，就是那个诗集。因为从一点经验，对我，桂林方面成见算最深，咳嗽都不许似的。而那个，有许多，那是一群骆驼；怕通不过针孔的，难。我所顾虑的是：第一，我想把它发表出来，因为其中有一半在这个时候发表才有意义，被压下了那就会损失。第二，我还没有留底，给弄掉了，讨厌；而日前又没有心绪再抄。第三，这册，希望得些钱，为了偿债，和到冬天或春天去住一个月医院（这共得二千元）。给弄掉了，我就毫无办法了。你若不来时，寄来否呢？踌躇哩。附一个目次。

我现在，只是叹气，只是发怒——一点向上，一点力量也没有。你、翎都强！

握手！

穆

九日

我看人，往往失败。洁癖和成见我却又在"与世无争"。

平行四边体

苦密第一（恋 ［！？］诗）

题照	答蝶之赠	题照	题丘比特和维纳斯

飞蛾与红梅

题照	颂五月二日 ※	寄红豆 ※	并蒂菊

期待

苏后玛丽惨史观后	炸土桥	誓	冻结

伤逝　　疤

白茶花和红茶花	和尚坡	妖女之歌	雨窗

青果第二（抒情诗）

检查工作	节日	冲锋	叹	盲者

　　　　萤

迎春花　　　　草地月光曲　　　太阳　　　白杨　　　小

室　　读战争与和平 ※

Spawn of the Northe　　　　白杨岛

酸酒第三（讽刺诗）

钱——不值钱了的日子　　　　贺年　　　雾城风貌录

优秀之优秀

穿两条裤子的云　　　心事　　　铜像和英雄十四行 ※

　　惊人发明

小资产阶级　　　短杂句一章　　　罪有攸归

红花第四（政治诗）

慰问苏联红军签名　　　赖伐尔登台　　　喀利宁城郊底肃清

　　　聊表微意

南斯拉夫战斗着　　　酩酊　　　初雪　　　斯大林格勒颂

　　赫里欧被维琪逮捕

　　　　　　　　　　　　　　　　　　　　八月十八日

有 ※ 者想征求你底意见删或改。

83. 阿垅 1942 年 12 月 8 日自重庆

晓谷先生：

　　三十日航寄的信和诗集子，收到了否？

　　《弹》寄来了，巧在一个朋友刚要入城。而今天又请一天假抄了半日，不必多等日子了。

　　《琴》、《旗》又接到各四本，太多了，不必再寄了。新的两册，已

买到一册，另一册也在市场上看见了。请各寄一本。

诗坛，假使有诗坛的话，真是乌七八糟，桂林的情形真糟，尤其是那位鸥外鸥先生简直不成名堂！

集子我想不起好的名字，下面又抄几个，你选选，或者照你底意思定：《四度空间》、《剑与预言》、《进行·凯旋》。或者，把《弹》排编一起，就叫《弹》？……

祝

好！

圣门
十二月八日

84. 阿垅 1942 年 12 月 10 日自重庆

晓谷先生：

连续寄建干路的信及稿想都收到。

昨天又接到《琴》八册，可不必再多寄了。

今天，我是陷在极痛苦的情绪中，而且哭了。本来，我底生活中，很少太阳光，总是灰黑一团，而且寒冷。活着的勇气是：对于新的地球的信念。还有，是自己左旋右曲地从石砾之中向上萌生的不断的希望。但今天这一打击，却使我支持不了——而必须更咬住牙齿支持下去。我底萎缩的行动使我转在这个圈子里。为什么不更赤裸些、直接些？！……但是从今天，我真觉得自愤、自恨。过去对于家，我毫不负责，我底翼子应该使我远飞高走。恋爱毁了我！是的，毁了我，直到今天还难于从新完整，兀立。真的，我底体重底遽低，就说明了这个。前次参加一次健康检查，仅仅一百零几磅，还穿着衬衣和鞋的。但是敌人犯浙的结果，使负责支持家的弟弟在最近病死了，剩下了家，衰老的父母，和他底两个孩子。今天接到信，这责任从今天起是我的了，不问我

是否有这个能力。多惭愧，又多好玩，满心人类的、民族的、社会的，那种思想、那种爱、那种事业！仅仅几个人的家都弄不了啊，还说大的吗？！……

我不要钱，但钱却逼我，难道我是为钱而生活的吗？难道我没有更高的理想吗？没有更大的灵魂吗？

这样的话我极不愿意说。

问题是在这里：我希望你收到我底诗集后；除掉使我不违反艺术的良心外（删有问题），就给我进行一下，我希望早早得钱，可寄回去。聂那里，若肯给钱时，我不能不要，但真麻烦时，我宁可枯如蜗牛，不再问他，这也请你看情形决定。

还有，我十分担心通不过。

我还不能振作。长的还没有心情开始弄。

关于报告，原希望你来时再弄。但现在我却想，它也能早点得到结果。

我不能用旁的方法得钱，也不能有旁的人可给我正直的帮助。

祝

好！

圣门

十二月十日夜

最近见过杜谷。

85. 阿垅 1942 年 12 月 14 日自重庆

成先生：

四日的信收到。最后八本书，已转给区易兄去了。

剑兄在附近教书了，常来。他当有信给你的。他底长篇寄出已数

月，短篇双十节前又续寄了四篇，没接你底信，不放心得很。可告我，转告他。

若能来成，多好。但《文阵》最近闻亦吊销登记，那新的进行，岂不将更难？秦始皇时代的神话是太可恼了。

花啼处已去信。

名字用"圣木"吧。但集子，发表过的不少，怕也遮拦不住。

握手！

圣木

十四日

86. 阿垅 1942 年 12 月 15 日自重庆

成先生：

前、昨两天的信想收到？

你说廿五的信，是不是就是要我把序文寄给《大公报》的？那信，封内写了"廿六"，而邮戳"二十二"不知是否？

一句话，我决不要《琴》底！

我的病呢？"政治病"也。但也似乎不太可怕。但身体也同样弱，不需吃药的。

稿等你来渝给你看。从这再想法罢。我是想，还借款而已。家里钱已借到汇出。

祝好！

圣门上

十五日晨

同时接到彭信；请转附页。

87. 阿垅 1942 年 12（？）月 28 日自重庆

成先生：

想，还不致就来吧？这里又有关于你到渝的风言。

新集子，想了几个名字，请你看看："骷髅与花"、"一珠一弹集"、"啸弹与明珠"、"兵与弹"、"红花与兵"。

集中讽刺郭沫若和言论家的两首拟删，虽无油滑情绪，总觉不够严肃。又，《读战争与和平》也嫌不够。

花啼在弄较长的。病得像肺结核，幸而验了不是。年轻的死在前面，或者废在前面，此味颇难。

祝好！

穆

廿八日

88. 阿垅 1943 年 1 月 8 日自重庆

晓谷先生：

《形式论》一书，原和一个小朋友说好给我找来，但他撒烂污了。但我已快函路兄，请他把那一册弄来。此外，和沆兄说了，或者也会寄来的。

一柄剑，打好了而没有搏刺的时候，就那样锈蚀，过时，是可惜的。那个集子中，除几首恋诗外，我爱这一部分。自然，你可以看出，我是把我底力结讬在那里的。而且，我不仅说说西洋故事、过去的事，而且还暗击着我们自己，并没有过去的东西。这里，又是另外一首。

——这样，那小辑名字，也得略改的：《苦蜜》第一，《青果》第二，《芳草》第三，《废剑》（或古剑、故剑）第四。……怎样？

一切还得劳你大刀阔斧的。

萧底钱不但没有到，信也似乎从来没有的。不生气吧！我自然需要的，但他似乎不知道我底情形，就是知道吧，也似乎无用。
　　祝
好！盼早见！

　　　　　　　　　　　　　　　　　　　　　　　　圣木上
　　　　　　　　　　　　　　　　　　　　　　　　八日夜

　　《暴风雨》一首可用时，编入《青果》小辑。

89. 阿垅 1943 年 1 月 14 日自重庆

晓谷先生：

　　昨天剑兄来。他已离开原处，以后的信，请暂由我转。不闹自然不成；闹了，又不成。他底长篇，八月间就寄出，最后一批是短篇底以后的一部分，没接你底信，他很挂牵的。收到了否？

　　翎兄也才来。读了你底文章：两篇论诗的，论剧的，还有别的。高兴的。

　　你不笑或者不觉得否。我底所以说"一"论，并不是以后还有二论、三论的，只是从我这"一"面或"一"种角度而论的意思。其实，我是喜爱作者的。

　　我所以说倒捲历史，有两个原因：第一，现在正暗涨或者明涨反动的复古运动，最近参政会通过读经案就是明显一例，而作者底所写，无论主观上如何，却正好和这一倾向遥遥合拍，因此客观上给读者，或者观众的影响一定坏的多于好的。第二，我不以为一定要有一种出路，但作者却以它为出路，而这出路，据我看，又是有逃避性的，看不见明天。你以为怎样呢？

　　去年，我看了不少剧。但引起感想的，只有《北京人》和《野玫

瑰》，也只写了这点点。

《诗》那一群，以及别的各群，现在，我真无可奈何的。开始，我原始地想接近群（我的意思），我以为诗人们至少是不失赤子之心的。我不想及这里同样有政客，有市侩，有庸才，或者更高明和精明些。那诗，不是我自己拿去的，登出来了才知道，以后，剑兄底朋友转要了一点去。但这也好的，会教训得我更孤僻些，更懂得世界些，虽然也更失望，失望得茫茫何所之了。——从这，向另一方面走，却形成了一定的群（同志的意思），这是从损失所得的收获。

还有一事记念得很，桂刊的事进行得怎样了？翎兄说手续不合后还未得你的消息呢。真要窒息么！

祝好！

圣门上
十四日

附信，请转。最好请他不要写信到那里，不是收不到，就是别的。收信人已走，收到是偶然的。

90. 阿垅 1943 年 1 月 19 日自重庆

晓谷先生：

怕你还是没有走成的。

度来一信，说已嘱书店汇款千元。但第一信中并未附有汇单，第二书店方面也无消息。今天，鼓着勇气到书店一问，茫然。所以写信催索，而且空前地直接发牢骚了。并且，打算订立出版合同，而且要请你代表我的。

他底信，函内写十二月廿六日，函外邮戳是一月六日，我觉得他是多少踌躇不定呢。

下旬路兄要来城。

他底书，见到广告了。

祝好！

穆上

十九日

91. 阿垅 1943 年 7 月 23 日自重庆

小谷先生：

到部队去，也不太容易，但也是一条可走的路。不过生活计划底被撕毁，是可恶的。或许，再挣扎一下试试；带着伤，那或者将再伤得深些的。假使以阿 Q 底看法把这作为生活的教训，就不是全然是损失。

但是，今天的部队又是一个极可恶的。

昨天接禾君[1]自桂来信，说一个月中有三封信给你而未得复，要我就近一询，并且请给他回复，由度兄转云。

最近的环境、情形，如此恶劣。那些没落者，在台风中大声歌唱呢！行动起来了，那一群鬼影子！我每天晚间要和臭虫斗争，杀不完的虫们！

真的，想到从生活滋生的鲜血，仅仅供给臭虫们吸饮，繁殖，而且被一种难堪的臭味弄污——自己也不屑于承认，是悲凉的吧。

必要时，我或者会［像］一个虚无主义者一样，掷个炸弹，把自己也粉身碎骨。那比这在大热天，连拖出舌头都呼吸不得，是容易，而且痛快的。

握手！

夫人公子好！

穆

七月廿三日

[1] "禾君"即在桂林主持南天出版社工作的伍禾（1913—1968），原名胡德辉，诗人，文艺工作者。1956 年被划为"胡风分子"，1957 年被划为"右派分子"，1968 年 12 月 22 日含冤去世。1980 年平反。

92. 阿垅 1943 年 8 月 17 日自重庆

晓谷先生：

　　一共玩了八天，才回这里。

　　那两夜睡得晚，你们一定累了吧。

　　见了帆们，转告了你底意见。我想，可以给他们这次出的题目将这写下来的，也是一般的倾向呢。

　　所有的款，都已转出。但翎底通知还未来，荧[1]也未来取信。

　　鹿君[2]要的东西，几时来取呢？

　　附诗四章。假使还可发表，请寄一部到云南那个刊物。

　　祝

安！

　　夫人、小谷好！

　　鹿君夫妇安！

穆

十七日

93. 阿垅 1943（？）年 8 月 20 日自重庆

谷兄：

　　今日始见到十七日信。前数日虽略转凉，但今又闷热如故，实烦闷煞人。

　　请转告小姑。即决定回城，请即日来可也。八婶需款至急，不能够多待也。此事务请即转。若入城时，当晚可先至我处一转。

---

[1] "荧"即吕荧（1915—1969），原名何佶，翻译家，文艺理论家。1955 年 6 月 19 日起受"胡案"牵连被隔离审查，1969 年 3 月 5 日于冻饿中含冤去世，1979 年 5 月 31 日平反。

[2] "鹿君"即鹿地亘，详见第 8 页注[3]。胡风一家回到重庆后，暂时与鹿地亘一家住在一起。

天气虽热，但一时总不见得即凉，事办了就办了，多延亦得办者也。[1]

臭虫猖獗，每晚睡眠极少，弄得面如青瓜，焦躁不堪矣。

祝

暑安！

牧

八月廿夜

94. 阿垅 1943 年 8 月 25 日自重庆

成先生：

何兄带来了信和书。寄的信尚未到。

此非"空气"。而为我日常之间所直接、间接之所接触，极为具体，但仍欠完整。故关于"时机"（何兄想已谈及）及其他，似极紧要，须使他们明了。若一时不入城时，请介绍我找一可谈者谈谈，或要他来我处亦好。[2]

祝

好！

木

廿五夜

---

[1] 此信第二、三段疑指向中共提供情报一事。"小姑"指廖梦醒，"八姨"指八路军。

[2] 据胡风日记中记载："1943.9.2 绿原来，带来守梅告警信……"与上信联系起来看，此段疑指阿垅得军事情报，要紧急通过胡风交给八路军办事处。

95. 阿垅 1943（？）年 × 月 17 日自重庆

风先生：

　　介绍普希金[1]的会见，本来要自己来的；下午要等人，而且碎琐的自己人也碎琐起来，无法了。带着他新作的诗。

　　谢君来过，谈了。他正要想弄门市部之类，因此那工作他可以担任下来。但关于南天的书，他未能决定，因为原已有些。

　　祝

好！

圣门上

十七日

张家花园 65 号。

96. 阿垅 1944 年 3 月 13 日自重庆[2]

小谷先生：

　　"宿命"是如此残酷，生活的烧炼是到了不能忍受的日子了！……

　　一切事里面的一件吧，那就为你们所关心的。一个玉人一样的人，一个血亲的兄弟！在约半年以前，我就听说了他在恋爱的道途上的跌倒；以后又读到一些他底诗，为之忿忿——从同一命运来的心。但是，我从后面上来，他正在前面的悬崖绝路上，半身已经下去了，我不但没有什么扶持，而我底大步如此踢他完全堕到荒渊——不，我不用用脚踢

---

[1] "普希金"疑指吕荧，因他翻译了普希金的长诗《叶甫盖尼·奥涅金》。

[2] 此信主要谈的是阿垅与张瑞的恋爱。胡风在 1944 年 3 月 21 日致舒芜信中说道："转来的梅兄底信，我大略猜出了是什么一回事。使他底朋友（一个诗人，善良的诗人）受苦的女子现在在追求他，他在明白之前已经向她表示了爱。这一下可苦坏了这一个真诚的热血男子。"

的，他，已经，终于，这样被我踢了下去了！踢下荒渊去了！

我没有纯净的灵魂么？没有崇高的想望么？没有么？我是一个骗子，一个奸细，一个流氓么？不，不，不，一千个不！但是，是，是，是，一千个是哟！

自然，我也没有吃蜜，我正在吃苦果。我，不辞绝这苦，我难受的是偶像底打毁！

说什么呢？说什么呢？

刚接令门信，他在病！……

握手！

梅

三月十三日

97. 阿垅 1944 年 8 月 7 日自重庆

小谷先生：

宁十五日结婚。[1]想去得很，但是不能去。不知道你去否？假使去，我将请你带一点东西去。

情绪不很好。自己知道停留在一个极低的阶段，正像我不能够成为一朵花，和理想肉搏而不能够有任何结果。我超越不了"人"，被感情奴役。但是许多话，要怎样说法？

祝好！

梅

八月七日

---

[1] 路翎于 1944 年 8 月 15 日在北碚与余明英结婚，胡风等友人前往参加。

98. 阿垅 1944 年 8 月 13 日自重庆

小谷先生：

希望实现，在这样的日子里，总是一件值得可贺的事。或者，还可以使我为它振作起来。[1]

今天，已经到车站去，等了近两小时，还无法坐到车，倦怠地走回来了。本想今天到你处来，请你把一点东西交宁兄，而且，也想谈谈什么。宁兄那里，极愿意去，但是这次却不成。

这几天我整天倦怠。似乎在往下沉。

握手！

夫人公子安！

梅上

八月十三日

99. 阿垅 1944 年 8 月 21 日自重庆

晓谷先生：

假使这次你不能来，那么，我想到你处来一次。请告诉我你回来的日子。

被引起许多东西的样子。但又似乎是消失了许多东西的样子。

那一天，突然来了邱晓崧和力扬[2]。力扬说，前一天他正在你处的。两个我都没有见过，尤其到学校来，弄得我颇支吾。

邱底一个旧同学说，他本是商人。由于昆明的地理位置，曾经发了财。于是爬向文艺，编什志。这次到渝蓉两地，带便拜会文艺人，主要

---

[1] 胡风新刊物《希望》的登记证已发下。
[2] "邱晓崧"，情况不详。"力扬"，原名季信（1908—1964），字汉卿，诗人。时在育才学校任教。

则看两地行情，预备国军流血打通滇缅路后，可到国外办货云。

力扬则颇老实，说话天真得很。但是，我是知道些他的。没有说话是因为不是地方。

我终于爱即使打击或不了解我的好人，而又到底憎恨向我无端飞来媚眼的坏蛋的。

谈话是嘻哈和噜嗦之类。

有一件事可记。（不知谁）谈到令狐令德和我，说是军人和作家云。

令狐：（微笑，蕴藉）"我们基本上是军人。"

意思当然是文武神勇小生了。

我：（惶然，支吾）"不，我根本不是作家。"

这是两种人，两种生活态度，也是两个不同的对于写作的认识和把捉。

他们正在张网，都在张网，扩大，扩大，扩大到塞满荷包。但是他们并不怕，这样不断扩大的结果，只是把自己相对地缩小而已。

可气的是，我得和他们应付呢。有妓女零碎支付贞操的痛心。

祝好！

屠先生[1]好！

梅

廿一日

我假使来的时候，想把上次编好的那个诗集拿来拆掉。有许多是我所恋惜的。但是，弱的和轻的，都得有一个处理的。

我要振作。也因为，我企图用我底工作减轻我所感的。于己无用时，想于人有用：这思想顽固而又可怜。

今天读罗兰底《斐多汶传》，激动而又茫然——前者由于拉近自己而后者却由于推开自己一个。

---

[1] "屠先生"即梅志（1914—2004），原名屠玘华，后信亦作"玘华先生"、"华先生"、"华兄"、"华"等。

100. 阿垅 1944 年 9 月 13 日自重庆

晓谷先生：

想来的。

最好是整天——那只有星期天。假使能宿，那最好是星期六。

我想和瑞同来。也请你转约他们双双来[1]。没有住处时，我们近，可以当天回来的。否则，宁和我，余小姐和瑞一起住也可以的。临时铺位都好。我用地铺。

只写了一首诗，《读了罗兰底斐多汶传以后》[2]。想带来。

握手！夫人安！

梅
九月十三日

101. 阿垅 1944 年 10 月 15 日自重庆

晓谷先生：

回来后曾发出两信——关于款的事。黄那里已经要人告诉我，他自己当然可以，但是别的人是难的。因此我想，大概可以不致交白卷，好的成绩却不容易。有便妥的人到城里去时，我再去信一次，大概就可得到结果的。

我不愿意给痛苦和疲惫征服，我要在你们后面蹒跚而去——即使蹒跚而走。

宁曾经来信说，你为我们担负了一大部沉重的东西，看了的时候是颇激动的。

---

[1] 胡风日记中记载："1944.9.23　路翎来，圣门夫妇来。宿于此。""1944.9.24　下午，送他们三人上车。"

[2] 读罗兰《斐多汶传》（评论），文后署"1944.8.27　蜗居"。后发表于《希望》第 1 集 1 期（1945.1）。

稿，就开始弄。

握手！

夫人安！

穆、瑞

十五日

102. 阿垅 1944 年 11 月 7 日自重庆

小谷先生：

最近这一次，恐难弄成东西了。她病了（痢疾）一个星期，我更没有了时间。下一次，我定要弄些的。

老头子到过我们处。这次凶得很，露骨地，又把八婶当作强盗看了。自然是显明的，他十分绝望，愤怒，口水乱喷了。但是"叫狗不咬"，这却说明了一切。为了美姑底一点资助，他竟胡子直竖。自然，他不会放松，他底老拳头可怕得很。[1]

下雨，下雨，又下雨！这就是我们底天气。

祝好！

夫人安！

穆

十一月七日

---

[1] "老头子"指蒋介石，"八婶"指八路军，"美姑"指美国。

103. 阿垅 1944 年 11 月 19 日自重庆

小谷先生：

　　老头子，我也知道是听见棺材木头响的挣扎。但是即使临死吧，咬住却不放的。只要你们了解这个就好。

　　回家了没有？这些日子，我是螺蛳一样充满在壳子里面的。

　　《灵感》[1]已经挂号寄来了，收到了没有？

　　宁兄来信，说天气要好了。我渴这好天气，骨头都痛了。

　　瑞病已好。

　　握手！

　　夫人安！

穆

十一月十九日

104. 阿垅 1944 年 11（？）月 25 日自重庆

晓谷先生：

　　这一次还是只能够弄旧的。三篇，都是你曾经看过，而且从你底指示修改了的。用一个总题目也好，但是我想不起来。另一个姊妹篇——《灵感片论》，在靳以底《奴隶丛刊》中发表了。那多半是和你讨论到这一问题的时候结晶的。假使有留的一点好处，想集到一起。

　　《第一击》暂时不想印。原因是痛苦的，为了那里面的我是如此明朗。最近知道去年的事，还要复杂可怕得多；虽然以理智的判断，那不近于真实。

　　我第一希望宁底能够快出。

---

[1] "《灵感》"即《灵感片论》，评论，文后署"1943.5.25 山城公寓"。

款事还没有消息。不会空的。

祝好！

夫人好！

圣门

廿五日

105. 阿垅 1945 年 1 月 14 日自重庆

小谷先生：

信是早接到的。虽然宁兄要来，我却没有能够来！

《希望》已见到，但书店底书却还没有寄来，等得颇焦躁。

才读完杂文、诗，小说还没有能开始看起来。好的！你提出的口号，好的！编排得也美。只是封面红色的部分，缺乏鲜明和强烈。

我也只弄了一点儿杂文。想写的许多。想写，总要写的。

芳兄底一首，最好的，似乎并不见。

二号如何？念着！

握手！

穆

十四日

夫人、公子安！

二期的文，略改一下——《论诗四题》[1]，如何？

---

[1] 胡风主编刊物《希望》创刊号于 1945 年 1 月 1 日出版。阿垅诗论《论诗四题——节奏片论、排列片论、小诗片论、灵感片论》后发表于《希望》第 2 期（1945.3）。

106. 阿垅 1945 年 1 月 23 日自重庆

小谷先生：

　　接信已数日。

　　但现在，还只是弄了一点旧东西来。不好，即不用。要写，一定要写，一定多写。

　　"沙鸥"[1] 其名，或者很多；即使就是他，也得迎头一棍——对所起的作用一棍。

　　刊读了。论文是一大特色。本不是象牙塔，但这样，文化战斗的色彩就更鲜明，更凸出。

　　宁兄的小说和书评也极好。前者在阿 Q 型外，有了新开垦的新收获。尤其在民主不民主的今天。

　　你决不孤独！不仅是友人，不仅是读者，有着同声控诉的千万人！

　　握手！

圣门

廿三日

　　五十年代已寄来。

107. 阿垅 1945 年 3 月 17 日自重庆

屠先生：

　　你底信和张先生[2] 底信同时接到。

　　股款和稿费对调好的。但面粉不必付钱，因为是我调来的，一定不

---

[1] "沙鸥"，原名王世达（1922—1994），诗人。

[2] "张先生" 即胡风（1902—1985），原名张光人。

付才好。但希望能早点来取，因为，我或许很快要送瑞回成都一走。

张先生问起深渊[1]。我知道他是个不好的人，到过北方，也在劳动营过的。最少，他是一个在文学上钻的，苍蝇们。

祝好！

圣门
十七日

---

[1] "深渊"，在 1940 年于西安的信中曾注过，为何满子当时的笔名。何从延安（北方）离开来到西安，被当局强制收入青年劳动营，阿垅因此对他有误解且不信任。

三

1946—1948 年

108. 阿垅 1946 年 3 月 17 日自重庆

小谷先生：

今天中午是接到信。已经从宁兄处知道平安到达了，他得到信后就告诉我了。但是总是惦记的，尤其在旅途中。[1]

从信，知道上海底情形。一切原是不容易。我愿意跟从你们艰涩地走这个路。

股的事，真是糟的。前天接到瑞底信中说"毫无结果。近来她们各人都像陷在什么自己的重负中去了，难以使人为自己以外的事卖力"云。这些小姐们，不是有大力量，但是也不是一无办法的，假使高兴的时候，可以有一个小数目。只是这些人，给这个大的社会气氛一压，被压得消沉，向自己看，向空隙方面去了。而在这个空隙里，却往往花了不少钱，如同吃与玩。青春的精力和情绪的浪费。我真不了解，也无办法，她们不是不聪明，不是无感受。她们不是没有突进的要求，不是不知道路，不是不懂得钱应该如此用。但是她们却不如此用。五月或六月，可能自己到成都，那时我自己再向她们说一说。

记得在这里，往往"奇文共欣赏"。现在是我独自享受，肚子也要涨破了。情绪坏得很，这半个月来。但是这坏，却主要是为了自己，不是别的。我要克服它，也正在平静自己的。

期待看到沙漠里的绿洲。

祝好！

梅上

三月十七日

---

[1] 胡风全家于 1946 年 2 月 25 日由重庆回到上海。

109. 阿垅 1946 年 3 月 24 日自重庆

谷兄:

瑞已惨死，我心为碎。[1]对妻对子，罪孽深重。

十七日暴病，不过一夜即逝世。病因不明，可疑。总之，我害了她。

三四十年生活，所求幸福，仅仅在此，亦仅仅得此。但是一切似乎必须粉碎！我恨自己得很，但因此也更十倍百倍恨这个社会。生死两难。爱情，真也太不容易。

悲极。

握手!

梅

廿四日

110. 阿垅 1946 年 4 月 4 日自成都

谷、华二先生:

瑞于三月十七日自杀。三十一日下葬。[2]

我痛苦欲死。

（略）

我要疯了。我生活得正直、干净、坚忍，没有违背人的规律，而我底生活却总是痛苦欲绝。

（略）

她底遗书说还是只爱我，不爱别人。

我要疯了！

---

[1] 1946 年 3 月 17 日，张瑞于理想与现实之矛盾中自杀身亡。

[2] 胡风日记中记载："1946.4.6　得守梅信，张瑞自杀，即复。"

我忍得住一切的打击，生活的，身体上，但是忍不住思想以及爱情的。我忍得住敌人底打击，但是忍不住亲人底。我忍得住我自己被打击，忍不住所爱的被打击！

完了！一切完了，全完了！

我哭啊，我生活不好。

（略）

给我力量！给我！

祝福！

梅

四月四日

111. 阿垅 1946 年 4 月 12 日自重庆

小谷、梅先生：

接到你们底亲切激励的信，泣不成声。这些日子从宁他们也接了信。感激！

假使她真正叛变，我不至于如此难过狼狈。假使她不自杀，而只是和我分开，也不会弄得这样。我不仅是失去她，这是血肉之痛。在她的遭受和性格，我应该宽恕。我的宽恕太晚。

别离，使一切都混乱，从而破碎。

我能够忍受身体的、生活的、一切的打击，不能够忍受感情的、梦想的。我能够忍受敌人所给的，不能够忍受亲人底。我能够忍受自己被打击，不能够忍受亲人被打击。……

由于我底顽强的性格，痛苦也是顽强的。

许多话，不知道如何说。

我从你，以及友人们得到支持，我企图用这些来支持我自己。

但是我有报复的毒念！

决定下个星期左右到宁那里去。闷在这里，我烦躁而又痛苦。

决定整理遗作似的，打算整理一点东西。想托小刘带来，恐怕是来不及。不过整理一些方便的，来排遣，来纪念。许多日记、信件、札记，我曾看过一部，有好的，但是这却不是现在这个时间能够弄起来的。

她在遗书中狂乱地写着"被侮辱与损害"。这是一切。从她底脚到她底灵魂，到她底遭受，全是跛行的。

因为爱情美丽而欺骗，她无所信。当我们分离，她就觉得失去一切。我是实在的，但是从她看，已经非手所及，一样不能当作实在。她底许多未寄的篇页中我读出这个：为了怕我痛苦，她往往写而未寄。

她虚无主义。她底过去的遭遇，和现在包围我们的大沉闷，决定了一切。

她底善是没有抵抗的；她矫饰着一种恶——这种恶因为不是内部的，所以无力对人，有害于己。太干净，最内，最高；但是又相反不管污秽。其实，真实的外壳却是虚伪，例如常常不必要地说谎，又往往无条件地对一切人包括流氓在内也绝对信实，展览灵魂，高深的智慧的享乐，以及同时并存的物质贪求。……

她只有在好的环境、好的人前是好的，一定是好的；在不好的生活环境和人中，就成为游惰。

这是别离何以成为悲剧，何以以死来完成爱情。

我怎么不痛？

但是我竭力挣扎，我尽自己的力。可怕的身内充满着毒素和恶念。

以后信写二十期，免得转。[1]

感激你们！

你们的兄弟梅

四月十二日

---

[1] 此时，阿垅在重庆山洞国民党陆军大学第 20 期学习。

112. 阿垅 1946 年 4 月 26 日自重庆

小谷先生：

信，已经接到几天了。

几次接到你以及若干友人的信时，总感激和被撼动的。因为自觉，我向什么方向在奔啊。

但是成都是决定去了。就是说孩子，带给浙江的家，以孩子底稚弱，交通，目前毫无可能性。而且，看瑀[1]底信，人才死，那些窥伺者在棺材边就攘喜和讽笑起来。自从不容推辞地答应了把孩子过继给妈妈，虽然实际情形不知道，很担心他成为一部分财产攘喜的打击对象了似的。这不是可悲和可愤的么？我在血肉的感情上，而那些，他们是陶醉和凶恶于钱的大事呢。我，和我底沛，我得去宣说，决不继承一草一木。我接受的痛苦已经过多了。难道痛苦是为了卖钱？血肉是为了卖钱？我想，也只有这个宣告，能够挽救孩子。

我想住半年至一年。我几乎不能工作，而需要休息。但是自然，我必保持自食其力。我总觉得，虽然我不以自己列入"作家"，但是看了外国的那些人，甚至和我一样的军官吧，休息和旅行，是足够的，几乎可以说是自由的。我却十年没有间断过劳作。这一次，我真懒得做一切，想躺躺，想熟睡，实在需要了。但是到上海来，一时还是不能够。

做文艺工作，我是业余而诚实地。假使要我高到编弄什么，我不敢。因为，工作底意义是愿意执住的，工作能力实在不敢冒有。要自己写一点，是能够的，要决定他人底，却害怕起来。

我几乎想，我做什么呢？——

近来，只写了悲愤的东西，日记似的，不多。但是不好发表的，因为没有完整地说出或者说到一个东西。而且，自感不健康，偏激。对于若干人而言，他们也不会愿意我发表的。

到成都，自然是苦事。我想自己找一个地方住。在这个时期，不

---

[1] "瑀"即张瑞的三妹张瑀，后名苏予。

知道弄不弄得成东西。瑞有许多信——现在还没有读完，震人得很——还有别的以前的日记、札记之类，我也有三百多封，看从这些中是不是可以整理出一点较好的来。我是说到了成都以后。为了爱，她底生命的给予，为了痛苦和纪念，我是想这样做的。做不做得成，又是问题了。

身体不好。这次要毕业了，体格检查，连厚橡底皮鞋和哔叽军服在内才五二公斤，那么真实的体重不过一百一十磅了。我已经为痛苦支付了十磅血肉。此外，一个半月来，试过各种东西，但是现在只在吸烟。每日几乎要狂吸一包。肉体地厌恶而又没有放手。昨天连吸十支，结果很不舒服。

但是不要担心我。我原是一个痛苦之子。

铁二十五日开船。杂志还未到。

祝福！

夫人安！

梅

二十六日

113. 阿垅 1946 年 5 月 4 日自重庆

小谷、玑华先生：

到北碚一次。看到你给宁的信。

你们给了我许多许多。

但是这些日子，我不成才，还是狂乱。最近，正以结束一点什么的心情，整理一些东西，似乎稍稍可以宁定些。但是，就在今天，接到瑀底信，突然又知道岳母也故了。原因是，她太悲痛！就病了。悲痛是主要的，不但为瑞，也为我，临死都说"陈守梅惨"。一个善良的，不同于一般有钱人的母亲！

但是她底死，似乎倒有力量逼我要立住！必须立住！这个残局，我觉得我有最大责任。因为这个家，她一死，一切似乎都完：只剩一个白痴的岳父；瑀在处理一切，在吐血；第三个姨妹才十六岁，小孩子；还有是我底九月多的小孩。因此我想到成都工作一时。

写信告诉你是：第一，你们底关切和我底感激。第二，这个打击或许反使我立了起来。（略）

别的，说不出了，也说不清楚。来信时，仍寄四连村二十八号。

祝好！

梅

五.四夜

114. 阿垅 1946 年 5 月 5 日自重庆

小谷先生：

信，东西，以及宁兄转的话，都到了，知道了。[1]

一切，首先我感激：友人们底精神帮助，特别是你底人格和工作的影响；我自己底漫长而摸索的痛苦的生活和事件；以及，军队生活中所得的东西！

开始整理。这一篇，三、四日的全力，成为这个样子。不知可否？我已经感到大的困顿，同时虽然也有更多的欢悦。主要的几篇，想好好弄，一定弄好。其他的，由于时间，由于论断和例子底无从分开，特别由于最近那事将要迫来，不知道会如何，但是已经没有宁静和从容了，只想大致看一看。

弄完这个，打得精疲力尽似的。今天，就暂时不写别的，想松懈

---

[1] 胡风 1946 年 4 月 19 日给路翎信中说："守梅能来你那里，那就好。总得使他好好地渡过这难关才好。"5 月 3 日给路翎信中说："你的原则要做到，大家设法做到，让守梅活着！"

一下。

　　祝好!

门

五月五日

　　母亲定昨日葬。附告。

　　既然《中作》要东西，这，是不是可以呢? 并不刺人。在那里，看到的会多些。

115. 阿垅 1946 年 5 月 9 日自重庆

谷先生:

　　我总激动而且感激地接读你们底信。

　　我五日发一信。那么，你们可以知道我又遭遇了什么，和我从责任感中逐渐能够立起来。

　　你底话，了解而且一定做。——

　　只是这一晌，受了若干劝阻，反省的结果，有这样一个看法: 假使这样严重的。即使个人地小，假使不从行动来回击，那么，对大的东西的拥抱，只是一个美名。大的东西底罪恶，正由这些小的堆积而存在; 抽象的社会，正附丽这些具体事件来进行。他残酷，我应该要更残酷; 他伪善，我必须使他用血来沐浴。想来想去，加上沉痛，摆脱不了，带着一意孤行和孤注一掷的心来苦想这个。但是岳母死了，我底仇恨自然更深，而我底一种责任却加到我。这个责任支持我，但是也拖住我。以后怎样呢? 哈姆来特一样地苦，但是我将苦行而□。

　　《希望》看到。航寄没问题。每次请给两本。

　　这些日子，正在整理东西，为了支持，和为了纪念。小刘假使来得早，想托他带; 否则，我就邮寄。弄得情绪肉体也都疲败。但是，一二

日内，一定抄一点东西来。小刘最快十五日才能来。

我想了一想，款，还是寄给我底父亲吧。请在信中说明是给我的，他可以知道。地址是"杭州涌金门韶华巷三十四号陈溥泉"。

感激地握手！

夫人安！

梅

五月九日夜

116. 阿垅 1946 年 5 月 16 日自重庆

晓谷先生：

为了支持自己，也似乎为了结束什么，纪念妻和岳母，我在复杂磨折的心情中整理出来三个集子：《白色花》、《诗政治》、《第一击》。这三卷都用航空快寄。

关于这三集，两种不须说什么。但是在《白色花》，我觉得是为难的。第一，看来似乎平凡之处，我都是对了特殊的事件和语言说的，没有心情注释，也不可能，暂时只得如此，或许要被看作晦涩以及平淡。第二，苦得很，但是这些绝叫正是一种抵抗所发，缠绵徘徊有之，原来并非自我欣赏，有情调欣赏，以及消极之意。

我是选择了的。或许我自己感到了血肉之处，他人在不加说明之前是难懂的。

另外，关于论诗的文章，本来有机会还想续写的，例如关于讽刺诗之类。我底意思，是要说明讽刺诗本质的严肃的性格和战斗方法。这一切，要我真能够如前活起来才可能。所以，我又打算把在《希望》上的一些集在一起，和《箭头指向》，一共有十篇了。自然不完全，一豹而已。也写："为了纪念妈妈张巫桂雯夫人和妻张瑞。"

这些在你底忙碌情形中还请你决定，实在也感到不好。但是，在

我，或许不能再有旁的东西了也说不定的。那么，一切只有如此了。我在六月三日出发参谋旅行，希望在这以前能够得到一封简短的信。毕业后想去成都，后果如何想象不来，大概总不免是悲惨的。

我底岳母死后，瑀在吐血，一点好的，全毁了。孩子似乎也难，主要没人管——没有心情和没有适当的人。目前我是如此想保存他！知道能呢不能。

似乎恩仇都难报，似乎恩仇都得心血报。

明天，就是瑞死两周月，岳母死也有二十天了！

成都方面，除了接到瑀底两封信，一封生气的，一封说着事情的，还没有旁的。不知道怎样了。

似乎，整个社会一齐来撞在我底胸上！为了一个真实的要做人的人，它是用了这个全力！单说学校底请假制度，也就在血淋淋地吃我的。

（略）

每天，灵魂底绞刑；泪水不断从痛苦的心绞出。两个月了！假使再如此，我对自己也绝望了。

不要担心我！能好的话，终于会好起来。否则，我也决不污辱你们和我自己！

一言难尽。祝好！祝好！

梅
五月十六日

117. 阿垅 1946 年 5 月 17 日自重庆

小谷先生：

诗一节，稍稍改写了，用时请改正。

宁兄已搭西北公路车回京。

前信或许更使你们不安。一时激动，就写得不顾一切。这些日子，

心里有着可怜的哈姆来特，半疯的吉科德，痛苦的普罗米修斯，和顽搏的阿Q，在挣扎，只看挣扎得出去否。但是无论如何，总在完成一个"人"的原则上。

从来没有如此的境地：心上的和实际的。即使以前遭遇了×的事，也没有到这个程度。奇异地记起打仗和负伤来，当时是沉静的，甚至流血了，还能够心平如水。这次却翻江倒海了，仿佛一个社会整个底力量，一下都撞到我胸上来。似乎我这么一个人，虽然不免倔强、抗叛，却值得一个世界来敌对。我懂得，但是我难克制自己。这是我唯一的，也是致命的弱点，好像希腊神话中斩龙力士底被一片落叶遮住之处。

现在是想支持这个被灾祸压倒的家，保护小孩。因为没有别人可做这事了，在岳母死后。假使这一点需要我，我大致可以变强些。否则，不知如何了。我想经过半年时间，她们不至于再受欺负了。瑀吐血好些，我再出川。而且我打算，我要到打得凶些的火线，只有用激烈的行动可以抑压激烈的痛苦，只有用真实的行动可以抑压真实的痛苦。那么，我出来，就不在这一边混了。

今天是瑞死二周月，明天是岳母死三七。没有得到成都的信已经有半个多月，怕不大好，心极扰乱。

新一期寄出否？请在五月底前寄到。否则，我们就要出去了。

感激和祝福！

梅

五月十七日夜

悼亡辞第二章第三节改写如下：

你底神经如同一本厚重的乐曲

每一个思想如同每一个音符在空中透明跳跃，缥缈回荡

不断涌起的 Sonata 和 Symphony

从音乐你听认一切：

性格爆发不顾一切壮美如同盛夏的霹雳

困倦的人格，突破权力野索欢呼，带着已经寸断的铁链锵然踩蹦繁花而舞

灵魂光洁出浴，白莲花光洁出浴

欲求和美德如同果树的果实，累累满树成熟发香

只有真理可以自由说话，石头也会唱歌，爱情并不需要言语

鲜美的呼吸所过之处万花缤纷齐发

感激的泪珠成为繁密微颤的星空

痛苦成为快乐，白昼飞升

愈大的痛苦愈高贵了；

从四度空间的存在

你听得比实体更多

因为更美。

五·十七，瑞死二周月

118. 阿垅 1946 年 6 月 3 日自成都

小谷先生：

山间一天狂雨，户外溪瀑奔鸣。

一期[1]一日才接到，已经看完。极高兴。就是看看样子，已经美得可爱。思想者，似乎给了我一点什么东西。似乎每一个细胞都必须隆凸多力，才配谈到思想；肌肉，里面似乎有一些东西流动着，膨胀着，立刻要从沉静凝注之中爆发出来一个不小的打击——这样才配说"思想力"！

今天整理了一天东西。是昨天才考完的。而且六日就要出去。

最近几个月，连这一次考试，我们用红蓝铅笔进行着"战争"，而且规模大得可叫作"第三次世界大战"——真是两个世界之间的用红色

---

[1] "一期"指《希望》第 2 集第 1 期（1946.5.4），扉页印了罗丹的雕塑《思想者》。

和蓝色画得清清楚楚的战争。例如昨天，我就奉命作为蓝国参谋总长，草拟了一个这样的作战计划：蓝国和 A. B. F. 三国对红国和 M. 国的联合作战，蓝国用了假想的械甲部队以雄伟无比的钳形攻势越过北方国境，包围歼灭了它底敌方的主力作战军。……画画红蓝箭头是十分高兴的，不，还是说得意的吧。一面跳舞打牌，一面升官发财，想不到第三面还为中华民国、还为被杜鲁门总统领导的祖国做了出来这么可歌可泣的伟业！使我想到掘墓者！我无以名状，美其名曰"手淫战术"吧，不过下流地给自己底激情以若干陶醉而已。

蚊虫特别多。因此近来想写过一篇叫做吸血虫的杂文，情绪还是泥泞，没有认真写出来。吸血原是可恶的事，但是更可恶的，是不但可恶，而且无耻之故。如同现代政治。

在这种时候，人是往往冒火的。因此打蚊子时，往往一掌猛击，不是打得自己脑响铿然，就是巴掌发热。但是为了打死蚊子，也管不了自己吃巴掌的。

封面木刻极好！用这个颜色更好。因此想到，第一集底封面，在上海印的，一定好得多吧？

植芳取得连络了么？记念他！

最近翻了一翻卞之琳[1]底《十年诗草》。非常糟糕，断章中"人在桥上"的"人"，"我的窗子"、"我装饰了"的"我"，都是第二人称的"你"。翻翻以前的旧稿，却并没有错。这个错处使我狼狈。手边没有书的时候，全凭记忆，就要毫厘千里。幸好主题还是这样的主题。不过以人称而定，却由"主观"的，跳到了"教训"的了。记忆力衰退，工作缺少仔细。

坏处是如此："你"——这个字有暧昧性质：讽刺也可以，说教也可以；前者是否定的，后者才是肯定的，才是我所要打击的。幸好卞之琳，是需要挨打的。

其次，《白色花》中《送花》一首，有一句按法文文法，应该改

---

[1] "卞之琳"（1910—2000），诗人、文学家、翻译家。

成——La margritte blance 的。法文是每一件东西每一个形容字都分阴阳性的。请改正。

近来忙累。有的时候麻木，有的时候恶毒。但是总之，我还是这样的我，悲痛还是悲痛。能稍有不同的，只是冷冷然憎恨一切。这种憎恨很奇怪，几乎近于没道理的样子。例如憎恨一个蚊子就好像憎恨一个元首，而憎恨一个元首也像憎恨一个蚊子。大的痛苦往往在小的事件上爆发，而小的东西底堆积也不下于大的东西。

在情绪的泥潭里，有的时候很失望。例如从你和一些朋友来的，明明感觉这是一种拯救，一个力量，不到一会，又是依然故我。如同溺在水中，也伸手向你们递来的长竿，想爬上岸，有的时候觉得已经抓住了，有的时候手又放松，痛苦地沉溺。

成都情形似乎不如我原先所想的坏。一切不过仍旧是艰难的。

我到成都去，似乎也是沉溺之一。主要的理由之一，是我还不能够从瑞底"尸体"离去！此外，是我需要休息，肉体地，特别心情地。做事，甚至写信，近来也使我乏力。坐着的时候，有时就吃惊于自己竟老人一样，弯着腰背了。但是假使一到成都，静下来的话，我也怕这样一个情形：当肉体在休息的时候，思索会跑入更纠缠的痛苦去。

但是为了瑞，为了孩子，为自己做一个"人"，明知不好，也不得不去，而且命运现在是已经决定了。

感谢和祝福！

梅

六月二日夜

今天入城，一期到八十本，早卖光了。

三日夜

119. 阿垅 1946 年 6 月 20 日自成都

小谷先生：

到这里后，曾给你一信。现在我是住在车站附近旅馆中，明晨搭车回山洞去。才从瑞坟上回来，共去了两次，悲悒难胜。

每次给你们写信，总感到不好。不应该在情绪上感染大家，特别你们事情多，比我重要。但是总又写些。

上次信中说，一切似乎支持了过去。这封信则谈谈我自己。自从岳母死，孩子底问题直接落到我身上。我没有权利要别人为我底孩子牺牲。我已经成为两个人死底"祸根"，这还不够么？残存的，瑀和瑚，第一要支持，第二要她们自己发展才对。我不应该再牵累，别人也难免不愿意。

现在不是情绪的困难，而是事实的困难。孩子太小；交通无法；住下来工作，以养孩子吧，我技术上不行，也没有偌多款；交托儿所吧，那是等于虐杀他。所以，就是要活，我已经无路可走的样子。悲激地说，不得已时，杀死孩子，也杀死自己，一了百了吧。但是，自从孩子直接落在我肩上，我却强烈地想养大他，养大得战斗地；而且，这是瑞唯一留下的血肉！

不知道如何是好？我尽我底力。不要逼我太甚才好。我已经吐过一点血。

上海附近托儿所情形，如何？有所知时，请告我！还有，假使有人愿意留养小孩，最好，我可以以全月收入作偿。一切如同恶梦。成都不知道有熟人否？

（略）

不要难过！永远是你们底兄弟！

祝一切好！

梅

六月二十日大吉祥旅社

六月底前，信回山洞。

宁兄那里，我无时另写，看后或转他。

120. 阿垅 1946 年 7 月 2 日自重庆

小谷先生：

就到成都去。七月十五日以后的信件等，请寄下草市街四十七号附一号。

谈不到工作，不是帮凶，就是怠工。然而真正的工作，是应该值得一个生命，倾注一切的。

但是却有许多时间可以留给自己似的。

鸿基[1]走了，临走时给了我一封信。加以近日无聊，和 S.D.[2] 会见了，谈他自己和宁。他不承认客观主义，说是大家说法不同，而界说到底如何呢？对宁，读得不多，理解得也可怜。两端之间的距离呢。说是工作方向，是极好；但是热情不可凭靠，而实际生活浅浅的（年龄的说法。我不同意），则一切总抓不到中心，变得浮在上面和混乱。但是人很朴质似的，又说自己并不冷情。暴露出于憎恨，这个说法也是真情，但是问题是在"效果"的。

买了二期[3]，还没有开始读。市价二千七百，书商们底利润或者达到了百分之百了。第一次八十本，很快就光。这次也只在一家书店中看到了两本，而买了一本的。

祝福！

梅上

七月二日

---

[1] "鸿基"即卢鸿基（1910—1985），后信亦作"雀础"，雕塑家。早年入国立杭州艺专学习。抗战时任中华全国木刻界抗敌协会常务理事，从事木刻创作、文艺批评及诗文写作。

[2] "S.D."，不知所指何人。

[3] "二期"及后面的"三期"、"四期"，均指胡风到上海后编印的《希望》第 2 集中各期。

121. 阿垅 1946 年 7 月 15 日自重庆

小谷先生：

一直等到今天，我还没有走成呢。真是焦燥得很。

因此也更想念大家。宁不知道怎样？获得了工作否？或者，至少找到了住屋否？

这期间，到芜兄处去住了五天。天荒地老的山间，天空地阔地谈话。……原来，他也在感情事件上败北下来！他是要看看我，到底怎样了的。我们这些人！

谈话谈得不少，但是这封信中却不能够写什么。

至于大局，这里一切充满了乐观。那么，也告诉你乐观一下。三个月可以击破主力，一年肃清。曾经召集了一个独立营长以上的会，训话，他底自信也使大家更为鼓舞。同时，这里的机械部队空运济南，反战车部队空运归绥。一不做，二不休，是脓，总要排出！[1]

忽然想起宋朝张打油底一首咏雪诗：“地上一拢统，井上一窟窿。黄狗身上白，白狗身上肿。”照诗底形象化来说，是十全十美的。但是问题是在：形象并不是诗。这首诗就是一个好例。

祝福！

门上

七月十五日

---

[1] 此信黑体字部分为《关于胡风反革命集团的第三批材料》中第 4 则摘引。写此信时，阿垅已从重庆陆军大学毕业，正待命出发去作“参谋实习”。“芜兄”，后信亦作“管兄”，即舒芜（1922—2009），原名方管，作家。此时正在四川白沙师范学院任教。

122. 阿垅 1946 年 7 月 17 日自成都

小谷先生：

参谋旅行到峨嵋，我就到成都来。这次只打算住三五天，就回山洞等分发令。

下雨而且不小，还没有去看我底岳母和瑞底坟。而今天，恰好是瑞死三周月的一天。岳母也才满了七的。

一切，表面似乎还平静。但是，却耗竭了血液。瑀瘦得不成样。但是孩子还好，长大了，会叫不在的妈妈和陌生的爸爸了。下一代，是不是能够不再遭受我们这一代所遭受的呢？

这里太平静似的。不说痛苦和愤怒吧，这样已经开始感到了一种不习惯。但是既然决定住一年半年了，必须这样做。

至于大的，我这里是这样，惊心惕目。人们满身是火。而演讲辞，倒是哀的美顿了。可惜我得不到，否则很可以雅俗共赏吧。

想念你们！

热切握手！

夫人安！

梅

七月十七日

123. 阿垅 1946 年 7 月 21 日自成都

小谷先生：

终于，昨天下午到了这里了。[1]

---

[1] 阿垅于陆军大学毕业后，到成都国民党陆军军官学校任中校战术教官。

一时自知做不了吉珂德[1]，只可以在阿 Q 状态拖下去。血债既然不能够淡忘，却这样拖——是可恶的。

临走时，买了一本重庆新出的《萌芽》第一期。不知道你那里也看得到么？他们在放马后炮了。帽子。我也告诉了宁兄和管兄。稍稍定一下后，想去书店买几本，分寄你们——恐怕你们看不到，他们就可以背后称雄了。

第二件不愉快的事是：在渝时，去看过 S.D.。从他那里，知道剑兄去过几次。那么，事情是：在 S.D. 他们，好则是拉拢，讲朋友；坏则是各个拉或者踢。在何，好则是另求出路；坏则是供给材料，回头乱踢了。把过去的朋友想得如此，实在不是不痛苦的事。同时过去的朋友假使竟做如此的事，实在也不是毫无痛苦的。人要怎样做法呢？

想去看朱声[2]。

在这里，"人"不多。

朋友也决不会多。

或许仍旧去看 S.D.；和他谈过的一个叫翔鹤的。为了寂寞。

但是，即使再寂寞吧，也决不以敌为友。这是自然的事。其次，也决不以老爷或市侩为友。所以，我带着去看看花头吧的心情去。

关于这位先生，宁来过信。也请把你所知于他的告诉我，免我多错误，花冤枉力气，或者自讨苦吃。

在这里，我想"工作"闲一点。时间，就拿来做笔头工作。这是我这样想。

千里的祝福！

夫人安！

梅

七月廿一日夜

[1] "吉珂德"即唐吉珂德，对着风车作战的理想主义者。
[2] "朱声"即方然（1919—1966），原名朱声，诗人、作家。后信中亦作"声兄"。曾在《七月》和《希望》上发表杂文、论文等。1955 年被定为"胡风集团骨干分子"，1966 年 9 月 21 日含冤去世。

124. 阿垅 1946 年 7 月 26 日自成都

小谷先生：

接到十八夜的信。我底信，大概也可收到了？

是的，我总是往往被浮面的高贵所动。我应该更当心。我所受的，教训也真太多了。谈话中，我也是支持宁的。

朱声才走。他和我谈了，想弄一个东西。[1] 详情他会告诉你的。

另寄你二本《萌芽》。内一本给管兄，因为怕他已经动身走了。

只弄了一点谈讽刺诗的，这里就附给你。

本来，不想给 ×× 知道我到这里来。但是恰好遇到一个小人物，立刻去放风，昨天就接到了他底信。我想暂时沉默，不得不沉默；自然沉默是难受得很的。但是一切请放心。

假使这里能够找到适当工作，□繁也将到这里，那就更好了。

雀础又如此！这个人，我以为神经质一些。有的时候，我也还在某些地方支持他的。

好的，愈来愈看得明白；愈来愈少也好。一个好的胜过十个！

以后书等寄这里。

孩子好。

一切请放心！

祝好！

夫人安！

梅

七月廿六日

因为我在这里，是一个人。所以，在十月底前，假使有点钱，就请直接汇给我自己，以这作为支持孤单的粮饷。

---

[1] 指后由方然与阿垅合编的文艺刊物《呼吸》，于 1946 年 11 月在成都创刊。

歌，恐有错字。这里版本不佳。能够校看否？

从朱声，笑话一样，听了一些这里所谓"文坛"上的议论，抄给你欣赏欣赏：

平原社某诗人论《希望》：

（1）编法总是一套：a.封面名画；b.封底□□。（2）路翎等四大金刚（总是这几个人之意？）。

牧野论《希望》：

某先生说的："《希望》从第一个字起——从第一句起，文章就不通。"

王冰洋论胡风：

假人道主义（据说他和他对门居时，天天看他打他底孩子云）。

洪钟论路翎：

野蛮主义（恰好青年党某名人以"新野蛮主义"为标榜）。

125. 阿垅 1946 年 8 月 5 日自成都

小谷先生：

见了朱声几次。他要弄一个文艺东西，而且似乎愿意跟了走——并且老老实实以同一门墙为傲了。但是，除掉这个，一切当然独立，由他主持，这样也就不至于被弄坏了所已有的一点。

我是很希望有点事做的。

前些日子，寄了杂志，收到否？今日接到管兄信，说是重庆还"缺席裁判"似的呢。他也会给你来信吧？

前几天寄一篇论讽刺诗的短文，想也收到？今天已经写成《白沙杂拾》一文，就是你要我写的记事文；但是杂得很，而且也并不同于一般记事。有一万三千多。我再看看，然后寄来。

想做事，而且想迫使自己努力。

《克利斯多夫》一书，上海似乎已出了？我很想看，不知道容不容

易寄？假使不麻烦，过些日子我想要。

在这里是孤单，颇感有弹尽粮绝之惧。

我还没有去工作。

原[1]，假使这里有位置，要来。

附报。

祝福！

夫人安！

梅

八月五日

126. 阿垅 1946 年 8 月 11 日自成都

小谷先生：

接到三期。

很怀念你和它。给房子的事纠缠住，才不好啊。四期有消息否？前次介绍的定户和汇款，不知怎样？

我这一向不得不平静，自己平静。杭州母亲还拖着。三期肺病，在老年人，自然是旷日持久的事。后事已经有了基础，不要紧了。假使我加薪成为事实，一切就好。孩子好。一切请安心。

最近写成了《乐观主义片论》和《模仿片论》，想再看看，想再写一点，也想把《讽刺诗片论》弄好。手边没书，比较难。

刊，已排了，还是大型的。没有接受忠告，我怕会吃不消。内容，一般过得去，不会污辱自己们的。

---

[1] "原"即绿原（1922—2009），原名刘仁甫，又名周遂凡、周树藩，笔名绿原、刘半久，诗人。胡风曾将他的诗集《童话》、《集合》、《又是一个起点》编入《七月诗丛》出版。1955 年被定为"胡风集团骨干分子"，1980 年获平反。后信也作"原兄"、"凡兄"、"繁兄"等。

祝好!

夫人好!

门

十一日

127. 阿垅 1946 年 8 月 13 日自成都

小谷先生:

接到八月六日的信。

宁底事,我写了一信到南京,给周他们,看能够有办法否。我想,周他们对宁是好的,而且肯做事,只要不太难。最近接到周底信,一个乐观自信的人,也给梅雨弄得心力疲怠了。也可见麻木的人们,将会如何。

发行不了是可怕的事。原因是由于接受能力?购买力?还是其他?我在此,似乎展开不了什么。但昨天和原谈了,在教书的地方决定后,可以在学生中找定 [订] 户。我想可以如此做,而且想和朱谈谈。四川学生有钱,而不用在这些地方。

因为手边缺乏这类材料,一切就架空了。我要好好想想,并且继续找点材料之类,然后再写。目前看了一点新旧书,关于技巧之类,或许可以先写成寄来,我一定努力弄。

寄杭州的钱,是早到了的。没有延误。

原已来。但是不是留在成都,则看找工作的结果如何而定。有几个人在,比一个人要好得多。朱也就要到重庆去。

关于刊[1],朱底意思,他走后,要我编,只管编,其余都有人。我没有自信力,因为这是决定作者和读者底命运似的事。而且,我不愿抛

---

[1] 此处"刊"指《呼吸》。下文的"刊"指胡风在上海编印的《希望》第 2 集。

头露面地。

刊在重庆、成都，虽然加价一倍，但销卖得都很快。那么，为什么不多内寄一点呢？邮寄不容易么？给我的一本，愿早见到！

祝好！

夫人安！

梅

八月十三日

128. 阿垅 1946 年 8 月 26 日自成都

小谷先生：

接到十九夜的信和汇款，恰好凡兄和声兄都在。他们今天或者明天同赴重庆，恰好是凡兄需要一点钱的时候。

关于艰难，大家谈了的。希望他们到渝后，推行介绍订户。蚂蚁似的。

他们一走，那么，即使说好了我不对外，我所不敢担当的编辑的事，偏就落在我身上了。一切都陌生。也不知道会有什么后果。我只有一个人勉力而行，虽然自知能力相去甚远。但希望这工作试炼我，提高我。更希望你们能给一些意见和指示。

稿成问题。"成都文化"是虚伪地绚丽，而其实腐烂不堪。人们是，似乎进步，其实是水马一样一面顺流而去一面逆浪而行的，浮在波浪之上的。什么文化呢！

这不过是一个支点。所以，这并不值得欢喜，因为主点的希望是在风雨中。

握手！

梅

八月廿六日

129. 阿垅 1946 年 9 月 6 日自成都

晓谷先生:

原和朱声已到重庆去了。他这次花完了两年的积蓄,换了一次狼狈的旅行。想和我在一处,而又不可能。而且,一到重庆,才知道那个学校又不是好的。

接到馨底信,才约略具体地知道所谓"艰难"。假使《希望》如此,那么,这里的小东西又有什么用处呢?又有什么可喜呢?现在我是耜人之田。其实,假使以我底主观而论,我实在想想把这里所有财产加入的,但我是只有这徒然的梦。不知道真到如何山穷水尽之境了?

朱声底三期已来,而我底却还没有。前个把月,这里到过一点,因为穷干,来不及买就没有了。奇怪的是,联营书店向公司要三十本,几次的信都石沉大海。到底怎的的呢?东方书店,不过三、五本,却到得很早的。我要一本。

管有信么?我想他是到了,或者上路了?

昨天,到祠堂街,在一家书店中翻看一本新到的《文艺复兴》,看到刘西渭[1]对于三个中篇的批评。只略约看了几行,不过没有全看,只发觉他说《郭素娥》是"浪漫主义"云。有点气愤,但也有点好笑。

假使把高涨的人物热情,和对于人类、人民前途的拥抱的那种梦想,都归类作"浪漫主义",那么,刘先生底理论公文程式真是太美妙了!

应该说,这么一种浪漫主义——硬是要归入"浪漫主义"里去的话,也应该说是"革命的浪漫主义"吧。

难道革命是冷冰冰的,不许热辣辣么?

所谓"浪漫主义",是"精神的贵族们"的说法,对于现实一面逃避一面傲慢而已。路翎并不是反现实的,而是突击现实的。我们底盲目的批评家是只问形式(?)不问实质的,无论执钥抚盘,都以为是太阳了。

---

[1] "刘西渭"即李建吾(1906—1982),作家、文学评论家、翻译家。

假使说是由于反封建——那么，今天革命底性质，也在击破"半封建"的。何况，这个"半封建"，已经和西洋物质文明杂交弄得血液极复杂，已经成为东方法西[斯]主义，已经上有流氓皇帝，下有袍界地方恶疮势力了。……这一切，全不是不深入抗战后方，七、八年仍旧缩在上海过去的租界中的批评家之类所能够了解万一的吧。

想念你们！握手！

圣门

九月六日

附剪报。[1]

130. 阿垅 1946 年 9 月 9 日自成都

小谷先生：

考虑踌躇了一天，终于又写给你。连接家中急电航快，我底母亲垂危了！家，只有这一个人对我是重要的。一切，有何可说呢！

问题在：钱。即使单单暂厝，杭州都要近百万！而父亲，是只晓得命令我！

本来已经活得凄凉，勉强。如同胡桃，被铁钳又一次一次紧夹，似乎非垮不止的。

我真要用血感激！

文章本不为卖的。但是，我要十一月份才起饷。只有希望或者妄想这个。万一有机会，以及不论有多少稿费，请为我汇杭州涌金门韶华巷三十四号陈溥泉，并且给我一信。

真难！我要活；既然打算感激！

---

[1] 此处略。

握手！

梅

九.九

131. 阿垅 1946 年 9 月 21 日自重庆

小谷先生：

十六日信收到。你们也陷在纷扰和泥泞里！这个必须击碎的世界！

上次不过是一个冲动，绝望中的痛呼而已。事实上的艰困，我也知道的；我了解，不要太为我难过。不要紧。

母亲还在。三期肺病，当然不会久。但这次的危机总算已过。我底父亲，胡涂得使我无法。我爱母亲，也极愿意能够为她底后事办得好一点——至少支撑过去的责任，我有。总算从岳家借了十万，另两个朋友弄了廿万，其余由在杭州的我底一个妹妹弄。父亲却给母亲做了绸质寿衣，这也未可厚非。但是他底责备和给我的艰难，他并不晓得在我是怎样重。他想到母亲，想到她以后，也应该。但是他没有想这个世界，和在这个世界中的我，我底以后。而且要我再筹廿五万，定好棺材。难道不也应该么？假使能筹钱，人就不穷了，也不是我了。我以后将如何了却这庞大债务？在灵魂上，在实生活上负债，我都不惯啊。

一切，顶吧！直到我血肉皆尽！但是也一直到我血肉皆尽，我要顶这个世界到最后！

植芳兄到沪了么？见时为我祝福！

祝好！

夫人安！

梅

九月廿一日

132. 阿垅 1946 年 10 月 4 日自成都

小谷先生：

这些日子总算还好。

你们那里，不知道如何了？人？房子？刊？

我九月十九日由交通银行航汇来二万，四个人底定刊费，收到么？收到后定单分别寄她们。

《呼吸》一期才付印。论文：管四然一；管偏激，但用方法冲淡了些。小说：宁梦各一，汸三。铁有纪行文。[1]大约一个月后才能见到。比《希望》弱；但比老爷市侩们底，自信要强的。还需要稿。

这里有奇谈，使人痛恨。但如何说法呢？

极怀念！极怀念！

祝好！夫人小孩好！

门

十月四日

133. 阿垅 1946 年 10 月 17 日自成都

小谷先生：

知道宁兄到上海来了，欢喜，而且庆贺，如同打了一个好仗似的！

这些日子，我过得平静似的了。但是冲击的东西，并不是消失了。有的时候还奉令打牌之类（这个家里）。我是一个不欢喜赌博的，直到现在甚至将来都如此。抽烟抽得颇凶。

但是，也写了一点东西了，就寄给你看看。

---

[1] "管"即舒芜；"然"即方然；"宁"即路翎；"梦"疑指方梦，《呼吸》作者之一；"汸"即冀汸；"铁"即化铁。

假使不是所感觉到的，假使不这么强烈，假使而且也没有经过思想，这些东西，那就是无所谓了。

近年来关于诗想得和看得比较别的东西多。并不妄想完成一个什么体系，只是它来了，而我也要说。它被一般人奸污的，使人愤怒而又悲凉。就是这些东西底来源。

关于讽刺诗，想过了，改过了。弄得这样长，笨重了似的。有的材料（例如打油诗），没有得到好的。

别的，还在继续想，想继续弄。不以为可写的，不以为可写的时候，暂时就不写。我要慢慢的。

关于旧诗，也想了好久了。以前的，想重弄一次（弄好就寄），不知道会弄得如何。想加一点新的东西。

其他的，"技巧""技巧"的，我想弄一点，用在这里，因为"技巧"说风靡了这里。

那么，你呢？你们呢？还那么没有明朗起来么？实生活底繁琐，这样在侵蚀"人"！但是，我相信而且知道你们有大的精神生活和大的战斗力，一切将是不足为累的。不是担心你们，而是怀念和为你们生气而已。

这里的东西，稿极少。不但没有预备队，而且主力军一时都不容易集合似的。有稿时，请寄点。

上次的汇款收到否？定单寄了否？

知道有两个人住你那里。[1]

告诉我意见，假使有时间。从你，取得营养。

握手！

夫人好！

圣门

十月十七日

---

[1] 贾植芳夫妇当时住在胡风家中。

134. 阿垅 1946 年 11 月 4 日自成都

小谷先生：

一期昨天航空寄上四本。收到时，请给贾、梦各一本。今天由交通银行汇上一万一千元，六千是梦底稿费，五千请代购最近两期的《希望》，寄北平燕京大学张瑀收。最好能用航寄。

四期此间书店已看到。但你寄的，一时还不见得可到。

我底母亲又在上月十七日故世了！一切，说不出来。

想念你们！

祝好！

梅

十一月四日夜

直芳兄好！

进行得并不理想，倒是常有不愉快处。我也可以稍稍妥协。但是既然我弄，我不会放松我应该做的。

135. 阿垅 1946 年 11 月 17 日自成都

小谷先生：

接到十日信。

多盼望《希望》能够继续下来，而又不能够不想到你竟没有力气奔走！……

刊，出了半个多月，据门市说还卖不到一百本（已比旁的好销）。而且，人们攻击来了。因为他们以成都文坛为他们底码头，我们没有拜，而且不恭得很之故。例如，一位总编辑底批评是宗派主义，骂了一通自己人云云。观念和起码逻辑就混乱得很。另一位登了文章，据说此

公是特务嫌疑云。

（略）

有点投稿来，弱得很。但也决定如你所要我们做的，二期，就想选一点。真也需要新的血液的。有稿来，是好的人对刊感到亲切。

稿不多，但二期已差不多。希望能够寄点来，但以你能选为是。

寄北平，不能够航空，就挂号寄。

款由交通银行航汇的。这里，我两个月没有薪水。所以，这次就寄我吧。

祝宁静！

夫人好！

梅
十一月十七夜

136. 阿垅 1946 年 11 月 18 日自成都

谷兄：

想告诉你这里的情形，虽然知道你心情不好。而且，今天原兄信中说到何给你信的事。

（略）

或许看了这信，你又要闷气。不管忘八们！尽自己而已，为了刊而已。

祝宁静！

夫人好！

梅
十一月十八日

如有稿费，这次请寄我自己。家里，到我月底发薪时，我再打算。

137. 阿垅 1946 年 11 月 23 日自成都

小谷先生：

才接到稿二篇。用的。常君处，立即复信去了。

但这个刊物前途却痛苦而黯淡了。（略）所以，二期后，我是否弄，在考虑中。我不想搞了。

只是从投稿，觉得被一些较好的人所围绕，有点舍不得。

你要我如何呢？

而这里的狗屁批评家、小偷批评家，又攻击起来：什么"世界观"，什么"法西斯"，什么"吃醋文学"，等等。这个倒不怕，而且使我们高兴。打痛了狗，它们自然要叫和咬。向什么地方放过枪去，假使没有回枪，不是反证明攻击底扑空，敌人底不存在么？他们薄弱的。不过，我们没有更多的阵地，而内部又如此。英雄之一，就是说宁"新野蛮主义"的。

因此也更念你们！和刊！

祝福！

夫人安！

梅
十一月廿三日

138. 阿垅 1946 年 11 月 26 日自成都

小谷先生：

二十二日信收到。

我所踌躇者，是渐渐有稿从读者中来，而且倾向一般都还好的。二期已在弄。以后我就洗手吧。等我以后的信。原兄已经不写了。

十一月四日由交通银行飞汇的一万一千元，不知道已经到了否？

《模仿》，在《大公报》么？能够剪一张样张的时候，请给我寄一张。（略）

怀念你们！刊！怀念！

昨天这里一些年青朋友，汇你三万，收下吧。（略）

祝好！

梅

十一月廿六日

139. 阿垅 1946 年 12 月 5 日自成都

小谷先生：

从大家陆续的信，知道你简直被疯狗癞狗困扰一至于此。作为一个"人"，自然不容易压杀感情；但为了自己和朋友和事情，希望能多冷毒一点，对自己这样要较好。

朱，昨夜正面给他写了信，说：战斗得"温和"，即战斗得动摇，也生活得动摇。为了这里的批评，他颇激怒了。昨天连接二信，第一信还说不要以管兄底信为补白，不要在编后上打狗。但第二信却又教我又登又刺，说是抛掉"温和"，要"强化"了。战斗的基础这么薄弱。但希望他能好吧。至于我，二期后就一定不弄了。

这里的批评，并且瓜蔓抄到《希望》。其实，一阵犬吠，没有什么可怕的。——假使人本来不怕狗。我会愈战愈勇的，不要担心！假使可能，想把批评剪寄你，作为苦中一笑。

想念！祝好！

梅

十二月五日

140. 阿垅 1946 年 12 月 8 日自成都

小谷先生：

接到一日的信。

现在，一方面虽然有了好的读者，而影响在扩大（例如，二期《感觉与作家》一稿很好；汉口和昆明都有稿来）；一方面打痛了这里的伪善者，而且需要继续打击下去。但由于所遭受的，实在不想再弄了。

（略）

难！

一万一千中，有六千是梦君底稿费，请扣下。

重印使我欢喜。虽然我底遭遇使我困难，但假使重印而有钱，我不要，仍做支持《希望》以及你底计划之用吧，这样就如同我也在做一点事。而为要做的，应做的，就必须如此了。我预计大概明年秋季才可走，假使情况不改变的话。到那时，我希望别的能印一种，因为我想到那时做好母亲底葬事——不知道是可能否？也只当看的。

勘误表和签字式附寄。但我想添一扉页，为了纪念死者。

祝一切好！

夫人好！

圣门

十二月八日

141. 阿垅 1946 年 12 月 22 日自成都

小谷先生：

信和汇款收到，谢谢！《模仿》也收到。

错字就照你所说的改好了。我不要的，即使有版税，没有自然更无问题。我是以为可以支持一下刊的。不要紧。

《第一击》，仍用"亦门"吧。

朱寄来了企香^[1]底信，给我看。他很气愤似的。企香函中提到说想写一篇《论杀风景》，那是为你写的，不知写否，以及写得如何。函中他不满意论文，即管兄和朱自己底。这或许也就是他生气之故。（略）

二期就可出来。对读者，我只隐约地提到一笔，就是说到像《希望》的说法的。

这里混乱的情形，罄笔难书。看到二期编后后，就可以明白全部了。我在这里打狗！——这也不是朱所全然同意的。他要我冷静，不要对狗打拳，弄得可笑。我则以这是一个倾向，一种伪装，必须集中攻击一次。他自己，因为被骂了，自然也不开心。但是他所谓战术，要打而不打杀，反笑打者为丑角，是奇怪的。或者和抗战一样，一边抗战，一边却为妥协留下一手的吧。

（略）

祝一切好！

梅
十二月廿二日

142. 阿垅 1946 年 12 月 26 日自成都

小谷先生：

今天我已发一信与朱，以后我不弄了。别的说不出来。

先附寄一份单页。

祝好！

---

［1］"企香"即何其芳（1912—1977），诗人、文学评论家。1938 年至延安，曾任鲁迅艺术学院文学系主任。1944—1947 年间，两次被派至重庆，在周恩来直接领导下工作，曾任中共四川省委宣传部副部长、《新华日报》社副社长等职。建国后历任中国文联委员、中国作家协会书记处书记、中国社科院文学研究所所长等职。

夫人好!

梅
十二月廿六日

143. 阿垅 1947 年 1 月 10 日自成都

小谷先生:

已经在书店见到《求爱》。卖得很贵——六千。

前次寄你转贾的一文,收到请贾告我。又成了一篇,并开始第三篇。小说我总不配写,心情虚怯,分明看得见我自己在说话,抓住不重要的,而且一来就拖长。

(略)

祝好!

穆
一月十日

144. 阿垅 1947 年 1 月 16 日自成都

小谷先生:

接到宁兄信,说工作已定,很高兴。

前信中说的"周先生",是"周兄",不知是谁? 是我看错了。这些日子,我已经学得能够从热怒中冷下来,只是当时还不免冲昏头脑地热一阵。冷,是为要立住;而对于非友人和敌人,应该就有应战的冷的。

原兄来了信,工作又不太可靠了! 夹在何和朱中间。而他是一个真的人,不能够两面应付团团转。早知如此,就不该劝他跟朱走的。

（略）

寄来六首诗，一篇，算是小说吧。小说无自信。诗，则愈写愈怪——我是说连"形式"也愈不像诗了的。我往往在事后证实我当前的敏感。有的时候，反应得必须有大速度；单是强，没有时间效果的。往往被别人抹杀。我攻击时，他们还在做梦；到他们自己也打起来时，胜利者已经胜利了。这些，其中还有若干敏感或者敌情判断在内。贾兄，可给些。我怕使他为难，或者又将被不能发表压下去？那是于自己，尤其于人，是损失。

所以想发表，最近也因为我被父亲所逼，而家里又为赤贫所逼。贾兄既要，也就给他好了。

一切，还要请你看看，告诉点意见的。

祝好！念你们！

圣门

一月十六日

145. 阿垅 1947 年 1 月 21 日自成都

小谷先生：

十六日寄稿，想先收到？这里再附上一篇。

二期，想已见到？狗们已经在"批评"之类上被击溃，那个"批评家"自己跑到书店去，承认错误。并且说不再"骂"了，都是自己人云。他们底意思很明显，要我不再打击他就是。但是"批评"以外的破坏，还是在小声小气中进行的，我分明感到了这个。但如果照朱底办法，不但成为哈哈妥协，而且等于自己投降，这一点战果都不可能得到的。

（略）

原工作已有着落。

你们底房子解决否？念！其他也念！

关于元帅一稿我极希望登，而且可能地快，最好在影响较大的刊物登出。失去时机，是无用了。昨天见报，说杜鲁门声称要维持百万大军。一切在此。

这里这一篇，我很想戳戳企香之流底老爷态度的壁脚。也希望能刊出的。

最近读了马凡陀[1]，尤其读了捧他的话，尤其读了三篇把繁和他并论而且特别抬高他的，反感极深。想打击他！他和繁兄比，不但不配做尾巴，甚至不配做一根尾巴毛的。

岁除雨湿，心情积郁。刚成旧诗二首，抄寄一看：

旧历岁除

苍茫独四顾，慷慨复长吟。

误尽青春事，犹存壮士心。

所思奔万马，垂泪对孤禽。

夜听风如怒，花迟冬更深。

岁月忽如此，江山独奈何！

我心怀玉杵，人事隔金河。

仍旧伤痕在，即令魅影多。

诗成悲不尽，方寸起寒波。

握手！

门

一月廿一日

---

[1] "马凡陀"即袁水拍（1916—1982），诗人。1949年后曾任《人民日报》文艺部主编。

146. 阿垅 1947 年 1 月 30 日自成都

小谷先生：

两次寄稿想接到。

偶然而且短促的机会中，请两个朋友帮助抄到了《鼠》。稍稍校了一下。但油印刊物，怕弄错的地方一定有的。《她也要杀人》，不知印出了否？能够合印，我想是好的。战争锻炼了一个女人，淘汰了一个男人；一个女人怎样成长，一个渣滓怎样沉淀。可以有强的对照，所以抄来了。不知道你那里也有否？

祝好！

门

一月卅日

147. 阿垅 1947 年 2 月 9 日自成都

小谷先生：

接四日信。知流氓还在纠缠！到底他要什么呢？

倪[1]近去重庆，约两星期回此。回来后当与商量，似不致有多大问题。商谈结果后告。

我不弄。但朱却老是把稿寄来；并且拒绝编事。所以三期选稿还有我底意见在内；由两个年青朋友代替弄的。倪去渝，关于这点，也将和朱详谈，看情形吧。对他，我觉得愤怒而无望。

近来已写成《旧诗片论》、《大众化片论》、《敏感片论》等三篇；抄好即寄你。还打算写一《马凡陀片论》，攻击他。

---

[1] "倪"即倪子明（1919—2010），原名倪震生，方然友人。抗战期间曾先后在三联书店桂林、重庆、香港等分社任经理。1943 年调到成都联营书店，曾和阿垅、方然一起筹备出版了《呼吸》杂志，用"黎紫"笔名写图书评论。1955 年因"胡风案件"曾受到审查。1982 年后，担任生活·读书·新知三联书店总编辑、《读书》杂志副主编等职。

款，以后请由此间鼓楼北三街邮局兑付，较近便。

心情还是阴晴不定。

祝好！

夫人安！

门

二月九日

148. 阿垅 1947 年 2 月 12 日自成都

小谷先生：

这里寄上论诗四稿。或许还想续写。

朱转来了你给他的信。问题不在名义：第一，我愿默默工作；第二，假使那样，我反要受我底敌人攻击，不能够让人们明白。问题还是在原则和作风。

关于吕，我底感觉是：他被何绑票了。何真恶劣。最近又看到他一文，论官僚主义，大意是那里的官僚主义和这里本质不同云。圣人身上的疮多可爱！

祝好！

牧

二月十二日

149. 阿垅 1947 年 2 月 20 日自重庆

小谷、纪华先生：

接到十三日的信，身体微微发冷。我说不出，但是我要用尊敬和行

为来支持一切的仇恨！[1]

干得冷一些！对自己，为跟从者多一点点珍视！

昨天又到倪处去过，还没有转来。决定了，立刻告诉你们。

真实的站在一起！

梅

二十日

150. 阿垅 1947 年 2 月 22 日自成都

小谷先生：

念得很！能够自制一点否？能够熬忍一点否？

倪来。昨天下午才回来的。谈了一切。

关于书，寄我转交出售。㈠量，每种十本。但不知道有几种？㈡定价由你们决定。例如实价多少，加邮费若干，加分成若干——这些总起来的共价，再给他一个八折或其它折扣。㈢款我转。但付款是否分期？以及如何分法？由你们决定。这样，至少可以便宜许多。这里是上海书照例加倍的。

其次，关于杂志，也谈了一谈。看你底意思如何？由你编好，决定版式及封面，在这里排印。以目前价格而论，一百页约需款百万。然后将纸型寄沪，上海印并用上海封面。这样似乎可以便宜些。这里由他发行，但不负担印费。印数少，例如一千，专销四川境内。沪版可发外埠。

也谈了朱。真要我弄，我也可以再试试。但他底名字不必取消，否则，弄得像我排挤他似的。只要不在原则上干涉我就是。

念！平静！祝好！

---

[1] 2月初，胡风在家乡的大哥被人残忍杀害，胡风十分悲愤。

夫人安!

梅

二月廿二日

151. 阿垅 1947 年 2 月 26 日自成都

小谷先生:

怀念! 有如流水, 不可中断。

所敬所念之友人, 年来深感苦难不断, 一如吾人尚不受命运压倒, 愈战愈坚, 而生活则从而助纣为虐者! 我深信你之如铁。前我初陷不幸时, 援手者即有你也。但我亦深知, 不屈为一事, 心情波浪又为一事也, 念此则不安。初接信时, 几乎看错, "不幸" 二字入目, 浑身即如中寒, 可见我尚荏弱; 而你们之遭遇, 实与自身所同, 非泛泛者。然则你务为心相敬爱者, 当多珍重。我经此事后, 对一切, 愤激愈甚, 但同时亦冷酷愈甚——此非向所有, 或者为一种进步, 倘战斗, 此似较一切可贵。

怀念!

前信谈售书事。首次, 可谓系一试验。今日与相往来者谈, 量绝不止十本。若为小说, 例 [如] 我之姨妹, 可在其同学中求售。此外尚有朱之二学生, 即帮办一切者, 甚为热心。我意, 书店十本外, 尚可多若干。自己直接卖, 买者当更便宜。

前提折扣事, 恐不明确, 兹再详之。例如原函所提, 一万元打七折为七千, 加邮费二成 (假定) 则为九千, 加给书店利益若干, 计一万元之书, 在此卖一万一 (假定)。但照倪意, 则由我们将上例各项相加, 然后给他若干折扣。则一万元之书应定价 (假定) 一万二之类, 给他八折, 为九千六——包挂邮费在内。

今日赴邮局, 航包寄画二幅, 重一公斤 (二市斤), 寄费计六千三。故寄画时, 我以为航包为佳, 第一快 (平寄约一月), 第二快则途中损

失少。如何？请告我！

　若我直接请人转售时，则尚可不计书店利益，更便读者也。此点如何？亦请示及。

　托人寄诗论四题，系十三日发出，收到未？便中亦请告。近又成诗三首，不日寄上。

　贾兄是否仍在《时事新报》？未接信，不知如何？

　祝坚忍！

梅上
二月二十六日

　管兄回家，大概已可到了（可住一个月）。他要我告诉你他底事，说，已有信向你提到。

　恋爱底开始，是管兄主动。但一提出，对方就说有人在先，这就完了。以后经过有半年。这当中他还给她送东西给那人，见了面，印象不好，但是以为自己底一种嫉妒。直到大家要离校前，大概还有十天吧，她又表示她所爱的是他，而不是那人。但是到了城里一次，那人表示，如不答应，就要自杀，她又动摇——这就真完了。在这件事件中，管兄取退让政策，以为那样来尊重她底意志吧。同时也认为，她这样，爱并不真在他吧。此是经过。直到看到朱写进了文章，很不高兴，才要我告诉你的。

　那人是成都诗人之一，总是这样的人物。成都这地方，成都的人们，总这样，非常可恶，尤其可怪。管兄觑觑而自尊，更尊重她人底洁白，退却了。我了解，不能够说他什么。但是对方假使是一个恶劣的人，而她又真相爱的话，是不能够退却的。人底完成，路有多条。到朱底文章发表时，他们还在通信的，对他的痛苦也就可见。现在，他说又作了一次清算，她为那人左袒，实在也颇胡涂。

　在你底心情激荡中，我这样告诉你，怕不太好的？

又及　二十六日灯下

152. 阿垅 1947 年 2 月 26 日自成都

小谷先生：

上午刚发出信，回来接到你底航挂和汇款。有十三万，怎么多寄了呢？

这些棍徒们！我是从他们当中挤出来的，用尽气力突围而活。所以对这些棍徒，我是能够想象的。祝福死者！让亲人底血成为我们底铠甲，如同齐格菲一样！我们都是你底小兄弟，虽然不同父母。

贾兄那里，迟早不要紧。但是直接寄他的稿，曾两次被退回来，说"此人已他住"。这又是什么阴谋呢？

不要紧，一切就要冷得铁一样。

给了朱信。就像前信中所说的。或许我再弄下去，假使不再有别的事。

紧密握手！

梅

二月廿六日

153. 阿垅 1947 年 3 月 4 日自成都

小谷先生：

怀念得很！近日未接信，不知如何？

春天，此间日光殊少，寒燠变幻急骤，因之我患流行性感冒。邻家及我之小儿，几亦如此。不知上海气候如何？在此春日，想亦极易感冒，极不舒适也。

（略）

前托买之书，如买到，最好你自寄，不必由书店寄，较快亦较便也。

念及！此颂

春安！

圣上

三月四日

154. 阿垅 1947 年 3 月 8 日自天津

玘华先生：

接到信和汇款。这些日子，正怀念大家得很。

只要能够安静下来就好，在这样的日子，人只有把这作为最低限度的祝福了！

书收到再告。诗论四篇想收到。附诗九首，约略可见近日心情和无可奈何的怀念。

祝安静！

梅

三月八日

怀人九章

手足同君痛，须眉不我奇。

孤灯无月夜，一卷密云期。

欲起波涛怒，常怀风雨思。

磨刀光霍霍，恩怨两何疑？（谷）

心期极乐国，梦在莫愁湖。

独祝青春福，相怜白露珠。

本来真勇者，不学小人儒。

东望长云尽，黄尘载道途。（宁）

巴山共北极，江水但东流。
独立人如铁，相交我赠裘。
心肝呕欲出，气象若同仇！
知是四方志，难忘千岁忧！（馨）

古战场头月，与君两地看。
文章红芍药，人格碧琅玕。
墨者成同志，青春属异端。
轩然一勺水，日夕有波澜。（管）

壮士无长物，飞鹰有病骸！
青城愈落魄，胜日每相怀。
一剑人磨烂，新诗世不谐。
巴中风与雨，万壑动阴霾。（繁）

北碚黄桷树，南海赤珊瑚。
不义秦皇帝，宁同屈大夫？
一军战五步，万岁耻三呼。
但有史诗在，群雄落笔诛！（性忠）

风沙出青海，波浪见黄河。
牧笛牛羊尽，征尘鸟兽多。
昂昂丈夫气，朗朗少年歌。
回首旧西北，冥冥鸿雁过。（泰）

战乱息经年，西湖生柳烟。
说来谁有甲？归去子无田！
卖剑牛难买，燃萁豆更煎。
刘邦杀功狗，范蠡采吴莲。（楷）

临潼独不去，同室屦相戕！

雌者居然霸，从来成则王。

红衣发巨震，白骨掩清霜。

又作长征客，真堪魔侠狂！（霖）

155. 阿垅 1947 年 3 月 12 日自成都

小谷、玘华先生：

今天接到《琴》[1] 五本。航寄较快。很美。恰好才过瑞底周年忌。但是其他的，不知道寄了否？希望能够快一点。

倪即异地疗养离去，那么，这里以后就难做什么了。他是管钱的。要我们自己来弄钱，就太不容易。不过已经决定，不管情形如何，还打算小场面地继续做一点的。

怀念！祝好！

梅

三月十二日

156. 阿垅 1947 年 3 月 16 日自成都

谷兄：

小刊昨天已退回老板。何君之稿费，请和老板交涉后即寄下，我在手续上拟作一结束。或者，稍待些时。如不能忍，下期拟南回教书，自行写作，而免使人不快。我分析不够，水平不高，要多读书。但一切，人皆有眼，而我亦未尝灰心，未尝不了解此中哀乐。小刊以不续为是。

---

[1] 署名"亦门"的诗集《无弦琴》，于 1947 年在上海由海燕书店再版。

使吉科德舞矛去吧。最难者，为我个人小事，反使友人为难耳。此祝
春安！

梅

十六日

你要宁静，保养身体要紧。

157. 阿垅 1947 年 3 月 17 日自成都

小谷先生：

接到十一日夜信。读了，心颇紧，没有想到实际的！

倪他去，尚无消息。因此，前说杂志事，也就无法进行了。这里的
刊，也就完结。但排印是还有别的朋友可能帮忙的，谈一谈，问一问，
有结果再告你。可能性还有，只是要不容易些就是。多希望能够！三两
天内可以回答你。《青春》[1]，这里大概还可以买到，也在日内寄。我手
边的，人拿走了。多希望能够！

关于管兄，是不是由于我以前的信？看来不是的。假使是，那是他
要我报告经过和解释而已。别的他没有说起，不清楚。

那篇文章，看到了。我以为是无关的。但是，我们一样要昭雪的。
其他，我当如所嘱的，处理自己。

也希望你珍摄！

夫人安！

门上

三月十七日

---

[1]《青春》指路翎小说《青春的祝福》，希望社正准备再版。

附件便中交贾兄。

这里排工甚廉。过去排印非照字数论。杂志每张（二页）二十元左右，连纸，连印，连型。三十二开以字数论，约当三分之一，或许需七元左右。问后再告。印一百页书成本约三百五十元至四百元。

158. 阿垅 1947 年 3 月 20 日自成都[1]

小谷先生：

关于《儿女们》事，已托友人问过：

一、老五号铸字需时一月，老板怕此时物价波动，不敢接受。又，此间老五号书，印亦不佳。新五号可接受，字粒好。又以新五号排，每页容字量大，约计二九〇—三〇〇张（每张二页），需款约四二〇万。此系照例印一千册计者。若不印书，则可除纸钱印装费等约一百万，即三百万左右即可。纸型不算钱。

二、两月可排成。如排时，拟订一合同以作担保。

三、款要求最少先付二分之一。

四、校对无问题，友人和我均可校的。

五、内地版（发西南）可否印？请考虑。

六、原稿有副本否？最好有底子，免途中有失。

七、纸型此间拟打两个，一寄沪，一预备。

八、交稿及第一次款，应在四月初。

如何？请即示！

祝平静！

梅

三月二十日

---

[1] 此信主要谈胡风的希望社再版路翎长篇小说《财主底儿女们》拟在成都排印一事。因此处费用较低。

《儿女们》上二本，昨已请友人寄出。

新五号每页十九行，行四十五字，计八五五字，全书约五百八十余页。

159. 阿垅 1947 年 3 月 27 日自南京

小谷先生：

接到二十四夜的信。

你底状态，我能够了解若干的。我自己就如此。这些日子，又和发了疟疾一样，肺都似乎要炸的。但是，我们还能够用所谓理想给创口涂些止痛的药，还能够以友情和工作来相濡以沫。这以外，几乎一片昏黑。虽然不同于绝望——实际上也颇相似的。尤其是这些日子的大事，使人泄气而哀痛。但是，既然活着，第一，人是总得做完的；第二，也不能够让他们太舒服和牢固。

但是你，我以为顶好不必回去吧。回去能够解决什么问题呢？难道不会继续吃眼前亏么？如同抗战，只能够后退决战的今日，放弃又放弃，在目前是必须如此，不得不如此。

一切的，把宁兄底先弄出来。这也是一种胜利吧。实际情形，我也估计到一点。

接朱信，说被禁了。但是，我还想弄一点，弄一种。支持自己，也支持人。看能够做到哪里吧。

（略）

祝平静！

梅

三月廿七日

平包到后再告。

160. 阿垅 1947 年 3 月 29 日自重庆

小谷先生：

　　昨天同时接到《童话》等一包及《击》[1]四本。我寄的《儿女们》二册，想也可收到了？

　　今天同时寄稿一卷。

　　南天事，已谈，谓已来信。

　　便中请告贾兄，还有一点稿费，请不必寄来了，就作为三期的他底稿费吧。

　　倪已到渝。

　　祝平静！

门

三月廿九日

161. 阿垅 1947 年 4 月 1 日自成都

小谷先生：

　　今天和两个朋友带了孩子到公园玩。买了《受苦人》，八千。朋友们买了《醒来》两本；但是拿回来一看，里面却是《童话》，到一〇九页起才见《醒来》，两本都一样。寄给我的，普缺一图，《醒来》封内图颠倒。这将使买者退回，心情上也不好。哪一家装订的？要叮嘱一下，要他们仔细一点才好。知道你心境不佳，但想了，还是应该通知你。

　　又平寄多少都损坏，卖也得受一些影响。

　　这里到了《醒来》、《受苦人》、《求爱》。《旗》和《战》也到，但落

---

[1]《童话》为绿原诗集。《第一击》为阿垅报告文学集，原名《闸北七十三天》，此时由上海海燕书店重版。

河打湿，店中听说正在晒。[1]

其他不知道出了多少？

《受苦人》读了几篇，好的！

祝好！

牧

四月一日

心情好一点，而且方便的时候，请每种寄我一点，每种五本以内，这里的朋友要的，或者推销也可。款，想短时内就可以汇来的。但是最好航寄——用航包，较便宜。

162. 阿垅 1947 年 4 月 5 日自成都

小谷先生：

昨天又接到书件一包：《琴》五、《夜》一及《受苦人》一本。《受苦人》已在此间买到了。不知道给我自己，还是卖？

《求爱》和《蜗牛》，有时，便中请寄我一本。我买过一本《求爱》，给了人。想写点读后之类。

这里愈过愈窒闷了。

祝宁静！

牧

四月五日

---

[1] 鲁藜诗集《醒来的时候》、孔厥短篇小说集《受苦人》、路翎短篇小说集《求爱》、田间诗集《给战斗者》、孙钿诗集《旗》以及阿垅报告文学集《第一击》等，均由胡风编入《七月文丛》，于1947 年在上海出版。

163. 阿垅 1947 年 4 月 15 日自成都

小谷先生：

怀念你们！

今天接到《击》六册。想来，大概是给我的了。

从昨天起，女佣走了，我自己在带孩子，有些苍凉的欢喜，但是又十分烦。这情形，得找到新的人才好。不知道你们如何？在自己安静些的时候要想人，在烦的时候又想。

繁和朱在渝进行一个丛刊。可以代替这里的。朱还是要我弄。弄就弄吧，但具体的结果似乎还要等几天。

繁来信提到，你打算在蓉打一套诗，是么？轻型的，这里是可以的，不但诗。

近几天写成了五篇谈诗的：境界和想象，三个人——繁、性忠、小刘。正开始写泰戈尔和语言问题，被孩子底事缠住了。我要求做事，这样来支持生活。

怀念。别的也说不出。植芳兄好否？在沪否？

祝安静！

夫人公子好！

梅
四月十五日

164. 阿垅 1947 年 4 月 22 日自成都

小谷先生：

想念！但愿逐渐能够平静起来了。

今天又接到诗丛十种和童话诗，足够了。其中有重复的，那我就送人吧。

丛刊还没有具体决定，但不致有问题。在进行。假使有文稿，可以再寄一点来么？

这几天给泰戈尔困住了，吃力。否定他底思想不难，难在同时要肯定他底人格。不知道我会失败否？写了论繁、性忠、小刘的，也写了境界和想象二论。以后，抄了请你看。写人，在我似乎愈了解愈不容易弄，这和一般的场合不同。

繁兄先把眷属弄回去，正在忙。他、性忠，来信都苦苦的。声病了一次。

还是说想念！

祝宁静！

牧

四月廿二日

夫人公子好！

165. 阿垅 1947 年 4 月 25 日自成都

谷兄：

怀念得很！

到此不及一年，小孩已能行会说，正心中欢喜。预计再过半年或一年，可携雏东归省父。在此心终郁郁，身体、精神两皆困顿。不图旧债关系，相迫而来，今接一信，啼笑全非。因此必须摒当一切，即作行计。[1]小孩之事，暂只有托人矣。一切何从说起。似出意料外，盖亦必

---

[1] "不图旧债关系，相迫而来，今接一信，啼笑全非。因此必须摒当一切，即作行计。"一段。1947年4月，阿垅忽得匿名信警告"你干得好事，当心揭露你的真面目"，知收集军事情报送中共地下党的事已被发觉，乃于5月出走，逃亡重庆。胡风日记中记载："1947.4.29 得守梅信，他仓惶出走了。"

然也。但一时无从与你写信，不免牵挂耳。便时，友人若问，亦望转告。鼓励我！相信我！

此间日前极热，可穿单衣。近几日又骤冷。心情盖亦似之。人欲战胜天，往往为天战胜，何耶？但道德终能使人不败北耳。

一切计划如梦。即作此信，亦有说不出之苦。所说者，皆非也。小孩正睡，一醒矣，递闻啼声。不图有父若此！回想数年前，繁兄遭遇，亦复类我。

言不尽心，匆匆候

安！

弟君龙上
四、二五、蓉

附：胡风1947年5月8日自上海

牧兄：

到了，放下了心。宁兄来玩了三天，前天回去了。他说小刘已在为工作进行中，但愿能成功。先在南京过渡些时，顶好在这里能有机会。困难的是居处，如住处有办法，总可以想办法的。[1]

望镇定，可住就多些时也可以，南京决定了再动身，也可以帮助把《儿女们》弄好了带来。

匆匆 祝

好

谷 顿首
五．八日

---

[1] 阿垅离开成都后到了重庆，胡风去信望他"镇定"。"小刘"即化铁，正在为阿垅在南京中央气象局找工作。

166. 阿垅 1947 年 5 月 11 日自重庆[1]

小谷先生：

回家大概在十六七日。回来时再到上海。可以有两天时间。

在宁兄处，看到木君底。索性不理，这些伪善者！没有看，但是已经讨厌。无论如何，你不是孤独的。这次，使我很不高兴地想起了易卜生底那句话来：真理属于少数人。——不过我是在痛苦中才如此想的。

自己，弄得安徒生一样寝食不安。上星期六知道了一切。只有走开。否则，一切都不是办法。走又难。

还在弄。不管旁人如何，尽其在我，也是为了别人。

祝好！最好不要生气，使自己吃亏。

门

五月十一日

167. 阿垅 1947 年 5 月 11 日自重庆

小谷先生：

信和汇款都收到。但前接到成都信，说你又汇了十四万，是不是重汇了呢？要买的药，我带来，不必汇款了。

这次我回来，想到南京和杭州一转。可能时，想把母亲葬了。所以，最多想留半年。我实在是想到那边去干我底本行，这样是生活不下去了。而且，暂时的工作，也希望在上海，因为南京熟人过多，而多半是可厌之物，不想再亲近的。自然，上海住处是麻烦的。

---

[1] 此信为阿垅离开成都后到重庆接胡风 5 月 7 日来信后的复信。

我就要动身了。因为生活，尤其是情势，使我这样。[1]

你们底住处在什么地方？挨近哪一条比较有名的路？最好能就给我寄一本上海指南或地图，我可以容易来找你们。我想一到，就到你那里来一次。[2]

祝安！

牧

五月十一日

168. 阿垅 1947 年 6 月 16 日自杭州

小谷先生：

这些日子处理了一些私事——其实却是无事可作。看了暂厝的母亲，也看了乱离十年所剩下来的朋友。烦闷的午后，还冒着疾风飘雨，独泛了西湖。变动的是人，不是河山，而且变动得如此大。抗战试炼了人，迫使过去的小人，拖尾巴而现狗身，如同把建国大纲读做了建国大"网"的王五权汉奸。但也有老骨如钢、孤心似丹的同盟会时代的勇者，我底老友之一，周人侠——现在他是死了，看不见胜利——其实又何必看见？感慨得很！许多时候，许多感慨集来，把自己逼缩得很小；而有许多时候，又相反，把自己膨胀了。

我底老人，你明白这性格，他欢喜拆阅儿女们底私信。所以，免得被弄乱或遗失，成都稿寄到，暂勿转来。又，写信时用普通信封较好，因为他好像对于朴素些的样式不感兴趣。

有几首旧词，抄给你。

祝安！

---

[1] 阿垅到重庆后不久，以国民党中央军校教育长关麟征署名之通缉令亦到重庆，他只得立即动身东下回杭州、南京。

[2] 胡风日记中记载："1947.5.27 守梅来。""1947.6.3 守梅返南京。"

屠先生安!

龙

六月十六日

附：胡风1947年6月18日自上海

龙兄：

要紧的是能够休息一下，能有可谈谈的老朋友，那是好的。

两处尚无消息[1]，一两天再催。上次转告友人的话，他听了似乎高兴，并嘱以后有同类的话还想听到[2]云。这也可以作为找职业的参考。

我想到南京去几天，又苦于这里总弄不好头绪[3]。看这几天的情形如何。

匆匆　祝

好

谷　顿首

六．十八日

这里有人说声兄自说有肺病，故不得出院，但我想是不确的。[4]

附：胡风1947年6月30日自上海

龙兄：

二十一日早坐车到南京，二十八日夜回来。剧，没有失败，但也没有成功。演员努了力，但导演不成，王品群根本不是那回事，因而其余的人物也只能表现出片断。工作真难，但他们肯做，而且做到了这样，在他们已经算了不起。[5]

---

[1]　"两处无消息"，即指胡替我找职业。——阿垅1955年交信时原注（后作"阿垅原注"）。

[2]　"转告友人的话"，指国民党鲁南作战计划交廖梦醒同志；"还想听到"，是继续要资料。——阿垅原注

[3]　胡要到南京看路翎剧本《云雀》的演出。——阿垅原注

[4]　传说方然被特务逮捕。——阿垅原注

[5]　胡风到南京观看路翎话剧《云雀》的演出。"王品群"为剧中人物。

走了走，精神似乎好一些，但接着又是杂事。

凡兄等来信，都担心你[1]。我祝你能沉着下来。虽然艰难，我们一定要同时间一同前进的。杭州不好，来这里住罢。我们这里有些拘束，植芳处也可以住的。他们有两间房，过些时还可以多有一间。

两处[2]尚无回信，明天再找他们。稿寄来了两包，已找贾兄代取。

寄上卅五万元，是宁兄嘱转寄的。信稿都收到。

握手，握手！

谷　顿首

六．卅日

169. 阿垅 1947 年 7 月 7 日自杭州

谷先生：

担心屠先生尤其是你底健康！

我个把星期总得去京。托我买什么，先来信。

在这样的时期，把我底事也拖在里面，实在不安。不要紧，我可以抵挡一阵生活；而且工作，我也不焦急，因为总可以设法的。感激而且不安。请不要为我急，实在不愿意在这个时候还给你们在精神上有这种负担。又，款，不必寄，一定不寄吧。你们那样，尤其现在，于我是不安的。假使我需要时，我自己就会向你说的，会一个兄弟地要求的。现在真不需要多的钱了。

章那里，我想直接寄一点，为了换取一点零用之类。这样，就足够了的。

望平静心气！健好！

龙

七月七日

---

[1] "凡兄"即绿原（周遂凡），担心我被特务迫害逃回杭州后的情况。——阿垅原注
[2] "两处"，指为我找职业。——阿垅原注

附：胡风1947年7月7日自上海

守梅兄：

无论如何，要能沉着才好。看在成都时的工作情形，应该能沉着的。人总有过去，由过去走来，但既然走了来，过去就能够成为过去的。我所能说的只能如此。有一个办法，就是沉进工作里面。一些遭遇所引起的东西，不要去深入它，像《回家》似的。这里面就有着差之毫厘的问题，不加控制，就会湮没进去的。[1]

俞老板[2]支来了二十万。十日或十一日，一共寄上一百万（托人由银行寄），注意不要［被］别人收去了。我劝你在山里找一个地方，找朋友介绍，或找庙里，住他两个月，做一件具体的工作，如改写《南京》，也当作休息或避暑。这时候，发表零碎文章怕不易了。世界在沉着地进行，我们也得沉着才行的。一年多，我自己就吃了不沉着的大亏，浪费了生命，现在都还无法控制住自己。再说一句，不要抒［发］由自己的遭遇所引起的情绪，等它变形成了客观对象的东西以后，再去写它，再去转化成自己的东西，那时候，性质将完全不同了。如果能把湖山当作解放自己的自然环境，就更好了。[3]

我的事，只有沉着地对付它。我看，总可以对付的。

还有，旧诗不能写，那会使人沉下去的。

匆匆　祝

好

谷

七.七夜

---

[1] 我回杭后，心情坏，写了一些消沉的东西，如《回家》、旧诗等。——阿垅原注

[2] "俞老板"即海燕书店经理俞鸿模。——阿垅原注

[3] 胡风除在前段劝告阿垅摆脱消沉情绪外，这里进一步在写作上建议他，对于个人遭遇所引起的痛苦情绪，要"等它变形成了客观对象的东西以后，再去写它，再去转化成自己的东西，那时候，性质将完全不同了"。这个观点是胡风文艺思想的一个重要内容。

附：胡风 1947 年 7 月 10 日自上海

龙兄：

信收到。前转寄数信，收到否？

钱，早几天找了人，今、明一定可以寄出。《诗丛》不能排，《儿女们》非另想办法就不可能，所以，现在可以不必急了。这钱，希望你不作它作，专用作安定这两个月的生活，找一个可以休息可以工作的地方，不要住在家里。一切要自己控制，否则不好的。

我们没有什么，不必担心。[1]

匆匆　祝

好

谷

七.十日

遂凡处又寄了一点。

170. 阿垅 1947 年 7 月 13 日自杭州

谷先生：

两信及附信均收到。今日收到大陆银行汇款。

但这里很不容易找到避暑住处，同时需用亦浩大。故此款只得作为我底义务之一，支持这个家，使他们做生活打算。这样，以后我可自由得多。尤其，目前在家住，可以不以坐食者的姿态自感窘促，精神上多少亦较安定。

有一个小房，一星期内房客（不取费用的）搬后，我可独住，有个小天地，打算休养和开始做点什么。这房客情形，和你们以前的，状况

---

[1] "没有什么"，我担心他在上海是否安全。——阿垅原注

颇相类。

一切多谢！一切请放心！我将如嘱自勉。

就想到南京去。前说有事相嘱，请就来信告我，得信后拟即动身。

唯一无法的，是无书可看。

请放心，我将注意身体和精神底平静！

祝好！

夫人安！

龙上

七月十三日

柏寒^[1]兄住安庆何处？请告。

附：胡风 1947 年 7 月 14 日自上海

龙兄：

十三日信收到。早上发了一信的。钱瑛^[2]小姐住安庆善公祠一号。

去京玩玩也好。进行一下职业看看^[3]。没有什么托买的。有暇，多和旧友谈谈天，好知道一点国家大事^[4]。

匆匆　祝

吉

谷　顿首

七．十四夜

我们如常，勿念。

---

[1] "柏寒"即方然，详见第 135 页注 [2]。

[2] "钱瑛"为方然妻，此处答复阿垅上信所问方然地址。后信亦以钱瑛指方然。

[3] "进行一下职业"，指我到南京找中央气象局的工作，当时我在杭州无法生活。——阿垅原注

[4] "国家大事"，指军事情况和资料等。——阿垅原注

171. 阿垅 1947 年 7 月 16 日自杭州

小谷先生：

接到十四日信和附来照片。前日接汇款，即复一信，想可到。第一次三十五万，也收到的。

我是在等你底信，想就去南京。

近日想安定下来。那匹伊索寓言中的骆驼，还挨在这里，说是五月搬家不利云。我只想有一个小天地就好。别的适当的屋子也在找。否则，一切无从开始。但我总要冲过去。唯一无可消遣者，无书可读而已。西湖，走走也得买路钱；尤其人疲倦，到了湖上，也就没有兴趣，非复当年，不如想象了。想再弄点谈诗的——这次真毫无参考资料，又无从下笔。想找沙鸥和陈敬容底诗看，这里也没有。或许，去旧书店去弄些什么。不要紧的，即使沉闷。

祝好！

夫人安！

龙

七月十六日

172. 阿垅 1947 年 7 月 21 日自杭州

小谷先生：

接到信。一二天内我就去京了。希望有所获而归。我底职业在这样广泛地找求，看是命运如何。

热极。天气不好，和屠先生多当心一点身体要紧。

已接到藩兄到家的信。

钱，我总以最好的用法用，也求其心安。

房子还没有让出来，好像鱼在水里不肯跑出来。

那么，前次在你处抄好的两篇零散的论诗的，是不是可以转交北汜[1]？人离川后，我想只有广告作用了，应该不会有问题吧？

这一篇，交章和交刘[2]都可。不过章那里我还有。这篇用后最好要他们把原稿交你，因为没有错字，标点齐整，可以补入集中。这还是过去准备了材料，挥汗定心弄好的。别的，只有关于泰戈尔的半篇——材料还人了，看能不能够弄。

力兄[3]也好吧？

祝健！

龙

七月廿一日

173. 阿垅 1947 年 7 月 26 日自南京

小谷先生：

庄兄[4]来了。这里的情形，可以从他知道的。

宁兄底机关要撤销。但是据估计，多少可以有一点钱。因此，他打算休息一个时间，这对他倒是好的事。

今天，到医院去看 X 光透视报告，说肺是完全好的。这使我高兴，我还没有失去做事的唯一的资本。只是吐血等现象却得不到解释了。医生要我少做事，多休息，吃鱼肝油，戒烟之类。以后，打算就开始弄牙齿了。

却想起了小刘来。他，更应该更需要健康的，一个年青而有希望的人！

北平，瑀来信，说诗联又出了第二次，稿全用了。得到支持和批

---

[1] "北汜" 即刘北汜（1917—1995），作家、编辑。曾在《希望》上发表小说一篇。

[2] "交章和交刘" 即交章靳以和交刘北汜。

[3] "力兄" 即贾植芳（杨力），详见第 22 页注 [1]。

[4] "庄兄" 疑指庄涌，此时在上海。

评，他们很重视。出了，要寄一点给我的，我可以拿来。如果还有文章，如果他们续出，我想，还是需要支持的。

告诉我，却不是我底。而泰戈尔，错字又多，最好能够取回原稿。

关于文章，很久以来才完成了第一节，关于主观的。第二节成两千字，关于个性解放一类，还没有结束。计划共五节：第三节关于小市民；第四节具体作品——以《王老太婆》和《大斗》[1]为例；第五节综合论点。又烦又热，进行得断断续续地。

祝好！

夫人安！

龙

七月廿六日

174. 阿垅 1947 年 8 月 9 日自南京（？）[2]

小谷先生：

这样给我物质上的帮助，受而不安，尤其，精神上的支持，我是如此感激！在心情再蹶再起之间，我是真诚地惭愧过，奋发过，然而又自知无望似的。例如这样说，最近，我底胡子忽然发现有银白者七八根了。有的时候自然极不愿溃败，有的时候却又平静地祈求早点溃败。因此，你底支持所引起的，并非我素有的平常的觇觎，还有这么一种要被逼上好路去而走不动的痛苦——这痛苦也正是感激之一。

我试炼我自己。难道我竟要使爱我的人绝望？

有的时候能够冷，冷倒可以使我立住。但是在我，心很难冷。

放心我！

---

[1] “《王老太婆》和《大斗》”即路翎小说《王老太婆和她的小猪》和《罗大斗底一生》。

[2] 这一阶段，阿垅有时住南京，有时住杭州，发信地点不能确定，故在后面加“（？）”。以下几封亦如此。

祝好!

夫人安!

龙

八月九日

175. 阿垅 1947 年 8 月 9 日自南京（？）

小谷先生：

这些日子，是一些说不出的日子。但是我得横渡过去。

关于宁底小说的，初稿完成后给他看，现在在改。既牵涉了一些问题，又需要展开原则，相当重。而且由于我自己底地步，进行得很慢。今天就懒在家里弄一点。完成后也将请你看的。

寄上两文，请你看看。前次寄回的校样，想已收到？那张附页，如果那后面排不下，或者还没有排，是否排在这内容后更合适些？

也弄了几则杂文，刺他们一下。

刘见了。看样子，身体并无改变。但那现象总是不好的。

听宁说，朱以为我是为了"钱"才弄得现在这样。这是天晓得的的事。不过为了几千万，我就卖了这二十年来都坚持不卖而陷入窘况中也感到纯洁的东西么？人了解人难，而对自己又总可以宽恕——我决不宽恕自己的。

天热极。好么？怀念!

祝好!

龙

八月九日

176. 阿垅 1947 年 8 月 10 日自杭州

小谷先生：

抄来这一些。

情绪还不宜，尤其为了不集中。

握手！

梅

十日夜

177. 阿垅 1947 年 8 月 11 日自杭州

小谷先生：

我想加以一个附记，为了某些人们。本来，如果可以找到材料，很想直接讨论艾略忒和奥登底诗。那么，他们底祖坟在这一方面就被挖掉了。如果加个附记，是不是也可以有点用处呢？我希望有用。

祝好！

龙

八月十一日

178. 阿垅 1947 年 8 月 14 日自杭州

小谷先生：

写了三篇。（略）

章那里，不必给了。我还有若干在他那里。似乎他不高兴用了，虽

然那些是没有什么的和柔软的。似乎为了《乐观》[1]，为了几封信中的几句话，他不高兴了。这也没有什么。我只是奇怪：既然不同意《乐观》，为什么又发表了《乐观》呢？他有权不用——自然，他也应该有权不高兴。我也不高兴这种没有原则。一有反响，他就变了。假使真在战壕里，那边一有流弹飞过来，就改变什么，这样的人是使我这样的兵痛苦的。

在《乐观》，仅仅在乐观这一角度，触了臧[2]一下。最近又看到洁泯在《诗创造》上的反对了。也没有什么。我打算索性大打臧一下。为此花了冤钱买了他底《我的诗生活》，长诗《古树的花朵》，最近的集子《生命的0度》来看。还有两本，这里买不出，长诗《感情的野马》和《十年诗选》。（略）

姚[3]，始终使我愤愤。但是，最好的打击，应该是分析他底作品，如同过去的东西似的。（略）

天，要怎么呢？

一切你看看决定吧。

但是似乎给他做反广告似的。

除掉《大公报》，假使刊在别处，请要他们为我留一张单页。我最近不留底稿的，而为了打架，自己得要一份。

请安心，不要为我牵心。

祝好！

夫人安！

龙

八月十四日

学校方面去了信，却没有回信。

---

[1]《乐观》即阿垅诗论《乐观主义片论》。
[2] "臧"指臧克家（1905—2004），曾用名臧瑗望，笔名孙荃、何嘉，诗人、作家、编辑。
[3] "姚"指姚雪垠，详见第79页注[1]。

179. 阿垅 1947 年 8 月 14 日自杭州

小谷先生：

信和抒情收到。

是的，"态度"是也在考虑中，但是，却难免不由于反感之故，而有所刺激。我想［有］意识地减少，怕不意识地要流露的吧。

问题底中心是关于小说。但是牵连的东西却必须提到，因此触到了几个问题。看起来倒是理论底多了，这样。但是是围绕着小说的。还在改写中，已经弄到第四节。已经弄好的，大概已到三万字，笨重和吃力。整个弄好时，大概会在四五万之间。因此，一个顾虑是：小容□的东西，怕要装不下了。无论如何，弄好时得请你看看，决定是否删削以及弄到哪里。

想来一次，而不可能有时间。

稿费之类，可以不必寄了，或者买书，或者给罗，或者做别的。因为肺已无病，不过吃鱼肝油，而牙齿，这里也够弄了的。

诗联尚未见。

想弄好这个时，再弄弄什么。否则，这个活法更是无法的了。

祝好！

龙

八月十四日

180. 阿垅 1947 年 8 月 17 日自杭州

小谷先生：

接到信。

两个附记，前一个，似乎附在《形式》后，或者《内容又论》后都可以。为了方便，可以放在后边。后一个，放在《传统》后就是。因为，本想找艾略式、奥登等的东西来看，打一下，掘出某些人底祖坟，

在作工上有必要。但是到今天还没有什么材料，那么，一个附记放在后面，也多少可以使人清醒些吧。

为了募捐，和在重庆时曾认识的一个人见了面，辩论起来。这类半官人士，就如此胡涂和坚硬。为了房子，周底侄子来，他是小孩子，似乎也受了影响。这就是说：他们，至少应该向对于人的效果和他们自己底"良心"负责。其次，可见流弊和流毒是相当大，也相当坏的。

诗联见了。我看，大概由于人多之故，风格上的一致怕不容易了。但是继续帮助，是更是必要的了。我自己还未接到信。

遭遇和心境都无从说。不管了。

祝好！

牧
八月十七日

附：胡风1947年8月18日自上海

龙兄：

信和稿都收到。我这里随时都逃不掉混乱，连一段写信的安静都难得有。植芳说有一个可教数理的中学，他直接和你谈。只要可勉强应付，应该果敢地答应下来，好渡过这毫无办法的艰难时期。

章，不必说他。应该求其在我的求其在我。

文章，三千字以上的无法发表。太尖锐（特别是涉及具体的对象的），无法发表。抒情的，又怕进步读者不满。顶好是光说空空的进步话！关于姚，可再修改一下。他是心慌而又无赖的，不能给读者一点印象，他虽然不好，但还是由于原则上的问题错了而已。此文可抄三份，寄一份成都，这里转寄一份北平，上海似少可能发表。

好

风
八·十八夜

181. 阿垅 1947 年 8 月 20 日自杭州

小谷先生：

这几天我又写成了三个短论，和改写了一个。

我是在这样一种心情中工作。苦痛足够毁败我，而我也向自己挣扎。一点成绩不足以证明我底胜利；仅仅说，我在工作。工作是可以救我的，我相信；而痛苦也应该取着一种方式提出。这里强的东西正是危险的东西。这是我何以要工作，在工作。

这里，也正有从你们射来的光明。

在这样的情形下面，我要求一种不断的工作。但是，这是一种忽起忽落的波涛。我能够在一个完成之时接着开始一个，但是却不能够支持一个连续而较大的东西。曾经想以国民底惰性为主题写一个东西，自己却吓住自己了。

这四篇，假使能够一次地发表，我想用《诗人人格底完成》的总题。

不过《自我片论》，是我感到如此罢了。自己也不能够感到这是不健康的。请你多看看，我怕有问题。

这样一来，这样下去，将来出书要更笨重了。而我又以为：总的一部，比零散的几篇，看起来的效果一定要不同的。

南京可有一个工作，自己有时间。安徽想不去了。这里也有希望。我在两者之间。［南京］熟人多，难；而这里，又使我感触而郁闷。或者我会舍弃这里的安静而甘愿走到不安。那里有宁和馨。

祝安！

龙

八月二十日

182. 阿垅 1947 年 8 月 22 日自杭州

小谷先生:

姚,改写好了。成都一份,直寄。这里两份。

我没能力教数理。我高小还读不到一半呢。但是,不要紧,馨已给我暂时找到了一个,打算二十五日左右去。安徽,前日来信,软软地挡驾,好在原来不想去的。

祝好!

龙

八月廿二日

附:胡风 1947 年 8 月 23 日自上海

守梅兄:

两次稿均收到。一次发表,绝无可能。《自我》[1],看了一次,觉得很好。那用数字的比喻,可以代替很多用语的说明。有三则,今天托人带出去了,《大公报》和那个小报,没有提到具体的人,也许可以用的。

有了职业[2],那就好。我希望,肉体埋葬了的人在精神[上]也要葬下也好。不是丢掉或忘掉,而是让那变形(升华),这才是在新的生命里更高贵的活起来,活下去,犹如肉体要变作新生命的养料一样。结果似乎是忘掉了,但那比记着要结合得深得多。一粒胚胎,不是记着它过去开花结果的生命,而是让它埋在泥土里,使它"消灭"。人得用意志来运转自己的。[3]

好

风

八.廿三夜

---

[1] 《自我》,即我的论文《自我片论》。——阿垅原注
[2] "有了职业",指我在中央气象局找到工作。——阿垅原注
[3] 此处,胡风告诫阿垅不要沉溺在怀念之中,而要使怀念升华。

183. 阿垅 1947 年 8 月 25 日自杭州

小谷先生：

我明日赴京[1]。感激你，以及朋友们底关心和指示。其实，自己也在竭力挣扎的，不过疽生在肉上，难就难在移去。

这样的小传，可以否？有些觍觍的。

论姚的，收到否？

祝好！

夫人安！

龙

廿五日下午

那个小报，刊出时，请他们为我剪留一份，以后寄京馨兄处转。

184. 阿垅 1947 年 8 月 31 日自南京

小谷先生：

昨天到周那里去玩了。又听了一些笑话。其中说到刘现在十分困难，尤其有被姓魏的卖弄的话。我说这不一定吧。他说，希望就全在这个上面。我不知道玩的什么。你想，刘是傻瓜蛋么。

这里，晚上到豁蒙楼茶座。玄武湖全被荷叶塞满了。万家灯火珠子似的，而霓虹灯又像其中的宝石。美和丑，一切不相干。天极热，但是宿舍很风凉，能够睡得好。也肉体地需要休息了。

今天星期，想到徐处玩。

---

[1] 1947 年 8 月，阿垅化名陈君龙，入南京中央气象局任资料室代理主任。

祝好！

龙

八月卅一日

附：胡风 1947 年 8 月 31 日自上海

守梅兄：

　　《修养》一篇，编辑先生把陈敬容的名字勾掉了。他们就是这样伟大的。只《自我》的原稿拿了回来。[1]稿费尚未交来。

　　现在，倒是弄厚些反更为书店所欢迎。因为，读者欢迎厚的，看来成了"体系"的东西，他们想一下子得到一门总的学问似的。就"混水摸鱼"，索性弄厚些罢。书店要大的书名，那就叫做《诗学》或《现代诗学》，也未始不可以。有人提议叫《阿垅诗论》呢。再添写一些。我想，序论的《箭头》以外，各部分还可以有添的。有的，"态度"和"政治内容"可以扩充些，前者还有应该说到的，后者要和公式主义拼一下。作品论和诗人论，要选出代表性的东西，肯定的或否定的，最后可以有一篇表现这个时代的各种精神性格（肯定的与否定的）的分析。那么，这一本可以成为一个反攻了。[2]

　　朱光潜、朱自清、李广田、穆木天的一本诗歌作法，艾青等要看一看，把他们的问题找出来。他们是有了影响的。[3]

　　前天知道，上次告诉他们的话似乎使他们得了大利[4]。希望继续得到，云。那么，经常留意罢。

　　好

风

八．卅一夜

---

[1] 指我的论文《修养片论》和《自我片论》。——阿垅原注

[2] 此处指我的论文集《诗与现实》，当时东西少，也未出版成功。——阿垅原注。此书后于 1950 年由五十年代出版社出版，共 3 卷。

[3] 此处指我打算写的计划。——阿垅原注

[4] "得了大利"，即指廖梦醒同志取去的鲁南作战的军事资料（国民党军队的），使我方在战争中得了胜仗。——阿垅原注

185. 阿垅 1947 年 9 月 3 日自南京

小谷先生：

信和转信都收到。

勾掉陈敬容底名字，是可恶的。原来，他由贾兄转一信，问我对她和沙鸥意见如何，似乎出题目作文似的。想不到稍一提到，又胆战心惊了，这样怕得罪人。

论诗的，除集好的约十五六万，最近的大概又近二万了。决定照你底提示，也是你底激励做。但目前为难在：初上手这里的工作，有些烦忙和摸不清。其次，一点书也没有。

朱光潜底诗论，在川时细看过，觉得和汪静之[1]差不多。李广田底，也在那个时候翻了一翻，立刻，就疲倦和讨厌。穆木天底，没有见到过。艾青底，有好的，但我感到里面很有不真实处、炫学处和矛盾处。决定再搜集起来，好好看一下。

关于人，我也原想肯定和否定。例如，马和周。在家时想找臧克家来看，现在还需要找几册。但弄他是也疲倦的。沙鸥，在《大众化》和《语言》中展开了一些。战前的，是不是也得弄？否则，人不多的。战前那些，我以为影响少了，而且书更不容易找到。假使你已有所感，把人告我，让我准备和思索一下，看是如何。何其芳，是否也可打击一下？

公式主义，需要例子。态度，我再想想。关于政治，实在应该深一点弄一下的。

最难是一般精神倾向的分析。我不敢过于相信自己底能力。

一切我慢慢弄，尽力弄。

又，既然对他们有好处，我应该起劲些。会留意。假使必要就自己跑来一次[2]。那么，上次说到的魏，他那四万，极靠不住。据说，廉价出卖了云。生意总是如此做的。

---

[1]　"汪静之"（1902—1996），原名汪安，字静之，笔名书呆子、苦蜜，湖畔诗人之一。

[2]　此段是针对胡风 8 月 31 日来信中最后一段而言。

我底话，一切可作参考用。要考虑一下。

祝好！

门

九月三日夜

186. 阿垅 1947 年 9 月 8 日自南京

小谷先生：

星期天恰巧到黄君处，款收到了，谢谢。这样，钱以后不再会有穷窘了，可以不管了。

关于诗和人，我这样打算，写《旗》和《醒来》和《预言》。《旗》单稿才完成，冗长了，因为引的诗句过多，又似乎必要。以后你看吧。我不敢太信任自己底能力。对于庄严的，敬爱的，我总会这样胆怯似的。别的，"七丛"[1]中，周和陈谈过人。青和间有人说过，不再弄了。这是肯定的一面。反面的，想弄臧。

又，关于总结，我想用北方和南方相对照。里面，南方又分成肯定的和否定的。如此想，可以否？

祝好！

夫人安！

龙

九月八日

附：胡风 1947 年 9 月 9 日自上海

龙兄：

前后信收到。

———————————————

[1] "七丛" 即《七月文丛》、《七月诗丛》。

　　飞碟[1]出来后，好像颇热闹，甚至有人说，这还算客气的云。不知道这以前他们到哪里去了？发表了两节后，他亲自拜谒编者，问编者的意见，完后又去一短信，要编者对《×与×》说一句公道话，后面一节，另纸抄上。他的信，大概是要发表的，我叫编者压几天。他也许碰昏了，只想捞回一点面子，但也许有人鼓动他再跳一跳。别的无碍，只《重庆自白》，我不清楚，不知你记得牢是什么一回事否？要准备，这次要把这个小毒瘤弄破，了一件事。

　　钱，还有几笔尚未送来。刊《语言》那里，特别高，别处没有的。

　　关于人与诗，上次提出的那些书，并非希望你以他们为对象弄专文，而是从那些找出问题。在问题里面附论他，如过去那样。至于人，可弄的弄弄，不必急，而且，编的时候再看收入不收入，或收入什么。总之，现在求一大的气势，就得放下不必急的小区别。

　　得北平朱谷怀[2]信，内中有一段，另纸抄下。我觉得他说得很好。这情形，到《天堂的地板》[3]就更甚了。我看，朱与周[4]，行文都有聊以快意的成分，一种好像矫饰的成分，这会产生很大的害处。对自己，我们要求庄严，对战略，非有聚中的目标不可。像你的札海斯、夜壶，等等，都是玩弄敌人的东西。对热情，对憎恨，我们决不能偶存骄纵之心的。一骄纵，它们就变质了。一开始，我提议《呼吸》要弄小些，就是担心这些，现在的《地板》，更是乌合之众，现在出了轻敌之至的气概，完全忘记我们是在"群众"之中了。现在是，无论在哪里，无论是什么东西，只要参有我们朋友的名字在内，人家就决不当作随喜的顽皮看，事实上也确实不是顽皮的意义而已的。什么派，今天，一方面成了一些人极大的威胁，另一方面，成了许多好感者的注意中心。两方面都是神经尖锐的，我们非严肃地尊重战略的要求不可，否则，现在蒙着什么派的那个大的要求就不能取胜的。

---

[1]　"飞碟"，指阿垅批评姚雪垠的文章《从飞碟到姚雪垠的歇斯底里》（发表于《时代日报》）。

[2]　"朱谷怀"（1922—1992），原名朱振生。1942年结识胡风，并与米军共同出资创建南天出版社，出版胡风主编的《七月诗丛》和《七月文丛》。1955年被定为"胡风集团骨干分子"，1980年平反。

[3]　《天堂的地板》为绿原的诗。

[4]　"朱与周"，即方然（朱声）和绿原（周遂凡）。

朱信，你们看后可转给朱和周看看。巧的是，今天逯[1]来，也提到了差不多同样的问题。

匆匆　祝

好

谷　顿首

九.九夜

汸兄信收到，没有具体的事，不另写信了。

187. 阿垅 1947 年 9 月 11 日自南京

小谷先生：

接到信和附页。

关于诗论，就这样做起来。现在已经弄成了《醒来》、《旗》和《预言》。才又开始弄《初来的》。

朱底话，我很感谢，和羞愧。对你也如此。相信我！我是怀着一种悲愤弄的，决不是意识地避去严肃。渴求一击是有的。那么，教育我！我不想到客观上却会如此。

附信，请转朱。

我也将抄转朱和周。

（略）

能不能找一找重庆的报呢？发表出来就好！然而人们就是如此健忘！看他如何吧！

最后，重复说，相信我！教育我！

---

[1] "逯"即逯登泰，时为复旦大学新闻系学生。后用笔名"野萤"在欧阳庄、化铁所编地下进步文艺刊物《蚂蚁小辑》上发表作品。

祝好!

龙

九月十一日

附：胡风 1947 年 9 月 13 日自上海

龙兄：

关于《呼吸》的话，我只是以为大致似如此，因为《呼吸》我没有详看。刘、徐当可以有参证的意见的。严肃，我还有不相信的？但多少年来，我总感到战略的要求和战斗配合，总不为大家所在意，总脱不了一种恃才的文学青年的气氛似的，这在朱、周方面特别明显。

那封信，今天发表了。原说发表前再商量一下的，但那位编者马虎得很，就这样发表了。但也不要紧。现在顶好能找到你所见到的那篇小文。可能是《新蜀报》。有三个地方可找：中央社、中央图书馆、中大图书馆。这里可托逯在复旦图书馆找找，另外，无可找之处，也无可托之人。其余的，没有关系，可以使读者懂的。但那小文能找到最好，因为，我们是向落后的读者和中庸的文坛说话的。有了那小文，重庆还有许多事都可以抓出来的。

匆匆　祝

好

谷　顿首

九．十三晨

188. 阿垅 1947 年 9 月 14 日自南京

小谷先生：

接到信。

我已去函成都，请罗和林找。找到了，一定要再打一下。这里，也

去找找看。又，我那篇，没底稿。又，他底信，请一齐剪寄我一份。我可准备反击。

关于朱底信，基本上我认为对的。（略）。已写信给罗他们，以后希望建设地，免去这些。

钱瑛来信，问我这里可找工作否，不安得很。现在我虽有职，才知道其中困难，原来想是不致九牛二虎的。所以，对他，毫无办法，束手而已。假如我，倒是随波而去好。自然，他身体不行。

东西已分抄寄朱和周。

又，管兄[1]怕又落难了，沦陷了。他那里，没有信来。

周好久没有信了。

祝好！

龙

九月十四日

附：胡风1947年9月16日自上海

龙兄：

正文，这里一份剪寄了北平（原稿寄失了），顾君近来忙于结婚，过两天去找。信剪下附上。今天遇编者，云已收得十二件来稿，都是骂他的。决定日内通看一看，选一篇或两篇登出，告一结束，再打他一棍，同时不要他再麻烦。我想，我们这边也不必老实到正面答复他了。你写一信给编者，顶多千把字，对"不必重复"的恋爱事件（这事是有人证的）冷嘲几句，对自白及出版处、住处等，说他地位站得好，时期选得好，晓得文化版不宜于解释，他的要求是出于杀机，那就对不起，暂时只好让他的杀机落空了。简单地这么一封信（措词你们商定，像包着橡皮的钢鞭子），同时刊出，就可以了了。不必对他多费精力了，虽然信里也可以叫他把毒

---

[1]　"管兄"即指舒芜（方管），详见第133页注［1］。舒芜此时正在老家安徽桐城，那里国共两边形成拉锯形势。

囊吐掉。否则，说不定还要剥一剥他的。即写来，这里也再斟酌一下。[1]

我觉得，对成都流氓和企香，未必是朱信所指的。

管兄如仅仅在陶醉中突然被陷，那还没有什么，但我很担心，因为以自己的书赠故人，加上结婚，闹开了，被陷前遭到了什么，那就颇可虑。[2]

钱事，这里也无办法。

匆匆　祝

好

谷

九．十六夜

189. 阿垅 1947 年 9 月 20 日自南京

小谷先生：

文写了，稍长了一点，看可用否？

成都已去找。还是想找到。

这里，已托明英找。中央图书馆报库未整理，中大在油漆，暂时又碰了两个钉子。

记得，他在成都发表时，似乎也用这类题目。你那剪页如在，请查一下。假使我记得不错，就如此用；假使大同小异，把那题目写入；假使错了，把"又例如……颇为生气"一段删去。或者那是副标题？

诗论写成四篇。本来想再看看，却不行。一二日内寄来。

这些日子，又这么无端牵念你们底健康。我在感冒。

管兄赠书事，这里都不知道。弄得更怀念了。

---

[1] 前后几封来往信件，主要谈的都是对姚雪垠的批评和反批评。"顾君"即顾征南（1925—　），文艺工作者。此时在中共地下党直接领导下的《时代日报》当记者。1955 年受"胡风案"牵连被打成"胡风分子"，1980 年获平反。

[2] 对舒芜的境况，胡风担心在此以前，他可能已遭到国民党的迫害。

祝好！

夫人好！

垅

九月二十日

这些日子，是奇怪的。和朋友谈话，写信，弄得胡涂。一个友人说安庆危险，要出来找事。一个友人又说，西安今天成了真空。

190. 阿垅 1947 年 9 月 23 日自南京

小谷先生：

在宁兄处见信。前接泰兄函，知杨兄夫妇皆病，颇不安。此外又更想念。天时不正，我亦略撄感冒也。[1]

暇便填词，秋意朝夕，何以慰情？尚望珍摄，并惠雁鱼，庶免多念！此候

秋安！

龙上

九月廿三日

附：胡风 1947 年 9 月 23 日自上海

龙兄：

信和论四则都收到了。信，刚才斟酌了一下，日内和另一文同时发出，这个公案算是告一段落，由他着慌去。当然，还可能在别的地方爆

---

[1] "杨兄夫妇皆病"指贾植芳、任敏夫妇被捕一事。"天时不正"，阿垅自己亦"感冒"，又担心胡风的安全，"望珍摄"，并来信。

发的。——这么一来，他的生活关系完全弄清楚了。

论[1]，《初来的》只是一篇书评似的东西，《醒来》弱一点似的。余两篇很好。但写法，我觉得愈少引原作愈好，否则有一种解释的气息，因而力量不浓。当然，这样写法是较吃力的。

管兄，看日内有信否。真可担心。赠书之事，是我猜想的，那在他很可能，而如果真如此，就可能有我所担心的事。如果能随波逐流，那倒是好的。如果一周十天之内再无消息，那就很有可能了。

植兄事[2]，真意外，到今天还毫无头绪。听他说过有一个老师（留日学生训练班时候的？），对他非常好，一直照应他，提携他，名字似乎叫陈卓如（？），曾做过军令部什么厅副厅长，去年曾一度有放上海警备司令的消息。你们打听一下，如打听得出来，由哪一位合适的人去找他，告诉他，请他设法[3]。植兄毫无受此之理由，除了他住的地方他住进之前有几个学生住过，他沿用过他们定的信箱，如此而已。

周处还走动否？[4]飞碟说已在北平刊出，还只收到一份。

匆匆　祝

好

谷　顿首

九．二二夜

二十三日信收到，当作当然的事看好了。走路会跌跤，吃饭会伤食，小孩以外，不会伤心的。

---

[1] "论"即我的《〈我是初来的〉片论》和《〈醒来的时候〉片论》。——阿垅原注

[2] "植兄事"，贾植芳夫妇被捕，胡风正在设法营救他们。——阿垅原注

[3] 贾植芳从日本留学回国后曾在留日学生训练班学习了两三个月，后即被派往前线去做对敌工作。后来，他在西安曾多次利用国民党的关系对向往延安的革命青年给予交通方面和物质方面的帮助。

[4] "周"，我从他处得军事资料。鲁南沂蒙山区的一个作战计划就是从他得来，由胡交给廖梦醒同志的。周后来在四川起义。——阿垅原注

191. 阿垅 1947 年 9 月 25 日自南京

小谷先生：

昨夜赴周处。适彭非远道来，聊设小宴洗尘，我亦作客。座中多熟友，各携眷室。乃询及陈卓如。我在渝时，时间甚久，无此印象。周、彭亦不识。恐姓名有误。过去军令部仅有厅长陈卓，宁波人。处长郑冰如，赣人。均在部多年，与非军事之训练机关似无关系。最好能问明直兄，看是何人，及是否有误。若为上述二人，则友辈中颇有与之交往情感甚密者，或可求助。惟陈似不在，北平警局失败去职后，寓所当另求询也。又，直兄事，亦盼能确知其细，俾可详告彼等，或与友人商及。

近日闷则填词，便录数则于后。心情实密云冻雾，貌则尚似泰然。虽不免伤食，总以保有健康胃纳为是。况寸心所敬，固不愿有何不愉快也。

方无信，亦念。

论四则，此间不如曩居安适，更无力在人乱哄哄之中作事，或多草草矣。但另一面，亦心高手低，力不如愿，亦自省及之，又增苦恼自责之意。总当奋力为文，看后来如何。

祝安！夫人同候！

龙上
九月廿五日

附：胡风 1947 年 9 月 26 日自上海[1]

龙兄：

就是陈卓，他去年做过北平警察局长的。望马上找他恳托，至祷。直兄消息全无，但我担保他毫无此种烟缘，此点可向陈报告。[2] 我疑为

---

[1] 此信黑体字部分为《第三批材料》中的第 1 则摘引。并在"注释"中说明"从这些信里可以看出胡风及其集团分子同国民党特务们的亲密关系"。此信和以下二信都是谈的同一件事。

[2] ……我当时情急，为了向陈亦门打气而"担保"，使他有信心去要求陈卓。实际上，我和国民党处在敌对地位，怎么向不但从未见过面，毫无关系，而且连名字都没有弄清楚的特务头子"担保"呢？——胡风 1974 年狱中交代的材料

寄居他家之小女人（近来彼此闹翻）所为，一则以上信所说学生事，一则以直为文人，如此而已。请陈马上进行（疑在中字处），让他们回来。[1]万一困难，也得先让太太回来。一家庭妇女，留之不放，可笑之至。

谷

九.二六日

附：胡风1947年9月28日自上海[2]

龙兄：

　　直兄太太昨天回来了，有电话来。只是他们房子住过学生的事情，陈来电证明就可以回来云。她当然要直接找人求陈，你们那面，如果关系好，也可催促，我以为愈快愈好，免得梦多。[3]

谷

九.二八夜

附：胡风1947年10月1日自上海[4]

龙兄：

　　信收到。昨天去看了任敏。情形当然毫无严重之处（就是学生的事情）（他们对他很客气），不知能否马上回来。那是中字方面的，她在这里找人托同方面的人。她也不知道陈在什么地方住，不过，她说陈是军字方面的，除非他转找中字方面有力者，否则，反而不好云。如能找到，请本此原则托他。[5]

---

[1] 救贾植芳事，要蔡（指阿垅的旧同事蔡帜甫。——编者注）找陈，原来弄错为"陈卓如"，蔡只认识陈卓。我接前信，说蔡不知"卓如"，只有"陈卓"。——阿垅原注

[2] 黑体字部分为《第三批材料》中的第2则摘引。

[3] ……因为解放军进到长江北岸，南京可能把政治嫌疑被捕者消灭掉，我当时着急，怕"梦多"，就是指这说的。——胡风狱中交代的材料

[4] 此信黑体字部分为《第三批材料》中的第3则摘引。

[5] 陈在重庆时，是伪军令部第三厅厅长。蔡曾在第三厅当参谋，因而想通过他向陈谈。结果，是任敏直接找陈（有旧关系）的。蔡当时不知陈在何处，没有办法。——阿垅原注

今天宁兄说只见《泥土》一本，但我寄了三本，中间且夹有剪报的。管兄如留家，应有消息来了的。

谷

十.一日夜

早上又收到信。能加力使他早回来最好，那种地方不宜久住。

192. 阿垅 1947 年 10 月 3 日自南京

小谷先生：

接到信。昨天大家在一起吃饭，海谈到贾兄事，似乎已找到陈，但不清楚。今天你底信来了，弄清楚了。中午时周来，知道陈焯住南京梅园新村二十九号。说到所托事，他感到困难。现在再去周那里，缠缠他，希望怕不多。蔡还没有出来。只有希望敏兄那里了。

《泥土》，我收到三本，分了两本给宁和陈。是不是你又寄三本给宁？否则，有时请再寄一本，因为馨要。又，有书时，便中把出了的寄给我们。宁那里已有了。

祝好！

龙

十月三日

193. 阿垅 1947 年 10 月 3 日自南京

小谷先生：

下午到周家去。无法了。虽然我知道有人和陈极好，但是为难是在：我

必须先通过我底友人，从他们出发。我自己，却难于直接出面交涉。其次，他们，由于被内部的东西笼罩住了，连头皮也怕被树叶打破似的。我再试试吧，希望不会多，而且，即使找到人，也是不是个中人物而为丘八牌子者。

假使不得已，有了地址，敏兄可自己跑陈家一次，或写一详信。假使认为不妥，而别有方法时，自然不如此为好。

也焦灼。总是这类事，一连串地，实在隐痛。[1]

祝好！

龙

十月三日夜

附：胡风 1947 年 10 月 11 日自上海

守梅兄：

前后信收到。管兄有信来，附上。另一信是《大公报》转来的，寄信者未写地址。

直兄事还无消息，但也不必急。这类事，是日常茶饭，而且我们也实在无能为力。地址已转交任君。

钱，因为想等收齐，也因为屠君更身重，怕走路，所以想一次寄。现在收齐了，寄上。

不知要的书是哪些？《丘》与《小纪》，为省事，曾合寄徐兄转。[2] 还有一本《锻炼》，已寄刘兄分转了。《泥土》原有四本，前日已把剩下一本寄上了。明天寄《作家》一本。《泥土》因为涉及了一个剧作家，大受攻击云。

匆匆　祝

好

谷　顿首

十．十一日

---

[1] 这句指阿垅自己、方然、贾植芳等"一连串地"遇到政治麻烦。

[2] "《丘》与《小纪》"为《丘东平小说集》与胡风的评论集《密云期风习小纪》。"徐兄"即路翎（徐嗣兴）。

194. 阿垅 1947 年 10 月 11 日自南京

小谷先生：

打了一电给管兄试试。蔡二十日前后可回家，这次据说一定了。见他时，我再提杨兄事，通过他，看如何？

罗[1]来信，问纸版寄何处。他以为你处似不好。我想，你告诉他吧。

不要责怪我贪钱，不是的。这里派令还未下，钱拿得不能如期，冷得早，想弄衣服（毛线）而已。不必另外找。假使小报有就好。又，今天接三妹信，前四天跌断腿骨，要住六星期再看。因此，假如有款，请提一部分，交燕老板，向他买点好书，例如"七丛"，给她寄去，就由老板麻烦一下寄燕大张瑀。真焦人。

祝好！

夫人安！

龙

十月十一日夜

195. 阿垅 1947 年 10 月 18 日自南京（？）

小谷先生：

款和《中国作家》收到已经几天了，收到的，请勿念。

因为我踌躇着。但是，但是我是永远以你作这样一个师长的：不单是艺术的师长，也是战斗的和灵魂的师长。同时，使友人们在我背后为我不安，也感到不好。因此，想还是说了吧。或许可以消解的。

---

[1] "罗"即罗洛（1927—1998），原名罗泽浦，诗人、编辑。1955 年 5 月受"胡风案"牵连被捕，1956 年 11 月被释，1958 年被送往青海。1979 年平反后回到上海在上海中国大百科全书出版社工作，后任中国作协上海分会党委书记。

对大的东西，我底跋涉而来，是逐渐地从生活世界涓滴地、辛苦地得到认识的。得到了，我将永不失去，以生命作为忠贞不拔的誓言。不问本身更将遭遇何种打击。[1]

因此，在友谊和工作，出发和归结也在这一点。自然，近来情绪被扰动，疲乏，有了影响。但是，工作和思想这一堡垒，是仍旧在情感底迂回中坚存的。这，可以以这一时期我仍然写着正面的东西作证。关于友情，这几年来，人愈弄愈少了。这是，他们对我好，甚至有极关切的，不过由于在生活上的我底反抗，我不能够要，他们也被我底抵抗伤害了似的。

在我，这两年，最主要的是陷入了感情的池坑。这是我唯一的弱点，其他，什么都不能够击败我的，自己感到这无声的坚强。对瑞，我有稍稍不同的看法，两年的共同生活使我理解她。她本来就是一个不幸的人，得到了我，最终还是走到死路，在她是苦的，在我是愤激而难忘的。她在给我的信中说："我完成你。"她在给妈妈的信中，让两个妹妹以她底死作为她们底"德行的背景"，说要两个妹妹了解亡姐"所一直追求的是平凡、朴实和卑微的人生"。因此，本来可以说是不义，这一死，却提高而成为难有的道德。我底心上，这道德的压迫比爱情更大。为什么我不能够帮助要好好生活的人生活下来？——这是我底责任。发生了事情，我不及察觉，阻止或者补救，为了我底"原则"使她自杀，血是应该染在我底手上！

而事情一件又一件。我要回头之时，它又追来。譬如成都的事，我能够明白地明白是他们弄的。

这，似乎使我怀念的是人，冲淡了工作之类。应该是相反的，它却增强了我底追求。不过，个人是吃苦了，感到疲乏。

相信我！一个以你为师长，长兄的！

仅仅为温情，我不会走这路；仅仅为温情，我是放弃过不少的。相信我！

---

[1] 此信是阿垅向胡风剖白他个人遭遇所引起的内心痛苦，并直陈他为革命大局服务的决心和坚定。

　　开始，我只打算给你、宁、凡、繁四个人说（在其他的友人中，我只对周说过）。因为一个兄弟底遭遇，不能够不说，而且要你们了解瑞，以及明白那个流氓。其次，那时候岳母未死，我想流血。但是后来事情传了开来，我又对友人决不说谎，问的时候我不得不直白回答。心上其实感到狼狈，使人扰乱，也使自己乞怜似的。或许是这一理由吧？

　　旧诗词，我决不再写了。

　　最后，周到杭州，要我看门，三、四个夜间，写了《形式主义片论》和《公式主义片论》。附来。我愿工作得好和多。打得认真。馨读过，暖批评李的。可以否？假使可以，我以为，为了避免重复，以前那说政治的一篇中，第一节末后一段可去掉，因为移在《公式》中了。

　　难在没有书、材料，尤其一时找不到适当的例子。最近想弄朱光潜和泰戈尔，弄成寄来。朱自清底，似乎在作家书屋。在南京，所有的书店都找遍，没有。

　　又，款即寄此，北平书不能买，暂时不寄吧。

　　又，《小纪》未取到。如有，请寄。便的时候寄，不必急。屠先生身体好否？大概是几时？

　　诚恳地。相信我！

　　祝好！

龙

十月十八日

　　得不到什么要知道的。因为，对周，我在这样的场合有了支吾似的东西，使他察觉。又，自己也犯罪似的。但是，我必为大的服务。[1]

　　最近传，十亿买一否决权，上海也听到否？

　　其他，似乎疲惫，感到了压力似的。

---

[1] 阿垅曾从周处得到情报，但此时周对此已有所察觉，故"得不到什么要知道的"，但阿垅仍誓言"必为大的服务"。

附：胡风1947年11月1日自上海

龙兄：

　　信收到。直兄事，不能急，因为无从着手。一两天也许约任君一见。

　　这里一团糟。说朱兄其实写了什么东西，叶君有他的消息云。《语言》后面的泰戈尔引用，也是攻击口实之一，不该"抬"奴才诗人云[1]。《泰戈尔》如成，可以杜一杜他们否？难的是没有地方再敢发表这一派作者的文字。

　　疲乏得很。

　　匆匆　祝

　　好

　　　　　　　　　　　　　　　　　　　　　　　谷　顿首

　　　　　　　　　　　　　　　　　　　　　　　十一．一夜

196. 阿垅 1947 年 11 月 1 日自南京

小谷先生：

　　下午接宁兄电话，知屠先生举一男，那么，我们这里热诚地欢迎英物，并祝福母和子，康乐！

　　这几天，读了朱光潜底《文艺心理学》。因此，已经写成论诗底本质的一文和一篇论象征的，这两篇都多少侮慢了这位先生。今天，打算开始检讨他底美学立脚的原则，试试能不能够全盘清算他。可惜还没有读蔡仪[2]底《新美学》。

　　馨长诗进行得很努力。据说还要一个月，可以完成。

---

[1]　此处指《语言片论》受到蒋天佐的批评。——阿垅原注
[2]　"蔡仪"（1906—1992），原名蔡南冠，文学评论家、美学家。

祝福吧！真诚地！

龙、馨上

十一月一日

附：胡风 1947 年 11 月 2 日自上海

龙、馨二兄：

信收到。早上曾由兴兄处转一信。希望馨兄努力完成。

弄朱光潜，很好。我们就和正面敌人对一对给他们看看罢。蔡的美学，日内请老板代你买一本寄上。不过，只作为对美学参考之用，还值不得去批评罢。

这里乱哄哄，也只等他们伸出头以后再说了。《云雀》，燕大不知是否排演（北平另有几处想演）？马上去信，改正一句台词：

（第一幕）

李：（笑笑）我不会写。我不高兴那些所谓作家！

此句不要。

此事与兴兄谈一谈，也许他有别的改法，或者把提到人名的地方都改一改。那些风潮鼓动者竭力想挑起郭。茅当然已经是他们后台。屠君母子都好。过两三天，也许可以出院了。

匆匆　祝

好

谷

十一.二日

197. 阿垅 1947 年 11 月 4 日自南京

小谷先生：

信和由宁兄转的信都在今天收到。

　　母子都好，甚慰。但从宁兄处，看了你底信，知道你是在窘境中，不安地。那么，我假使有一点稿费，不必再寄我，用一下再说。

　　朱光潜底，已弄好，叫做暧昧主义。今天，又完成了理想主义，也多少针对了诗底敌的。前些天，写了形式和公式。形式主义的一篇，是攻击李广田，以他底诗论《诗与艺术》为对象的，不知道收到了否？

　　本来只预定再写最多五篇，告一结束。看了书，引起的问题，就增多，心情和手都被迫似地，于是就又弄了《象征》和《□□诗片论》（也对朱底）。所以这里已经有了五篇，除《泰戈尔》已抄好，别的还没有誊，打算誊后一齐寄来。

　　我记得，引泰戈尔底话，我已经预防误解，而用一种假定的口吻的。他们还不舒服么？论他的，我并不肯定他底诗，似乎足够回答了。但是，在某一点，他底人格底光辉，却不是侏儒们足以匹敌的吧。就是那一句话，也不必以人废言。周先生说过这一类的话否：疮在好人身上，也还是疮。那么，珠宝在坏人身上，也还是珠宝吧。让他们攻击吧，看他们有多少世界。我们总这样，宁可得罪人，不可得罪真理；宁可得罪权威，不可误了读书者。

　　昨天，已经写信到作家书屋，问朱自清底《新诗杂话》到底出了否？看他给朱光潜几本书写的序，是也应该撞一下的。

　　这里，还打算写总论、朱自清、臧克家和改写《初来的》，或者也写《锻炼》，到此而止。——假使没有感到旁的东西。

　　书名，前次提示后，我想了许久。舍不得原名。最近又想到一个，犹豫得很，因为似乎夸大似的，使我不安。不得已时，是不是只有如此，把它叫做《诗的战略论》？

　　剧，三妹断了腿，在医院。据她来信，因为这剧沉重，得细心和认真，使它不失败，暂时不演出。但是在进行，一定要弄，打算以后到各大学巡回演出。原来的演剧计划，是受到赞助的。对这个，为了使它更好，和自由，打算由她们自己底力量弄。改句，星期〔天〕到宁兄处去后，就告诉她们。

想念你们和祝福你们！

门上

十一月四日夜

周不久就离京当团长去了。

198. 阿垅 1947 年 11 月 12 日自南京

小谷先生：

在宁兄处读信，知一切。同处穷境，实极怀念。幸初来者象征新生，或可稍慰。日内汇一小款，馨兄与我同祝此新生命之微意而已，其实所祷者应多于此。

克君[1]们既如此，实则可见其无聊与无力。近读《诗创造》编后，已见一般。

今日另寄诗、诗的战略形势、象征、赏鉴、泰戈尔、暧昧主义、理想主义等七篇，幸教我。近日心尚宁静，往往伏案迄夜深，似趋向一的者。但若干方面，又自感了解未深，如此深入敌阵，不知成败如何。但愿奋微勇，为总的要求求胜。

又关于克君，索性正面拖出来一打。因此，决另弄一论文缒之。可否？

接罗信，□纸型已寄出，收到否？

又蔡尚未出。但贾兄如何？

祝好！

屠先生母子好！

龙上

十一月十二日夜

---

[1] "克君"即臧克家，详见第 184 页注 [2]。后来，关于此题，阿垅写了《田园诗片论》。

附：胡风 1947 年 11 月 13 日自上海

龙兄：

十二日夜信收到。前寄之稿和信也收到了的。

你和德馨兄的款，务必不要寄。照料你们自己已是一大难事，能照料你们自己就是一大好事，至于我们这里，紧要关头已经过了，日常的小生活总可以对付的。款不必寄了，你们招致困难，我们这里又还是一样如此的。铁论[1]有稿费七万元，不寄上就是。

困难的是生活的杂乱、心情的荒芜，以及工作条件的无法取得，但这些都是大问题，要帮助也无法帮助的。

这里时冷时热，现在又似乎可以苟安几天了。有些人不断催我旅行[2]，然而，这一个工作摊子，这一个家，再加上我的心情，怎样能有此雅兴呢？总之，只有过些时再看了。而且，反而有寻穷开心之欲望，例如弄一个诗丛刊之类。然而，无钱，这里又无劳力之人，时间精力都不许可。

现在只望能把《儿女们》印出。要过两天去奔走。请你们马上把第一部的错字列出（列出重要者，无关者就让它去），列两个表：

第一个，错者和改正者字数、地位相等的，这可以在纸型上挖洞改正。

第二个，错者和改正者字数、地位不相等的，这没有办法改正，只有附印一个正误表了。

这两个表，望和嗣兴兄自己参酌作出。愈快愈好。

第二部完全寄到了。就纸型看了十多面，错字不少，而且错得很可恶。但又没有校样，改错也无法好好做（看纸型很吃力），这只有过些时再想办法了（总要印好了第一部，再印第二部）。把这本书印出了，负担才能轻一轻。

成都纸型也寄到了。这书本不预备自己印，只想由海派书店去弄，弄一笔钱解决问题，现在时机已过（成本太贵），恐怕无法了。

关于克君，可以弄的，但切要以他的所谓进步民主的地位来衡量他

[1]　"铁论"即阿垅所著《化铁片论》。
[2]　此段说的是国民党白色恐怖加剧，地下党有意要胡风去香港。

的所作，这样才不但可以避去副作用，而且可以真正解消他的姿势的。关于李广田的，完全违反了这个原则，所以不能见人的。今天，我们碰着了复杂的局面，战略战术要从总的情势上去考虑。

匆匆 祝

好

谷

十一．十三夜

199. 阿垅 1947 年 11 月 17 日自南京

小谷先生：

信收到。昨天星期，和宁、性、馨兄和海兄夫妇到栖霞山去，回来，就带来了《儿女们》，短期中可弄好的。

知道杨兄病将愈，极安慰。这里，蔡可还没有回家呢，他太太说，还得一星期。

或者，论形式的，以后再改写。又七篇，想收到。

款，一点心而已，已寄出，不必放心上。

姚原文，性兄已给我找到了。

《新美学》收到。

祝好！

龙

十一月十七日

这里，有朋友要我回过去的工作处。我决不定。假使他们一定要我去，我将先来上海和你谈。周日内就走了。但津浦路又不通，他怎么去法，还难说。有人从浦口回此，二十五师已北上护路，或者要好些。

200. 阿垅 1947 年 11 月 26 日自南京

小谷先生：

怀念得很！

今天接到电话，蔡回家了。去看他。也谈了。他精神疲倦而消沉，言语之间一时成为和尚似的人。贾兄有信否？极念。

管兄已到桂，有信给宁兄。朱兄则说又将来京一行。

校样已弄好。残缺的字和模糊的字多。除标点外，校都校出来了。改的时候，可以对一对书，认为无妨的，不改也可以。书也寄上，因为错处都标明了，看得可以省力些。由宁兄寄。

馨兄完成了长诗，二千行，有一种庄严的东西，人格本质的东西。只是他怕人不容易感到。

再寄一文。其他四篇，尚未动手。书没有。假使老板方便，是不是再请他给我寄一本《感情的野马》、一本《十年诗选》。朱自清底《新诗杂话》，作家书屋月底出书，可否代买一起寄来？不便的话，那就以后再说。

又，前寄论暧昧一文中，"首先对于血的现实"一句，"现实"错成"事实"，请改正。又文中多反语，是否容易被误解？不要紧么？

我们还好。

祝安！

龙

十一月二十六夜

201. 阿垅 1947 年 12 月 2 日自南京

小谷先生：

星期天到宁兄处，看了信。

这里，心的骚乱自然有。但是，倒是为了怀想着友人们。其他的，

表面上大概只有逆来顺受，而在心灵中，连台风也刮不倒的。一切请不要怀想我们，宁静自己。

周们后天就动身入川。这些日子，顶多感□□□□大的东西？对于苦行僧底虔肃，不得不感到一种崇高了。让要失去者快一点失去吧。只要有一个人，就等于有一个世界。

蔡消沉得很。他本来就有这一倾向。受过打击，应该更强，却更萎缩了。有冤仇而没有冤仇似的了。贾底事，已谈过，照这样的情形，他连走动都懒得走动，也无可希望了。因此更怀念贾。最近他如何？

祝好！

龙

十二月二日

附：胡风1947年12月3日自上海

龙兄：

前后信及稿均收到。过几天要都重看一看。生活磨人得很，又振作不起来。所以，经常是空白。

人总是如此，在坟场里就过吃尸的生活，在屠场里就过喝血的生活。否则，这历史也不会有五千年。对他们，用不着动感情的。

直兄事[1]，说就好，又说还有所待。你用不着罣念，太太曾去过一次南京的。对周更不必期待[2]。

铁兄已完成，甚好。这时候，都要用工作来养自己。

匆匆　祝

好

谷

十二．三日

[1]　"直兄事"，指贾植芳仍在狱中。
[2]　"对周更不必期待"，指我不能继续从他［处］得军事资料。——阿垅原注

202. 阿垅 1947 年 12 月 14 日自南京

晓谷先生:

寄上两篇。内《初来的》改过了。我企图追踪那情绪状态,不知道可以否? 这些日子又感到一些问题。让我培育思想,使它成熟再写。

刘和我想到上海来过。

前信,谐音字而已。

怀念得很!

牧

十一月十四日

203. 阿垅 1947 年 12 月 29 日自南京

小谷先生:

昨到宁兄处,见信。从你们,从这个世界,多少获得了再生的活力。请放心和见信,我必含血而活。

朱兄如尚在沪,而工作尚无眉目时,请他即来。此间已有一职。但若迟时,则人事正调动,恐易生变化。

匆候

安好!

夫人安!

龙上

十二月廿九日

204. 阿垅 1948 年 1 月 6 日自杭州（？）

小谷先生：

我已经搬了家。静得很。对我，这是很好的。

只可惜太匆促了。假使有一个星期时间，我相信，就能弄得更好的。但，这是我极高兴的。

不知道是不是有命运？回来，对小刘，也有了若干消息。就如同过去我所遭受的一类，似乎稍稍要好一点。

信因此还是给宁兄吧。尤其书。我喜欢白色的信封，和娟秀的字的。

请勿念！并祝好！

龙
一月六日

205. 阿垅 1948 年 1 月 14 日自杭州（？）

小谷先生：

这许多日子，我才挣扎着弄了两篇。因为为了房子的事，忙得无法。改了，是不是可以？假使认为还是过火，我可以再想一下，再改的。馨好。

祝好！

夫人安，小孩好！

门
一月十四日

206. 阿垅 1948 年 1 月 16 日自杭州

小谷先生：

今天看了郭底话，生气得很。好在，宁兄底就要弄成了，可以作为最好的答复。但因此，我底，我以为也可以答复若干。附来两个后记，一在《内容》后，一放《技巧》后。又，目录也重誊了一下。只要有地方接受，不要一个钱也可以，为了立住自己，回答打击。其中臧的还未弄，批评还没有开始改，但打算马上着手。由于房子周预备放弃了，我又烦。这些东西，我自己底感觉原是集中在一个问题的。同时，作品论中提到若干肯定的人，这可以证明我们。因此，可能时最好能一下弄出。一切你酌量。现在共四十八篇，约略估计一下，当在三十万左右了，笨重是笨重了一些。

说什么呢？

祝好！

龙

一月十六日夜

又改了的形式和□□收到了吧？

附：胡风 1948 年 1 月 19 日自上海

龙兄：

两改稿、两后记及信俱收到。

铁兄事[1] 不知无妨否？——诗，当时匆匆看了一遍，这些时乱得很，稍过几天，再详细读一读。

书，要等《儿女们》弄成了以后才能计划排印，由别人出现在不可能，没有一家肯的[2]。剧本也还在搁着。

---

[1] "铁兄事"，指化铁被特务逮捕一事。——阿垅原注
[2] 此处说的是阿垅诗论《诗与现实》的出版问题。

　　所谓郭底话，不知是否香港报上的？我还没有见到，但那里已有人来信。说是"有资格"人士并不同意，郭自己也觉得不妥云。说些什么还不知道（日内当可以见到），但大约总是那一套。早在上海，茅、叶、陈、臧之流就想把他煽动起来，现在当还是由叶等挑起的。此公夸大狂，容易上叶等圈套，虽然实际上也有根源。我只想慢慢能有心情写，站出来看他们怎样。[1]

　　房子顶好不要放弃，凭我所知，只要周不放弃，由你住着，房主是无法的。顶好找个律师谈谈。

　　匆匆　祝

　　好

谷

一·十九夜

附：胡风 1948 年 1 月 27 日自上海

龙兄：

　　《中国作家》二期已出，明天寄上。关于语言，我想可以再写一篇，他的曲解也是因为你的行文是有这间隙的。方言要肯定，民间形式也有某种限度的用处。问题是怎样肯定，基于什么的"用"，不作进一步的分析，他们会曲解下去的。《论民族形式》后面有可参考之处。还可以找点别的参考。[2]

　　匆匆　祝

　　好

谷

一·廿七夜

[1]　"郭底话"一段，当时听说，郭在香港骂胡风是"粉红色气类（？）"。——阿垅原注
[2]　此信主要谈蒋天佐对阿垅《语言片论》的批评。后来，阿垅进一步写了《语言续论》。

207. 阿垅 1948 年 2 月 1 日自杭州

小谷先生：

信接到。我已经看见了，而且不止一篇。很生气。但是，我不得不冷静自己。写好了。这里，和《形式》一起寄上。因为避免重复，也因为不愿意被讥为亡羊补牢，追随敌人而失去主动权，所以这样了。其实，别的地方的，也足够说明了。尤其，他又恰好暴露了弱点，正好打击，一点也不怕的。书，却没有呢。

上次分两次寄的《批评》和《夸大》，收到否？

《夸大》，用了"形象的真"的字，怕被误解，尤其怕以为自相矛盾。想不到适当的字。说"事物的真"吧，又像否定事物了。说"现象的真"吧，又不是。我再想想。你以为，这说法有毛病否？我再想想，暂时不忙发表。

八日出，极高兴！也有可以高兴的事了。[1]

祝好！

龙

二月一日

附：胡风 1948 年 2 月 12 日自上海

龙兄：

《敬谢和璧奉》，已给那小刊。但我想，写法还是要斟酌的，不能站在同等的地位用对骂的姿态。我们是向读者说话，那就应该站得更高一点，用说理的外形去解除他的武装。同样的意思，如果用着不是因他而气愤，而是因他而忧虑的心情，为了大目标而坚持的心情说出来，那效果要大得多。要打痛他而使他无法喊痛才好。这样，可以发表在原来的刊物上，那效果要大些的。如无底稿，当索回寄上。

---

[1] 此句指《财主底儿女们》上部将于本月 8 日出版。

书，罗洛，我已定送他一部。但邮件不通，不知如何是好。

　　匆匆　祝

　　好

　　　　　　　　　　　　　　　　　　　　　　　　　谷

　　　　　　　　　　　　　　　　　　　　　　二．十二夜

208. 阿垅 1948 年 2 月 14 日自南京

小谷先生：

　　沨兄和馨兄大概到了？[1]

　　昨天，到宁兄家，看到书，很高兴。但是，错字还是多，即使校过的地方也如此。那么，以后有什么，还是在事先要我们弄好吧。

　　也看到了管兄底信。这次坦白地承认了他底弱点，和吐露了挣扎的心。不过语气上，还是悲苦，而且宁兄感到那底酸味。说，在动手弄《生活论》，希望这能够振奋他。

　　本来也想来玩一次。

　　假使，我有一点钱，希望在沨兄回来前，请他代买三本书（我想摆在手边）：《论文学中的人民性》、《生活与美学》和《论民族形式》。手边没有书，尤其重要而基本的。几乎常常是在赤手空拳的状态做事情，凭一点感受，一点记忆，是很不妙的。我想再好好地看一看。或者，对佐君的，改写一点什么。假使在上面的书里，已经解决了问题，那就不再弄，让那回答放在那里是了。虽然，弄的时候曾经要自己冷静，现在看，要说的没有说得透和好，火气倒还是不小的。

　　成都，不知道也寄书否？假使我有点款，我想再由我买两本寄去，

---

[1] 胡风日记中记载："1948.2.14　化铁、冀沨来，并带来阿垅……稿件。"

一本给罗或林，一本给小妹。不要和我客气，因为我愿意如此，它太艰巨，而且希望能够使它在这一方面也立得住。可以一并寄罗。最好航寄。假使钱没有来，或者不够，那暂时就不急寄去。

对臧，我已开始。一时还决不定分写还是整写。照他们底样子，虽然写得可以含蓄和婉转一点，但是对人似乎不必再客气了。第一个问题，我想在"田园诗人"的说法上先看看他那面目。想参考的书还是没有，例如关于叶赛宁和涅克拉索夫底出身、态度等。

又，和佐君闹的那东西中，有一个地方，我解释了我所提出的"思想和情绪"的问题，对于"思想"的用语可以不改。但对于"情绪"的用语，我用了"战斗要求"，似乎不太明白贴切，想改"战斗精神"。前次所谈的"形象的美"决定改成"形体的美"较妥。

祝好！

夫人好！

龙

二月十四日

209. 阿垅 1948 年 2 月 15 日自南京

小谷先生：

到宁兄处，看到信。

决定重弄，有底稿在。但别的稿件，假使能够取到底稿存你处，较好。因为标点符号可以不重弄了。

小孩好些否？怀念你们。

罗的书，除航寄恐无他法。除你给的一本，他们来信说曾定了一本。此外，我想再寄二本。钱够的时候，一起航寄吧。否则，先寄一本再说。

买了俞鸿模底《涅克拉索夫传》。太简单了。

贾兄还无信么?
祝好!

龙
二月十五日

关于臧,决定写一田园诗,一真实。

附:胡风 1948 年 2 月 20 日自上海

龙兄:

汸兄刚才来过,下午回去。成都两部,托他带上,看南京可寄否?这里寄不出,航空只能当作包裹,恐怕得十多万一部。如南京可寄,当把成都定的几部寄上转寄。寄不出,发愁得很。连武汉都寄不出。

汸兄来,我刚起来,忘记把《象征》的四十万带给你。这是前几天交来的,另一篇尚未交来。那报纸也闹穷,发得慢。日内先把四十[万]寄上。

书三本,我手头有两本,带上。另一本,汸兄说有,可送你。

下笔前,要考虑一下总的形势和对读者的效果。要站地位(大的旗子要拿在手里),要镇定(不是冷静),性急是不好的。(例如方言与民间形式,要现出冷静的分析姿态。)例如答佐君的,说罗兰也是……么,这不是作法。说别林斯基如何,我上次确似见过这说法,但这次找他的所说的,却不见。如引用,宁兄有书,就应查一查。不能随便的。今天,我们的工作要带启蒙的性质,每一论点都要考虑到反应。对歪缠者,得现出冷静的分析姿态。我们有自己,但任务总是为了解除他的武装,而且,对于有些人,还得现出只是为了解除他这一次用得有害的武装。当然是人的问题,但要记得那个人是有各种武装的。有效地解除一次,有效地解除一件,实际上也等于解除了其他的。写成了应搁开一两天,再看一看,斟酌一下。[1]

---

[1] 这段谈对于我的《语言续论》(反批评蒋天佐同志的)的意见。——阿垅原注

这些时乱得很，好像灵魂被人一块一块地撕去，很难站起来。

匆匆　祝

好

谷上

二.廿日

210. 阿垅 1948 年 2 月 21 日自南京

小谷先生：

到宁兄处拿了信和书。

是的，我应该那样。自己也感到的。不过除掉对佐君，以及对某种东西的憎恶——例如《形式主义》初稿，弄得如此外，别的，我是总在守住自己和站住自己的。已经在改。佐底话找不到，就不引吧。另外，已成《田园诗》和《内容别论》。还想弄真实问题，和在一个新近的理解上再弄一次《形象》。弄好后一起寄。我当尊重你底意思。《内容别论》是宁兄提示的，我觉得可以解决一个基本症结问题。有宁兄这样的朋友们，使人感激而骄傲的。

钱不要紧的；不是向他们要。四十万，不必寄我，真诚地，留作补助书款吧。

我寄一寄，恐怕得当小包的。寄后，再告你。

你似乎也得排遣些！小孩大致已好了？我感到身体不太好。

感激！祝好！

龙

二月廿一日

211. 阿垅 1948 年 2 月 26 日自南京

小谷先生:

　　刷挂寄费十四万九千五。太高了。很使人为销路担心了。

　　那么这样吧: 你给罗的,和他们定的,就用四十万作寄费寄出吧。邮递情况似乎一时难有别法,只有航寄了。

　　祝好!

龙

二月廿六

附: 胡风 1948 年 3 月 15 日自上海

龙兄:

　　稿收到,匆匆看了一遍。记得说过,可以好好整理一下。意思是,不是把后有的意思附加上去,而是再统一地贯穿一下,以后有的进一步了的理解为中心。例如,前面的树林加雾之类的说法应该改变,后面的皈依自然的诗人中的自然的内容与社会的内容的解释,也可以进一步的。其他,如严肃与幽默之类,也可以不致这样片面的。[1]

　　记得在给嗣兴兄信中说过,到了现在,每一工作都为好意者和恶意者所紧张地注视,因而,我们不能太性急地从事的。甚至行文、用字,现在都得非为争取大众性而郑重努力不可的。已经到了作文等于作战的情形了。否则,辛苦追求到的东西容易让人糟塌掉。无论如何,要把启蒙的效果放在心上。

　　既然每星期日你们都见面,我想,事先讨论,事后传观、斟酌,是必要的。否则,随便聊天,势必彼此拖累,也易于厌倦的罢。用全力慎重地做一次,结果还是会少费时间精力的。

　　这一篇,交到那小报去试试看。

---

[1] 关于《内容别论》(对朱光潜)的意见。——阿垅原注

匆匆　祝

好

谷

三．十五夜

212. 阿垅 1948 年 3 月 19 日自南京

小谷先生：

接到信。是的，我们也谈些东西，不过总是极零碎的。以后，应该谈得更认真些了。给我的意见，我应该那样。回来，赶了两个夜，直到鸡鸣，因为我性急。有一个想法是：最近发现了似乎身体不好——或者并不是，假使是，我好像应该赶时间。当在静安寺路上，我发觉，你并没有重庆时走山路的劲捷，不是太困乏了，就是龙钟了，感到痛苦，只是当时没有说。对自己底健康，也感到不好，为了不好才如此。写后，又感到了一些。但是以后，我可以镇定些。仅仅关于雾，我保留那说法：第一，为了针对朱[1]；第二，从它发展到"全"，不致跳跃似的。问题在"全"展开得不够，感到了。相信我，不是不愿认真。

最近在读穆旦底《旗》和《王贵》，想好好弄。但是读的时候已经感到若干难处。

对若干人，我可以让步，也应该让步，为了大的，不得不如此。困难在有的时候摸不清来路和情况。但是上次逯给我看了信，朱底，我却感到不能够不那样作战。爱和恨都强大地压迫着我，而事情又并非不严重，因此，自己也明知说话带着了感情，但是这是一种流露。仅仅对于大的，于是对于某些人，我可以闪开一下，而对一般的，却无法。假使朱底话不是指这方面，而是说一般的，在我就难免困难的。

---

[1]"朱"指朱光潜。

罗到中江教书去。以后假使有事，可以托林祥治[1]。今天接他来信，他愿意做一切。

明天，欧阳[2]到上海来。

原来信，请寄香粉[3]，便时请寄一点。

感激你，也相信我。

祝健！

龙

三月十九日

附：胡风1948年3月30日自上海

守梅兄：

有些话，和嗣兴兄谈过。我不是说要"让步"，而是说要效果，要注意问题的提法和论断的现实意义。理论的实质同样，但效果却就不同，例如对李广田，他何尝有那样大的现实影响。例如马凡陀，对于现实要求的反映（歪曲的反映）才是要点。[4]

其次，我们怎么能不"带感情"？这也归结到上面所说的。

开始整理一下罢。因为，你站到了第一线，整理是为了坚持。

匆匆　祝

好

谷

三．卅夜

---

[1] 林祥治为罗洛友人。

[2] "欧阳" 即欧阳庄（1929—2012），爱好文艺，与化铁、路翎等一起编印进步刊物《蚂蚁》，1949年后任下关发电厂党支部书记。1955年时被定为 "胡风集团骨干分子"，1980年平反后任原厂厂长。此时为地下党员。

[3] "香粉" 疑指横眉小辑第一辑《论香粉铺之类》。

[4] 关于我写的《马凡陀片论》和《形式主义片论》。——阿垅原注

附：胡风 1948 年 3 月 31 日自上海[1]

柏寒、守梅、嗣兴兄：

我说冷一冷，并非回避，也非放弃，而是说，不要轻试其锋，那样反而有害的。正面讨论，非展开全面的分析不可。因为，我们的目的是全运动，并不能是防卫自己。

但现在，工作还是可以逐渐展开的。做法之一是：对被"批判"了的作品作个别介绍，以正面的分析来回答，把那内容展示出来，切不可取防御式，更不可全部问题一把抓。

对具体的理论论点，也可以个别地提出分析来。

无论是作品或论点，我看每一个都可以有广阔的展开的，这样做，才能有益，也就是"迎头赶上"了。附带地，也可以把我们没有说到、没有说完、没有说好的东西发展起来的。

匆匆　祝

好

谷

三 . 卅一夜

附：胡风 1948 年 4 月 8 日自上海

梅兄：

信及稿收到。这次充实多了，可以说是攻下了它。只改动了几处。"坏人"不是一个科学用语。伦理观，为了免麻烦，改为价值观，虽然仍不贴切。后面触到"常识"，这发展得很好，但分析得不够。唯物论是肯定常识，从它出发的。为了补救，我加了两句说明。

中作[2]，《语言续论》靳以不肯发下去。这一篇，应用原笔名才好，所以也难得通过似的。

---

[1] 此信原存阿垅处，由阿垅交出。
[2] "中作"指《中国作家》。当时不肯发表我的《语言续论》。——阿垅原注

朱[1]又有一信，附上。我回信说，只应当作一个批评的讨论去处理。并未否定他整个人，如必要，他们或你自己可再写一篇论他整个人的。我告诉了他，从欧阳那里可以转信给你。

顶好能不接受那新职位。[2]

好

谷

四．八日

《自由》刚收到。那职业，应设法不去才好。

213. 阿垅 1948 年 4 月 11 日自南京

小谷先生：

接到信。

你误会了。我不是为了"前账未清，免开尊口"而奔走，而是为了既然提到旧欠，就要我还债了。这是我一直冷淡，没有好好控制这一发展之故。前夜，找了找人，环转了一下，似乎账可不还，但是人是要被运用的，苦恼得很。[3]也因此，整理的事，只有把比较要紧的弄一下，时间和情势，使我慌乱了。

关于李，那种效果，我细想，恐怕并不单纯。比方，可能有"京派"的学院气和风习；或者，若干人底愤愤，是意识地或不意识地感到自己也被打中了。我往往如此，"狮子搏兔，亦尽全力"，这样才可以使他们倒得狼狈。否则，打倒以后，拖住手臂，纠缠得就要无法，例如关于语言的程咬金。我感到：假使例子强于论点，那

[1] "朱"即朱谷怀。他不同意我对李广田的批评。——阿垅原注
[2] "新职位"（及后面附言中的"职业"），胡风让我不要以伪参大去。——阿垅原注
[3] 这一段和4月16日信中最后一段，似乎是指他在成都时被军方通缉之事，此时又被当局提起。

是论点本来就弱；反之，像这样，论点强于例子，就好像压迫了冤枉了人。其实，人倒不是重要的，重要的毋宁是论点。人，为了展开或者证明论点罢了。他底书，别的我没有；好像和诗也无关，专写和再写，是不是必要？假使把所有的文章综合起来看，那个人就不至于被夸张的情绪所高举了，问题也将更明白。为了补救，在后记中说一下可否？

弄好《方言》。在原则上。今天打算先给宁兄们看看，谈谈再说，以后寄来。

又，《自由》，"雏妓们"一句想改成"暗娼们和雏妓们"要更贴切些。不过好像骂街似的，杂文式。

祝好！

龙

四月十一日

附：胡风 1948 年 4 月 12 日自上海

守梅兄：

那职业，能不去顶好不去。

李事[1]，暂时放下不管它。朱有信，附上。看来是有些人觉得好像打了自己，有些人原来夹有别的东西，因而不舒服了起来。放下再看罢。

匆匆　祝

好

谷

四 . 十二日

---

[1] "李事"，指我批评李广田的《形式主义片论》。——阿垅原注

214. 阿垅 1948 年 4 月 16 日自南京

小谷先生：

接到信和怀兄信。那么，就如此吧。

由于不安，一直把东西搁在宁兄处，没有拿来弄。无论如何，想下星期起弄好它。《田园》和原兄，打算重起炉灶，至少多改一番。《效果》等，加或改一点。其他就不动什么，除掉必要的文字。《方言》，宁兄已同寄，可否？《俗文学史》已经找到，匆匆地读了上册。但是，连《大风歌》也作为俗文学，似乎离题颇远。或者，就不弄了。关于李香君，宁兄已说了，他对那形式是不赞成的，有限的，那么我也很踌躇了。黄宁婴底诗集，读了，重量也不如想望中的大。

我底事，可以拖一个时间。但拖并不是办法，解决不了问题。假使在此，总会碰到这些。不去，那么，以我所学的，而拒绝，不管拒绝措辞难，人也很不懂，所以我想走。只这样而走，工作的问题又来了，别处又不容易找职业。我可以拖或推，但是结果预想是同样不好的。闷得很。下月，或者得到钱时，想来一次。或者索性到我曾经去过的地方去。不知道可能不可能。母亲已葬，而孩子也只得让他在岳家。走，倒是干净之一法。

祝好！

龙

四月十六日

215. 阿垅 1948 年 4 月 26 日自南京

小谷先生：

大致总算弄定了，除掉《田园》还要想一想，民歌还需要找一点参

考的。又交给了宁兄，请他再看看。他给了一些意见，值得感慰的。大半都接受了，有的地方改了说法，有的加了新的，只有某些部门，我保留了原来的观点。

也弄了新的：论传统，主要是驳斥了艾略忒底说法。现在正在弄关于理性、哲理以及智慧这一些问题所牵涉的，问题是瑞恰慈底说法引起的。

后记则想最后弄。

看到了由于爱，那位无耻的声如洪钟的批评家又得意和抬头，应声虫似地吠叫了。不值得理睬。

可能或者必要，下月五日左右想来一次。

事情无别的消息，但愿是冷下去了。

祝好！

龙

四月二十六日

216. 阿垅 1948 年 5 月 25 日自南京

小谷先生：

回来，今天到宁兄处去了[1]，谈了一回。去看电影，挤了一小时，还是买不到票。《艳阳天》。

朱有信给宁，已到家。看样子，不再南去了。说，在等学校的电报。

改诗找不到底稿。才力[2]想重抄寄来。《内容别论》底稿也找不到了。章那里，如果他不以为然，便时还是取回好。相当倦，但仍想弄一

---

[1] 阿垅曾于 5 月 22 日去上海一次。胡风日记中记载："1948.5.22　阿垅来。""1948.5.24　阿垅去。"
[2] "才力"即阿垅的《才力片论》。

些。宁也在弄，二万字，回敬怀君[1]。

昨天送东西给卢，谈了。别的人还未来。似乎学校还没有接到。希望能够有一条路。为命运发愁。如果捉了去，无异卖掉，至少三个月不得闲。而拖得久，和卢谈，探询情形，怕弄僵。

决定短期内去照 X 光。如果有病，宁静倒很宁静，只是活着感到了萧条。

上午寄了两本这里出的诗集。杂志还没有空去问，希望能买到。

祝好！

夫人安！

龙

五月二十五日夜

217. 阿垅 1948 年 5 月 27 日自南京

小谷先生：

还是没有消息，在拖。我也还是在弄这些。还没有人来。

凡、帆、曾[2]都有信来。凡在和我讨论他自己，这也帮助了我底理解他，以及如何说法。帆在生气，为了太主观了之类。他并不了解原则，而是感到了那种态度，他不能忍受。凡也提供了意见，意思是，正面地，而且完整地。曾则说东西不日可出，感到贫乏。

罗已到渝。船难。飞机怕也不怎样容易。

抄了才力。改了周那篇，后几页就成为这个样子，不知行否？一首诗，附《形象》后用。

烦还是烦。但是，我还想做一些，能做的时候还是做。

宁兄成一长文，在整理，约二万字，对怀君大概会辛辣。

---

[1]“怀君”指乔冠华（于怀）。1948 年 3 月起，香港由中共领导的刊物《大众文艺丛刊》连续发表了邵荃麟、胡绳、乔木（乔冠华）等人对胡风文艺思想及路翎小说的批判文章。

[2]“凡、帆、曾”，指绿原、邹荻帆、曾卓。

祝好！夫人安！

龙

五月二十七日夜

218. 阿垅 1948 年 6 月 6 日自南京

小谷先生：

　　昨天在宁兄处，看了信。这些日子弄得无法，感到疲倦，而且又见了血。终于得去照 X 光了。我所顾虑的，当然有个人在内，但是主要的我想得更多。个人自己，甚至连存在与否，我始终颇淡，尤其在瑞去后。我想到的是更多的人和事。

　　就自己说，不得不去了。到了黄河再说。大概明天要去一去。如果孙那里有办法，早，我可不顾一切；三四个月后，我更自由。只要这样于我就好。只要我，不是徒然拖累了我所爱的人。

　　罗来。在海兄处找了住所。准备考学校。纸事，又麻烦如此。又弄成三个，在宁兄处。

　　祝好！

　　夫人安！

龙

六月六日

219. 阿垅 1948 年 6 月 8 日自南京

谷先生：

　　我底事，还是在动荡中。过去了。表面上旧事已经勾销。但是，要

我进研究院云。[1]

现在的情形，如果孙那里一时无可回答，一切只有到黄河了。个人无所谓，消化不了我，也侮辱不了我。我所想的，是更多的人和事。个人底损失，主要的是自己底时间之类。

我匍匐着活。想以自己底好的东西分给人，想从这里恢复自己。而且，相信自己底真实，以及若干可用的能力。被爱情击倒以后，一切接踵而至。最近几天，又吐过两、三次血，而且人极疲乏似的。因此，我想我会垮的。一切就是如此。望见死是宁静的，虽然我高兴活，即使是活得很苦的活。而由于诸如此类的事，却使我比感到有病更烦恼得多。我要干净，主要的，不愿玷污友人。悔的是：当时的拒绝似乎柔软。当时就走就好。生活，却［像］缧绁一样，似乎试炼得我还不够似的。

如果如此不健康，又如何奔驰，拖住人底尾巴吗？在杭州曾感到过，需要在草地上或者草地下休息。

不要难过，我坚强。

祝好！

龙

六月八日

220. 阿垅 1948 年 6 月 14 日自南京

谷兄：

我还在这里。但是他们要我进研究院。大概只有如此了。星期二打算去照 X 光，以后就以此为理由请假——看样子，一进去至少要三个月以后才可能。这些日子什么也不做，如游梦中。

---

[1] 这年 7 月，阿垅入国民党陆军大学兵学研究院第十六期任中校研究员，后入国民党陆军参谋学校任上校教官。

想念你们。

祝好!

龙

六月十四日

221. 阿垅 1948 年 6 月 21 日自南京

小谷先生:

报到后,还在这里拖着。再读一年的事,推脱后,还没有来通知。除掉被同学邀去拿钱,见了和碰到了几个教授,别的,还没有什么。徐底态度,我还不感到怎样,其他的,颇"另眼相看",目光炯炯。从各方面感到缺辱,拿钱也如此。但是却买了四枚银币,两件衬衣,以备不时之需。X 光却还拖着未照。

罗来后,去过一次玄武湖。昨天,大家同到灵谷寺中山陵和明孝陵。他们游泳。看到宁兄底白发和似乎弱了的身体。走路都感到疲乏。回来,我是如此乏了。只有和友人们一起时,我得到解放。

为房屋,前几天已经打了一次官司。

朱没有去。杭州事似乎还没有信来。而另一个学校,又因为被令门占了先,不能去也不打算去了。昨天他是在家弄"一把抓"的东西了。

我仅仅弄了《音乐性再论》。一共四篇了,在宁兄处,其中两篇给马义[1]。孙底诗,请寄点来,这里太少,几乎没有别的东西。

看到泰兄信。知道你在章家讲过话。更感到我是陷在暧昧的地位了!

凡兄,前次整理时告诉了他。他来信要看,不知道可能找人抄一遍否?可能时,寄他自己看看。

---

[1] "马义"指欧阳庄、化铁编印的进步文艺刊物《蚂蚁》。

馨兄一次信中说"我不要死得太早才好"，不知道是不是身体又不好？着急了一下。如果仅仅是心境的，那还没有什么。否则，他那TB是非得当心生活不可的。他比我年轻得多，应该更有希望。我则在矛盾中，想活，而又想死去——如果老是如此一无办法，永远暧昧和屈辱。这里，似乎最多只能拖到月底了。我希望有暑假。或者进去前还想到上海来走走。[1]

祝好！

龙

六月二十一日

222. 阿垅 1948 年 6 月 23 日自南京[2]

谷先生：

前两天曾先寄上一本，想已收到。

今再寄上三本，等两天将寄上五十本。并你要的书。

《文艺的新方向》你看到没有？我想应该弄一篇关于路翎的，最好是你写点序？弄在《之五》上（别的地方也可以，如《蚂蚁》等），或找别人弄也可。自然，假如你不太忙而心情也不太坏的时候，六月初齐稿。

柏寒以为可以不要《写在前面》，你以为如何？也许是我写得要不得（《出发》上的是我写的）的缘故。洛要我决定，我怕找不到放在前面地位的文章。怎么办呢？

（谢冰莹他们的，西安出的）《黄河》上有篇《成都通讯》上说《荒鸡小集》是"希呼派"人编辑，《民风日报·副刊》是"希呼派"人主

---

[1] 胡风日记中记载："1948.6.26 阿垅自南京来。""1948.6.30 晨，阿垅去。"
[2] 此信非阿垅手迹，但从内容推断应为他给胡风的信，故录于此处。

持。《民风》我看过几个月稿，不知别人怎么知道的。

我在和牟忻善通信，告诉我一点你所知道的他好么？

好！

梅

六月廿三日

223. 阿垅 1948 年 6（？）月 26 日自南京

小谷先生：

文已完成。打算再给宁兄看了就寄来。

没有准备，没有参考，而且一切仓卒——心境上也如此，所以，吃力，恐有什么漏洞。但是，主要的态度是进攻，而不打算防御。太可憎了的缘故，也是太可怕了的缘故！——尤其在和人辩论后，更感到那是吗啡和罪恶！

压在身上！压着！——到爬起来的现在，虽然好像反击了，还是没有愉快！

因此也就弄得长了，不计算标点就超过了五万字，五万三千。那么，林那里，容量太小，一定装不下。请你看后决定一下，或者就请罗抄一段去。

祝好！我还是好的。

夫人安！

龙

二十六日

224. 阿垅 1948 年 7 月 13 日自南京

小谷先生：

朱兄来，托他带两句话来。

他回来时，告诉了我介绍的事。我考虑了一下，既然任何时间都可以，我想做好一些事，打算把肺和牙弄一下。同时，也想不刺激几个熟人，和把父亲安抚一下。

瑀来信，她们底诗刊已经不能再出了。说燕新缺稿，或者冯底《星期文艺》，主要的考虑是校刊无稿酬。我回信给燕新，不能给冯。

宁兄两个小孩都在出麻子。

庄兄处，已凑到若干钱，这次无问题了。

昨天开始，我上了课，乏味和疲倦，不住打瞌睡。但我想听听他们底新的东西。要我搬，我婉拒了。实在疲于奔命，无法也不愿长此应付的。卢已任处长。

祝好！

龙

七月十三日

225. 阿垅 1948 年 7 月 16 日自南京

小谷先生：

上课已近一个星期了。一年多的时间，使我感到一种惊异。有的，一年多的时间，还是一无改变。更使我不安的，这一年以来，满身是火的人更多，而且，连非我族类的也如此明显——本来，至少他们有一件大礼服。

抑制自己有一个限度。我感到，即使为了什么，暂时我得如此，但是实在难于长此下去的了。

一点自己底事情都不可能做。烦琐，疲乏，厌恶。而局中，还拿了一些东西来在家中连夜办。

房屋官司也打得不妙；同道的人太混乱了的缘故。

我明白，茧必须咬破。

为人着想使我困住。但有的人，我又不得不顾。这些日子常常审问自己，我不是恶徒。我如同有了力点而无支点。不，我已经难于回想，终于得不顾一切。

祝好！好么？

夫人安！

龙

七月十六日

四

1949—1955 年

226. 阿垅 1949 年 5 月 22 日自杭州

风先生：

芦甸兄底复电，已经到了几天。你们底信，却还没有接到。不过，今天声兄得到一个朋友底信，他在北平看到了那信的，转告了我们大致的内容。宁兄来信，也提到一切了的。[1]

直到最近，声兄才遇到他底老朋友周力行。在杭州解放了将近二十天的日子中，我们不得其门而入，甚至可以帮助做的事情，也辗转得不到关系，没有能够完全做成。现在就看周君那里情形如何，以及你们来信的结果了。原来我们也打算做些实际的事，并不想单纯地弄文艺。

柏山[2]是否在此，还不得而知。二十四军好像不在；在这里的是二十三军。

初解放的时候，看到南京方面的文协会员发表的宣言等，宁兄也在内。因此，我们商谈了一下，登了一则广告，看杭州文协会员有多少，来谈一谈再说。魏猛克来了，别的文协会员却没有来，或者杭州也只有不多的几个人。魏来谈的结果，我们参加了杭州市新文化工作者协会。今天又成立了杭州市新文艺工作者协会，负责的人，除掉我们三个，有张君川、谢岳、孙恪鉴（浙大）、张锡昌（浙大）、梁荻云（浙江日报[社]）和魏，共九个人，声兄和谢、张三位任常务理事，沥兄和梁荻云

[1] 1948 年 12 月，上海白色恐怖加重，胡风按照香港转来的党的指示，单身离开上海绕道香港赴东北解放区。1949 年 3 月，随中共中央统战部进北平。4 月 23 日南京解放，5 月 3 日杭州解放。胡风于 5 月 7 日给在杭州的方然、冀汸、朱谷怀、罗洛等人去信，希望他们"应尽快参加实际工作，不应浮在文化圈子里面"，并问及路翎及阿垅的情况。芦甸（1920—1973），原名刘振声，诗人，文艺工作者。曾任天津市文联秘书长。1955 年被定为"胡风集团骨干分子"，1973 年 3 月 31 日患脑溢血去世，1980 年平反。

[2] "柏山"，即胡风在"左联"时的战友彭冰山（1910—1968），作家。此时在解放军二十四军任政委。1955 年被定为"胡风集团一般分子"，受到不公正待遇，"文革"中被迫害去世。1980 年 6 月平反昭雪。

在出版部，打算出刊物，或者找一个副刊，我一个在研究部。我感到困难的有几点：一、过去我们都没有公开活动过，开会、座谈之类，一时不易把握甚至不善应付；二、彼此没有深刻些的了解，工作上是否能够协调；三、有的事情或者问题，不管的话就展开不了工作底意义，管了又可能有不愉快的事——结果怕会弄得只好等因奉此。还有，我个人，无论从理解能力和应付能力说，研究部怕弄不太好。好的是：一、在没有别的事可做时，这多少也可以做一点；二、浙大方面的同学不少，态度也好，可以和年轻些的新朋友在一起，或者可以多取得彼此底了解，澄清一些问题——当然，要弄深入的话，也一时不会讨好的。

不知道你已经知道了否，由于《蚂蚁》之故，小刘和欧阳都被捕过，而且受了惨刑。因此《蚂蚁》也就停刊。欧阳已到南京，刘还在沪，十分怀念。其次，在杭州，罗也因事被特务之流追踪，不得不跑到上海，现在他也在沪。现在上海汤恩伯已无退路，看报好像要进行恶战；而且广播中，常有杀人的事，不得不为在沪的友人们担心。南京解放后数日，我又到上海一次，看到屠先生，一切还好，粮食可以维持一二个月，只要度过这个难关[1]。有人说特务们要逮捕雪峰和蓬子。

到上海，是和蔡君[2]同去的。他供给了一些资料。现在他也在杭州。我和他两个，很想做军事工作——或者先受训一下也好。不知道你那里可以谈谈否？

怀念你！怀念！

守梅
五月二十二日

我住韶华巷三十四号。

---

[1] 上海后于 5 月 25 日解放。

[2] "蔡君"即阿垅在国民党军中的旧同事蔡帜甫。此时愿提供关于台湾要塞装备的军事资料，并希望给他解决工作问题。后信中又几次提及。

附：胡风1949年6月6日自北平

守梅兄：

五．廿二日信收到。曾寄数信，到声兄处，想现已见到了罢。

你和路兄、原兄，已决定请来开会[1]。然、沆系第二次提出，要在两三天内决定。大概会电告杭州当局招待来此的，也许此信没有到就已经动身了。

文协工作，做点具体的事情，帮助学生，到工厂搞文娱活动之类。刊物，能弄最好，但不必弄具体理论批评，只就政治要求上去扩大号召罢。

蔡的事，军事工作的事，暂时怕无法接头，过些时再说。非有负责部门中的人信任，是无法谈的。不要性急。

来此不要存过大希望，但可以多理解。希望能见到你们迎接新生的小作品。

匆匆

握手！

风

六月六日

227. 阿垅1949年8月15日自杭州

胡风先生：

回来，稍稍休息了一下。[2]

一切和朱谈了。他已经万事具（俱）备，只欠东风；张友渔来一封信就解决了。他们这学校曾经被派出四个军事代表，性忠也是一个，处理私立学校的事。不过，还是那种气氛，徒劳无功。他自己底学校，由于大的方针有了改动，不再作为归并其他学校的中心了。大家都好。顾

---

[1]　"开会"指即将召开的第一次文代会。
[2]　阿垅于本年6月应邀出席在北平召开的中国文学艺术工作者第一次代表大会。会后，与胡风同行到上海。胡风日记中记载："1949.8.4　十二时到北站，到家已近二时。亦门同来。""1949.8.8亦门去杭州。"

征南不久学习期满。太太又要生产。

你底书和小刊，销路不佳。

杭州，如果说是毫无生气，那还是照旧的。但是，社会秩序反而比到北平去时更混乱些。我回来的第二天，沪杭车在到杭州附近就给匪特炸了，死伤不少，已见报。江南真是一个包袱！

物价倒处置得有效。米到过六万，现在是二万多。对于市民和市侩，不知道也能够使他们感到否？

杭州文艺活动停顿中。

那个小报，有杜苕在内，这是一个丑角兼市侩。可见一般。

蔡有一点资料保存在手边，想交给你再转交三野。是关于台湾的，基隆和高雄两个要塞的武器装备，颇详细，我认为很好的。那还是日本人经营留下的，国民党当然视为长城。不了解的人，或许以为这是过去的，但是，要塞是不轻易改变的，这已经不是国民党底力量能够经营的——除非加强的事情，也有可能，不过也不会多到哪里去。你可以要便人来取么？邮寄怕丢失。

关于蔡，我底想法，对他本人，以及对帮助政府，最好能够使他到军大去学习。如果到北平去，可否和他们谈谈？在政治上他需要学习和了解。

这里，据说，由于强迫回乡和征粮，造成了一些不安的现象，这反而使匪特有利了。幸而马寅初出来讲话，目前已经改正了。

我考虑了一下。家里的生活，也处理了一下。那么，见丁玲时，还请她说一下。我决定到华北军区工作吧。

整理着文稿。关于马凡陀和李广田等的后记，整理好后，还是得你过目一下，看要得否。一共近五十万字，计六十八篇。已排的占五万多字。

好吗？什么时候动身到北平？

祝好！

夫人好！

梅

十五日

228. 阿垅 1949 年 8 月 18 日自杭州

胡风先生:

前信想收到? 关于资料, 我又细看了一遍, 有价值的, 甚至目前正好需要的。只不知道三野是否已经有了? 一共有几十张表, 主要在两个要塞底炮种、炮数。例如, 二十八公分口径的有多少, 二十一公分的有多少, 等等, 哪一国造的, 等等。交给三野, 是最适当的。我以没有钱, 不能够来。可以要人来拿么?

宋晓地底提琴等, 已交给余芳了, 请转告罗。

上次忘记告诉你一件事了。孙××来找我, 我也去回看他。他谈起荆有麟等, 好像还不知道。好像又关切我。可是, 一般对他的反响, 似乎是不好的。然而, 上海中学却要他去当校长, 听起来好像还是政府方面要他去的, 而且他负责一切 (他自己也似乎弄糊涂了)。这到底是怎样一回事, 我不了解。你听说了么? 我以为, 总要弄明白, 否则, 胡乱拉人, 或者出于友情之类, 那是完全违反政治原则和道德的。

附来邮票, 给小谷玩。几时回平呢?

祝好!

夫人好!

刘和罗好!

梅
十八日

附: 胡风 1949 年 8 月 25 日自上海

守梅兄:

昨天有人来拿了介绍信, 去找你取那材料, 不知已经来了否?

蔡的事, 我简单地对他谈了点, 要他问你, 不知道你和他详谈过没有? 如没有, 看机会, 我再提一提。但你不能向蔡作任何预约的。

你的事, 上次信收到否? 到柏山处住住, 他欢迎。但要下部队, 要

办正式手续，而且，去了要遭遇困难。如先到柏山那里，可直接和他通信接洽。下部队，等我有机会问这里负责人，或者到华北后问人。

孙的事，我无从知道，这类事，不必管它，自有人负责的。[1]

罗以后未来。化铁见过一次。匆匆的。

祝好

风

八.廿五夜

附：胡风 1949 年 9 月 4 日自上海

守梅兄：

信收到。关于资料，说是马上去的，不知为什么还不去。也许是因为我谈了一点蔡的希望，因而误会到要交换条件么？但可能是因事耽搁了，又没有便人。我是通过市组织部负责人的。你不必守在家里等，来了，一次找不着，当会再来的。关于蔡，只能提出说一说，是否有办法由他们将来决定。我看很难，现在正规化，人进去不能随便的。

你的事，也谈过，我考虑过。做部队工作，不容易，在负责方面，要考虑政治身份，在你，那政治待遇恐怕是受不了的。照我看，先到柏山那里，能住多久住多久，帮忙做文教工作。如我能去平，和那面谈一谈，看能否正式做部队工作。上次没有收到的信上，曾要你把那一次送来关于左轴回旋作战的情报[2]、时期、大略情形的材料写给我，有机会查一查。

关于出书，非常困难。民营全部垮了，没有人肯出书。海燕，《在铁链中》[3]只发一百多本。这里面有市场情形，还有许多麻烦的问题。现在看来，几乎完全没有可能。你那一本书要三百多万成本。《黎明》，也很难有办法，不过，是译文，文小，有机会问一问。

---

[1] "孙的事"。孙××，据我了解，他解放前言论反动，解放后却被任为上海中学校长，我要胡转告有关方面。——阿垅原注

[2] "左轴回旋作战的情报"，指我通过胡风交给地下党廖梦醒的国民党鲁南作战计划。——阿垅原注

[3] 《在铁链中》为路翎的短篇小说集，由上海海燕书店出版。

去平[1]的人，是分批走的。但我直到现在未得通知，不知道是否有变化。我想，很可能。如去，只在几天之内。一个人去。家人无法去，去了又做什么？这里有一个窠，暂时总可敷衍几天。

生活，工作，都有困难，但这是暂时的，重要的是要自己不疲下去。这一月来，看看家庭情形，无法整理，屠君拖得太苦，看看我自己也感到有些疲了。

匆匆　祝

好

风

九．四日

如愿到浙大教书，我可以向他们提出谈谈。靠文章得钱，一两年内不可能。

柏山在：徐州二十四军政治部彭冰山。

229. 阿垅 1949 年 9 月 6 日自杭州

谷先生：

接到信。声和沨的，就转去。上次的信，声未提。但有一封我是看到的，不过没有附给我的。

不知道接到走的通知了否？

情况我了解。

而且，始终坚信着：未来将是美好的，人民将是幸福的——不管要走多少迂曲的路，也不管会有多少正直的人遭遇了不被理解。每一次的革命都如此，特别是这改变世界的大革命，当革命的大踏步向前

---

[1] "去平"指胡风即去北平参加第一届全国政协会议。

直进时，在这条路上，敌人当然被粉碎，个别的同志也可能被踏倒。不要紧，只要所有的，前面的是这美好的未来和幸福的人民，个人底骸骨也可以这样铺砌道路。何况，也未必始终都是如此，到秩序建立完成，到政治和生产力突飞猛进，是瓦的当然还是瓦，是玉的也将同样被承认是玉。

但是，说我自己，这几年来实在已经感到了不到年龄的衰老。而且，往往在敌人面前，我有顽强的东西足以承担和忍受一切。只是，给我伤害的，或者说击倒了我的，却不是敌人而是所敬爱的东西，奇异的东西。并非埋怨，也不同于悲观，更不是贪求。个人是无所谓的。如果为了个人，那倒极简单，譬如教书，即使不会更好，也不会更坏，事实上似乎反而可以解决一些个人目前所想解决的小事情。我也不是坚持要做军事工作——如果对个人说，这也是极不重要的，只是以我底能力，理解来说，能够付出得较多，也较好的，是这两种，军事或者文学——虽然我一向并不把这看得过高。那么，如果文学上既不行，军事上也不成，那不是退缩到为了生活的事情？这，最多可以做一个"好人"，即无作用的人——当然这在我们还是极关重要的，因为到底是做"人"。还有，我自己底私求是，用一种工作，来振奋自己，也可以说是来压制自己底某种苍凉的东西。如此而已。

我知道，这也是一个大混乱时期。如同雷雨初晴，有青天、彩虹、鲜美的阳光和空气，然而也有残破而遗留的乌云。我不是不了解。所难的是：为了所爱，才有了所要求和所坚持的。为了克服过去的东西，必须强烈地走向未来的东西。如果当我还没有被击倒一次两次以前，既然有了如此的了解，那还很可以宁静一下，等待一下，赶不上队伍的时候就在路边等，看到别人成长自己也可有欢喜。如果看到了渣滓和泡沫，也可以把它和大的东西分开。只是这些年来，希望着和要求着，和身边纠缠的一切周旋，为了今天。敌人是并不可怕的，可怕的是伪作的人们，以及自己。可怕的是到了亲人面前反而成为孤儿，不，成为他们眼中的毒刺。如果有过去的勇气，这一切也都无所谓——即使那个时候似乎比较不成熟，甚至荒唐。目前是成熟了些——却是这么衰老了些。为

了热爱，一种洁癖似的热爱，看不惯伪善者们。为了热爱，爱得甚至痛苦，因此，即使小小一刺，也比流血剧痛。

许多心情，我秘密着，排解着。多少年来是如此。最近才向宁兄、原兄吐露这个。虽然想到，这将影响他们底情绪，最近却如此按捺不住。

真的，实在，我相信这个政权，相信人民和未来——即使我将被踏碎也一样。

如果看看星空，人是多么微小，个人谈得到什么，不论怎样。

在北平时，瑞底一个同学和瑀，都和我谈到小孩的事。我不愿意再麻烦人，而且我感到这应该是我底人的责任——不论想不想到他底母亲。有的话，不想说下去。就是想着他，感到了一种责任，另外一个精神上的，必须好好做人的负担。

雪峰先生曾经诚恳地和我谈，关于知识分子底软弱性的问题。从他看是对的。从我自己，这几十年的路，却不如此。我底顽强别人看不到，坚忍甚至牺牲临头，我都曾经心如清水。我能够看得比明天更远一点，但是每每在处理今天的事情上左支右绌。

关于左轴回旋作战的东西[1]，我已经记不清楚。只知道那是沂蒙山区一次决定性的进攻，以五军和十一师为主力，共约有三十个师左右，时期大概在前年（一九四七）下半年。记不太清楚了。那个时候我好像还在气象局。

一切不勉强吧。你也不要为这烦扰。

蔡，也不管吧。至于资料，不管来拿否，最后我也将送来，尽心焉耳已。如果你不在，我将交雪峰。便时最好先告诉他一声。

目前正在筹一点钱，看能否把牙齿解决。如果能医的话，前后大约要半个月到一个月。以后就到柏山处去。书不想教，杭州也不想住。

整理好的稿，以后还是想存放你处。家里是不行的。

---

[1] "左轴回旋作战的东西"即上信所说，阿垅于1947获悉国民党将在山东沂蒙山地区发动进攻的情报，及时将上述情报通过胡风告诉了廖梦醒。详见王增铎《还阿垅以真实面目》一文，发表于《新文学史料》2001第2期。

祝好！

夫人好！

梅

九月六日

附：胡风1949年9月6日自上海

守梅兄：

　　金尼[1]大概已有信给你了。你可以考虑一下（别处决无此政治待遇）。我觉得这样的工作环境对你是适合的。到别处，不容易下部队，而且，首长不了解你，一切都不方便。而且，还有经济问题，别处决不可能得到补助的。在这里，一方面可以转入军队，一方面也可以转入企业，这是可以看你的兴趣决定的。

　　再，化铁、金尼等在筹备《蚂蚁》，你在此也可以更有力量一些。

　　行前匆匆，祝

　　好！

风

九.六晨

230. 阿垅1949年11月1日自杭州

胡风先生：

　　怀念得很。

　　但是我却很久没有写信了。原因是，到了局里以后，经过了一个

---

[1]　"金尼"即杭行（罗飞），介绍我到铁路公安局工作。——阿垅原注。　罗飞（1925— ），原名杭行，诗人、编辑。曾编辑《未央诗刊》、《起点》月刊。1955年时任新文艺出版社编辑，后被定为"胡风集团骨干分子"。1980年平反，后在宁夏人民出版社工作。

月，具体工作仍然没有决定[1]。

我不能确定到底由于什么。原来要我到上海的时候，很急，好像一切都决定了。最初见面时，也有这个感觉。等到交了自传，虽然搬进去了，事情就悬挂起来，最初还好，以后催问了几次，都推着，得不到要领。我了解。也愿在工作中受考查。可是一个月来，等于做客。而且以后是否能够具体解决，看来还是渺茫。我要求的不是特殊，而是一般。和一般党与非党的工作人员，感到不同的是：一、没有所属的工作部门，没有一定的业务，甚至没有办公的位置；二、待遇也没有确定，甚至也不是供给制，只是在那里食宿；三、工作人员填表时，我又例外。

我所要求的：是沉入实际工作，即沉入实际生活，和精神上的解放。感到目前的情况，两者都使我丧去勇气和力量。即解决不了问题。

因此，我回杭治牙。

如果说完全不信任，不照顾，那也不是的。曾经要我参加一个会议（当记录），又要为我治牙齿（结果回来时给了五万营养费）。

本来，决定牙好后回去。但是，看起来似乎问题还是难于解决的。我详尽地写了自传，这是我们底态度。没有想到往往以赤心相见的场合筑起了障碍。早知如此，应该等事情发表后，再答应搬进去为好。或者，先在一个短时期中教书之类，稍等一等，到局面澄清一下。现在却失去了主动权，失去了机动力。

而且，这个机关，所谓实际工作，也还是坐办公厅，或者做通信记录之类。两个要求，不知道怎样才达得到的。

一面我要金尼和他们具体谈谈。既然来了，就不应该使人以为怯懦，动摇。何况有了你底介绍信，也打算争口气。但是，如果还是悬空八只脚，或者在门槛上的位置，我却打算以是或否解决。

回来见了朱、陈。陈太忙，咳嗽，肺尖不太好。学校情况，除掉经费，倒好了起来。小顾在浙江日报［社］。在上海，常见植芳，一二日内要搬到苏州住，生活上和心情上有些混乱似的。罗底肺也不太好，但

---

[1] 这年9月，阿垅一度参加上海铁路公安局工作。

是心境倒是好的，工作也轻了些。

和屠先生他们到过鲁迅先生墓上。遇到过雪苇。

你是否留京？上海家里好的。

祝好！

梅
十一月一日

在杭有一月时间。

231. 阿垅 1950 年 1 月 1 日自天津

胡风先生：

我今天到天津了。见到鲁藜[1]、芦甸，就住在文协。他们要我就在文协。我就这样待一个时间。[2]

屠先生要我带来一点东西，明天由鲁藜托便人带给你。其中一大包是许广平先生底，一条烟和信是屠先生给你的。在上海听说你咳嗽，看来还要带些咳嗽药来的，到这里，知道你已经好了。家里是好的。

在上海，屠先生给我筹了十万元路费。但是，在杭州，方然、冀汸也给我了的。不安呢。

读到过第一乐章[3]，大的气魄！知道你已经在写第三章了，完成了否？

宁兄回去了么？什么时候再北来？

---

[1] "鲁藜"（1914—1999），原名许图地，诗人。胡风曾在《七月》上发表他的诗作，并将他的诗集《锻炼》、《星的歌》和《醒来的时候》编入《七月诗丛》出版。1955 年被定为"胡风集团骨干分子"，1981 年 3 月平反。此时任天津市文协主任。

[2] 阿垅应邀来到天津，任天津市文学艺术工作者联合会创作组组长和天津文学工作者协会（后为中国作家协会天津分会）编辑部主任。2 月，参与鲁藜主编的《文艺学习》的编辑工作。

[3] "第一乐章"指胡风在写的长诗《时间开始了》第一乐篇《欢乐颂》（发表于 1949 年 11 月 20 日《人民日报》）和第三乐章（后改为第二乐篇《光荣赞》，发表于 1950 年 1 月 6 日《天津日报》）。

方然、冀汸也有北来之意。北京有人也要方然来。但是，他们得把学校布置一下，一方面把基础弄好再交给人，一方面，一些朋友也得先做好安排。因此，大概要到暑假才能北来的。

如果一时没有事而方便，或许我会到北京来一次。

祝好！

守梅上

元旦

小刊[1]登记证，我走时听到已可发下。第一期约本月十五日左右可出版。是屠先生说了话的结果。缺乏小说，如果朋友们有，可寄些。

232. 阿垅 1950 年 1 月 4 日自天津

胡风先生：

本来想到北京来看你，和你谈谈的。因此只简略地发了一信。前天请便人带给你屠先生底信和烟，还有许先生底东西，想已收到。因为买了些日用杂物，这次不来了，希望你来天津小游时和你相见。

和阿英[2]谈得极简单，只寥寥数语。他由鲁藜决定。那我就在文协工作了。担任的是创作部门的事，和芦甸一道。工作不重。目前，我主要在了解天津的情况。可以写作。我打算写两个小册子：《论艺术人物》和《拿破仑战史》。生活是好的。

比较南方，这里空气看起来要清新一些，也和谐一些。鲁藜忙。和芦甸谈得较多。

---

[1] “小刊”指罗飞、梅志等人编印的文艺刊物《起点》，出版两期后停刊。
[2] 阿英（1900—1977），又名钱杏邨，作家，文学理论家，文艺批评家。1949 年后，历任天津市文化局长、华北文联主席、全国文联副秘书长等职。

祝好！

梅

四日

来信请用陈亦门的名字。

233. 阿垅 1950 年 1 月 15 日自天津

胡风先生：

接到信，诗稿样。

这里的人是"干将"，而且被群众所支持。那么，即使是事实，大家看吧。

方纪[1]处去过两次，谈得相当好。孙犁[2]处去过一次，谈得平常，但是为《起点》向他约了稿。看起来，是有接近的可能和条件的。宁兄底《朱桂花》，已经向方纪要，取来校好后即寄沪。

阿英问起，为什么你不来？好像是有所关切的。

这里，对诗的反映是：一、劳荣说的：1. 搞文艺的一般说好，说情绪饱满；2. 老干部感到自己底情绪底麻痹，何以他们平时不感到？而你却如此震动地提了出来；3. 有的说不懂。二、芦甸底侄子，一个没有接近过诗的青年，装订校样时，读得哭了，几次激动地提起它，沉在里面了。三、有人说"散"了一些。

我以为，第四章最好在北京争取刊出。

写成了《论倾向性》——《论艺术人物》第一章，给这里。完全写成后，想请你看看。

---

[1] "方纪"（1919—1998），原名冯骥，笔名公羊子等，作家、书法家。
[2] "孙犁"（1913—2003），原名孙树勋，笔名芸夫，作家。

绿原来信说："要写，而且要写得好。"

这里，具体的活动是：创作漫谈会——今天下午就开［会］讨论茅盾提出的问题。广播——昨天到电台去，看萧获播讲"诗的语言"——糟得很，不知所云。本来是芦甸担任的，朗诵，或者讲话，原来是根据《人和诗》[1]的。那位先生，抱了一大堆参考书来了，头晕似的自言自语，就是如此。我害怕讲话，胆怯，否则，我要夺过来。但是还得团结他的。

你似乎疲乏。那天看你要睡的样子。多休息一下吧。咳嗽也得完全弄好才好。

祝好！

梅

十五日

234. 阿垅 1950 年 1 月 19 日自天津

胡风先生：

□□□□□□[2]宁兄的《朱桂花》来。明天寄沪。上海来信说已付印，怕这次来不及了。

这里开了漫谈会，好，非常好。将在《文艺学习》发表。

你底第四乐章，方纪谈到：三期连载时间间隔太久，而副刊又不便于整版给。这次怕不好弄。他给我们看了你底信和宁兄底稿。第五乐章长否？合适时先寄他刊出也好。

漫谈会中一个工人作家（何苦）谈到你底诗，青年作家说到"替我唱个歌"。前者说"完成任务"，后者说"给他在创作人物上大

---

［1］《人和诗》为阿垅诗论集，1949 年初由上海书报杂志联合发行所出版。

［2］此处文字无法辨认。

有帮助",而且认为是"正确的道路"。这极好。不但如此,其他的问题也谈得太好了——即使其中也有一部分胡涂见解存在,主要的是胜利了的。

怀念你!

方管有信到上海了。

祝健康!

梅

十九日

235. 阿垅 1950 年 1 月 27 日自天津

胡风先生:

这里,寄上第五《欢乐颂》[1]单页。昨天夜间和芦甸一同去校的。另外的单页,要明后天才取到,然后再分寄。上海一份,今天寄。但是,原稿报社方面要留住。

你咳嗽好了么?看稿末,又写着"咳嗽"字样。在北方,室内是热气或火炉,一到室外就感冒。我的方法是,出门时走得特别缓慢,使身体逐渐和冷空气接触,开门和出门的瞬间,并且暂时不呼吸,然后再向背风的方向做一、二次缓慢的呼吸。这看起来像麻烦,实际上是极不碍事的。而且,你还得吃些止咳药吧。

校稿时,和芦甸商议了,把"大空"改为"太空",把三句"同志万岁"改为黑体了。你看一看。

宁兄小说,方纪提出,作为一个党员的形象,有不明确处。芦甸、我,都看了一看。现在藜兄在看(他还得等几天走)。方纪是好意。我感到,这篇宁兄似乎写得匆促些。但是方纪底提法,和我不同。打算

---

[1] 胡风长诗《时间开始了》第五乐章名《又一个欢乐颂》,1950 年 1 月 27 日在《天津日报》发表。

把意见综合起来，告诉宁兄。昨天接到他底信。但是他是否就北来呢？他说，南京方面手续还是没有办好的。到他底行止决定了，这里再给他写信。

《起点》到了。份（分）量薄些。宁兄小说来不及刊入。北京有稿，最好带些回去，或先约一下。这里，方纪决定有一篇。其他的人也约了，但是一时却拿不到。

方纪有一个长篇，在《小说》发表。他透露，或许要请你看一下，希望海燕能印。

祝康健！

梅
一月二十七日

这里的刊物就要出版了。

贺尚华地址知道否？我还想向他要两本《人和诗》。谢韬[1]要一本。

236. 阿垅 1950 年 2 月 18 日自天津

胡风先生：

本来想谈到宁兄和沩兄底小说。我感到，特别是宁兄底，其中道德的因素或光彩是异常的。（略）

不谈这个。我要生活。——在作战上我失败过了，但在人格上，在今后，我将负担一切，一定一定。以衰老的感情迎接风雨吧。忍受不了，愈是迫我忍受。《天津日报》已抄了诗去。《人民日报》看到了。

---

[1]"谢韬"（1922—2010），原名谢道炉，学者、教授。1955 年被定为"胡风集团骨干分子"。1980年平反。此时在中国人民大学马列教研室任教。

不管！人就是如此。

敬礼！

梅

二月十八日

237. 阿垅 1950 年 2 月 22 日自天津

谷、华先生：

田间前天来，昨天回去。芦甸、玛金、我，三个人和他大战了一场。还有孙犁。

信写不下去了。因为，芦甸才把昨天接到的电报给我，我底父亲故世了。借了二十万寄去。在我，总不断遭遇艰难的事。但是，我还得艰难地活下去。

成都也没有来信。芦甸夫妇昨天已经接到成都信了。

握手！

梅

二月廿二日[1]

238. 阿垅 1950 年 3 月 2 日自天津

谷兄：

信接到，诗论也接到。上海的情形，却谈得不多。闯祸的是不是我？

两件事：一件，书已由芦甸发出。开始没有想到，用的是寄售办

---

[1] 此信末原署"一月廿二日"，但根据相关资料，田间是二月二十日到津的。所以此信日期应为二月廿二日。

法，昨天已经打电话去，看肯不肯批发，约好了，就去谈。联系到第二件事，其他的暂缓寄来，也看第一次的谈得和卖得如何。一件：三联的朋友说，一期北京说不卖了。那么，二期，拉稿，都有些问题。你们看，怎样办？给我信。

我事实上也无法回去。我给家里只汇了二十万，借的。如果走一趟，旅费就得六十万，而对于事情却毫无补益。接到家里信，一切，除了葬事，都弄好了。是妹丈、弟弟他们弄的，声、性兄也帮了忙。只有如此了！我只希望能够喘过一口气来，又遭了父丧，精神上负了债，比实际上的钱的负债还要不舒服些。但是，事情总要发生的。而做人也总有一个尽头，一切只有如此了。往往写到和谈到二、三点钟。

我在写拿破仑，写了三万字，完成了一半；希望以这在半年内解决父亲底葬事。

祝好！

亦门

三月二日

问题不在父丧，感情，而在赤贫；问题不在死者，而在活人。

239. 阿垅 1950 年 3 月 3 日自天津

谷、华先生：

昨天下午芦甸打了一个大胜仗，交给三联的二分之一的书，八折，完全现款，这里给你们汇来。——由于手边正没有零款，所以汇费只有从里面取了。

汇款后，和芦甸再到三联去谈，谈妥了，再告诉你把《财主》等寄来。另一家书店的二分之一书，也去谈，看结果如何。

昨天早晨给杭州的信中，附着给你们的一页。《起点》不卖的

原因，昨天芦甸未及详问。今天去时，想弄得清楚点。可能是总店关系。

祝好！

芦甸、亦门
三月三日

240. 阿垅 1950 年 3 月 3 日自天津

风先生：

今天在邮汇局汇出了八十二万（附信）后，即到知识书店，和芦甸两人去交涉，又得了胜利。已经打了支票，明日拟续汇出。两家清单附上，八折，现款，一千倍。又发现昨天和三联算错了一点，今天又补四万八，明日一齐汇。

其他的书，也谈了。知识可以要一部分，大约百万元左右。三联不要。听说作者名字，就有某种传染性的偏见似的。我以为：或者照这里的算法，弄二百万的书来，这里再想法。如果推销有困难时，下次拟七.五折，多给书店一些利益。

《起点》事[1]，总店通知的。和其他的许多一道的。今天完全问清楚了。

祝好！

芦甸、亦门
三月三日

---

[1]《起点》事，即 3 月 2 日信中所说"一期北京说不卖了"一事。胡风日记中记载："1950 年 3 月 5 日 罗飞来，谈与当局交涉《起点》事。""1950 年 3 月 6 日 得亦门两信。"

241. 阿垅 1950 年 3 月 16 日自天津

光、华兄：

前几天又到北京去玩了一次。也看了《莫斯科性格》。和宁兄相遇了，他有信来，甸兄也将来信的。

主要是去听报告的。这次的讲题是接受遗产的问题，正确对待民族传统的问题，也就是这样对于艺术性可以提高的问题。主讲人是周副部长。讲得很不错的。首先提出列宁对民族文化等的论点，也提出了鲁迅对"生产者的艺术"和"消费者的艺术"的说法。这是发展民族新文化的必要条件，和提高民族自信心的。

这是一个辩证法，唯物论的批判过程。一方面，要消除封建毒害，而吸收和整理其中的民主的、社会主义的因素。一方面，要吸收外来的，而以民族的为主。

民族的传统，主要在民族的风俗、语言，还有技巧。

五四批判旧的，吸收新的，左翼时期也是同样的——这个被肯定了。但是，到了现在，一切是我们的。因此，必须开始回过头去承认，批判，吸收。因为，西欧影响和方法，不合中国人民底口味、神气，和他们发生隔膜。中国老百姓，中国作风，中国气派。要尊重自己底历史，而不能割断历史，这是马列主义的观点和方法。对于西洋的学习，不能强调，而且也不能强调学习苏联。

甚至，打个比方，皇帝之中也有好的，为人民着想的。甚至秦始皇，也应该批判和承认是我们的。因为，如果否定了民族的一切，那自己就等于承认是叫化子了。

后来，大部分是讲的改造旧东西以产生新东西。改造并非简单的利用。继承遗产和反封建如何解决呢？恰恰为了改变它才接受的。轻忽改造工作的人，等于保存封建，因为它不批断它，改造它，而结果和他平行发展，互不侵犯了。

这里包含三个问题：一、文艺传统问题，二、群众思想问题，三、旧艺人生活问题。所以，后来就详尽解释改造旧的封建艺术，

如旧戏等。

今天要和文学遗产衔接起来。田君底话也如此。

我听得很兴奋。讲得也很好。

最近,文艺上开始展开了批评。如方殷批评《红旗歌》,指出了它底形式主义的追求性格。陈涌批评了《论倾向性》,指出了它否定了政治[1]。对方纪底《让生活变得更美好吧》,指出了它底弗洛伊德主义和恋爱至上主义。还有《文艺报》里(十二期)的一些论诗的,也是必须去买来看看的。

上次的报告我没有听,可惜。上次的讲题是文艺与政治之关系。这次开始的时候做了一个补充。同意陈涌底批评,又提到了论正反面人物,说那是把现实主义对阶级立场对立起来,而把后者抽掉了。

目前强调思想斗争。阿英也传达过。比方,列宁曾经主要地和社会民主党斗争,因为左的外表,反动的本质,比任何敌人严重。这次报告中也提到了。可见思想斗争之复杂、艰巨。

拉杂的谈这些,我也兴奋和幸福了。

祝好!

君
三月十六日

242. 阿垅 1950 年 3 月 19 日自天津

谷兄:

今天看到天佐批评我。关于论人物的一篇(二期刊的)。[2]

---

[1] 阿垅以笔名"张怀瑞"在《文艺学习》第 1 卷第 1 期上发表了论文《论倾向性》,1950 年 3 月 12 日《人民日报》上发表了陈涌的文章《论文艺与政治的关系——评阿垅的〈论倾向性〉》。胡风日记中记载:"1950.3.18 得亦门信,发出了全面进军的指示似的。""陈涌"(1919—?),原名杨思仲,文艺理论家、评论家。时为中国科学院文学研究所研究员。

[2] 1950 年 3 月 19 日,《人民日报》上发表了史笃(蒋天佐)的《反对歪曲和伪造马列主义》一文,批评阿垅发表在《起点》第 2 期上的《略论正面人物和反面人物》。

我犯了一个严重的错误，如同用爆炸物爆炸了自己，如同必须刺瞎自己底眼睛，为了好，反而不好，心中极难过！

事情是这样的：我抄了《科学的艺术论》中的一段话，在我底笔记本中，但是不知道为什么没有抄最后一节话，而关键却在这最后一节话。其次，这书译文又错了。

这个译文，我对它的理解是这样的：首先，谈到人物底生活，我以为那是说的生活内容；其次，谈到他周围的各种人们，我以为这是说的社会内容。因为作品底思想内容，是反映社会生活和现实斗争的东西，而这个东西，正是血肉的生活内容，斗争的社会内容或者历史内容。由于这个原因，我就这样来理解马克思底话。不，我就这样来理解那个译错了的译文！

但是，虽然译错了，但是最后两句话却是存在的，我底错误在这里！抄本上，没有抄下！而书，买遍了杭州，在上海也找不到，就写了那篇东西！一直到这里来时，杭行兄才送我这书，我才得到这书。

非常痛苦和泄气。自己，也可以说白活，活该！但是，对师友们，我底罪过多大！

芦甸说，我下次到北京时，最好找周扬谈一下。我很冲动。你以为怎样？我要说明，由我自己一个人负这个责任。

祝好！

梅

三月十九日

去看他，是不是可以解决问题，即使只是这么一个问题呢？

243. 阿垅 1950 年 3 月 21 日自天津

谷先生：

这些日子宁静了些，但是也思索得更深。

报想已见到。

是我，伤害了自己。虽然，适夷的译本那样不可靠，但是，我总之做事粗枝大叶，顾此失彼。更使我不愉快的是，事业是我所敬爱的，你也是我所敬爱的。而人们所欢喜使用的，是帽子战术。我戴帽子，过失在自己，倒也能够安心。但是，如果因之而污辱了你，我是愤怒的、痛心的、不甘愿的。而现在，照我的看法，这已经不是思想问题，已经不是理论问题，而是作为一个政治问题的。

当第一次批评时，我是决定不回答什么的。不过鲁藜写了一首诗，还有一个同志写了一篇文章而已。但是，到这一次，鲁藜和我谈，要我写信或者写文去，作一检讨。我自己，也想到，如果这样做，好处是由我个人来负这个责任，事实应该如此；不好之处是，人们会以为我们在全部理论上垮台了，为真理、最高的品质和党性，也必须坚持后面一点，即使对我自己也必须检讨。因此，一方面，为了错误，为了人格，为了师友，我必须去信。另一方面，为了真理，又怕它受损害。

信很难写。我草拟下面一个稿子，寄来你看看。到你看后，认为可以，我才发出。这个做法，也可以使人以后在帽子战术之类上落空。如果你认为这样［的］做法不对，我就不做。这事，只有芦甸同意先给你看，是不必给第三者谈到的。请就给我回信。信稿这里也留一份，不必寄回的；如果有改动，把改动部分寄我就是。

我是有罪的，但是我是对这事真挚而坚定的。

祝好！

梅

三月二十一日

阿英很好。人们眼睛也是亮的，只是迷惑了。

244. 阿垅 1950 年 × 月 × 日自天津[1]

谷先生：

飞兄寄来的十四万元收到了，即转交何兄。请勿念！

我是想尽力工作。到这里后，即使遭遇到父丧，我还是明快地做应做和可做的。即使接到成都信，生活太难，小妹当了乐队，现在又失业，虽然因此怀念小孩和感到责任，还是用尽方法做一些。不但自己做，还帮助青年们和朋友们。比方，甸兄底剧本，几乎全部是我底助力展开的，现在已到第三幕。

这个打击，太无耻了。

但是，这不是没有好处。首先，原来是一个总的东西。其次，是一种个人的东西，一种畏惧感，想不到地把我看得如此大。再次，方法，无论是拳头，无论是糖果，都不是有力的，而且，事先拉拢人们和准备，那也太手忙脚乱了。最后，人们并不因此就瞎了眼睛。

方兄昨天来，谈得很感慨和愤怒。路上遇见了孙兄，安慰我，并且第一次地这样热诚，这样紧，和我握手。

我那信，你大概看了。我只说那是"指责"，而且不承认思想上或论点上有什么毛病（当然，我自己，对自己也应该检讨的，有益的），而且，我把中心放在引用的文句的解释上。所以，不论他们满意与否，用与否，战胜的决不是他们几个人。

我不了解鲁兄。他又要人写了什么，那不但是多余的，而且是不可解的。一切，直到目前，我的看法是如此。我能够忍耐，一切我照他底话做。但是，忍耐不但有限度，也有原则。

甸兄很好。他同意鲁兄，又怕我失去面子，寝卧不安。结果，我把那信底含义解释了一下，他才小孩似地欢喜起来。

所以，我又想离开。如果自己教书，不但可以不受气，不但可以解

---

[1] 原信未署年月日，现年份为整理者推断。

决两家底生活问题，而且还是可以自己学习和写作。

握手

梅

245. 阿垅 1950 年 3 月 22 日自天津

谷先生：

见了周。我说得很少。交出了那信。[1]

泄气的是，并不过于紧张。这样，藜兄底态度，就很使我迷惑：开始，原来决定置之不闻；以后，要我写东西；最后，昨天忽然给我信，要我马上就来。我底了解，有几个方面，而不能在目前就作确定：或者，他关心到我，尤其关心到你。其次，他自己底经验使他怯弱。再次，一种类似军事服从的态度，这一点，你得从新了解他，如果真是这样的话。应该是坚持真理，这才是最高的道德。否则，这道德是大门内的家庭道德，对这个家庭来说，在某一意味上，反而削弱了它。还有一个最坏的想法，是他要我做挡箭牌。虽然说他负责，其实我倒愿意自己负责，无论在哪一方面，都由我一个人负责的。[2]

谈话的时候，他问到宁兄，我说到很好，已经告诉宁兄。又问管兄，我说不知道他在哪里。

从这些地方看，可见他也畏怯，和他到底为了什么。

说到你。不相干的地方恭维了几句，而主要认为你没有看群众，认为这是一个焦点。

你好吗？愿你宁静，愉快。我也得开阔，而更了解他们。

---

[1] 阿垅于 3 月 21 日在北京见到周扬，并给他上面两信中所提到的给周扬的信。

[2] 鲁藜时任天津市文协主任（副主任为方纪、李霁野），并主编《文艺学习》杂志。据王玉树、郭武群所编《鲁藜年谱》（载《鲁藜纪念文集》）记载："1950 年……因发表阿垅的几篇学术论文受到全国性的批评，写诗《要区别开来》和一篇检查文章。"

他又要我写点什么，如同根据自己底思想分析问题。我说我要整理思想，婉却了。

其次，他是一手拿鞭，一手拿果子。但是两者，却和我不相干。

宁兄剧又在改，金似玩手段，以致不知下文如何。务必符合"政策"云。

祝好！

梅
三月廿二日

246. 阿垅 1950 年 3 月 23 日自天津

谷先生：

我昨天回来，看了信。你要的小说和批评，同这信同时另外挂号寄上。

诗集还未寄来。寄到后，当照送。

书，这样一来，暂时还是看一看，以后再托书店卖。目前，人们底情绪波动着，甚至幸灾乐祸，大惊小怪，把我看成怪物了，如果托他们，这个时候怕万一不会答应的。

周要见宁兄。看样子，是想把我们和田君似的看待，来一手的。

我认为，目前还不是讲理的时候。人们有要求，但是又苦恼于自己底畏怯，以及不了解我们，让他们更深地更久地体味一下所存在的问题，那么，他们自己也将睡得太久而起身的。

所以，我认为，你还是暂不发言吧。人们不会了解问题，因此也不会了解你的。证据是，你底诗，说好的人今天又说不好而发表了搔痒似的批评了，譬如王君就的。而煤兄底同学，也认为何对而你错了。

开阔些，愉快些，日子是长的。但是百花是要开的。

我自己，这样做，是为了大家自己在荣誉上暂时作一牺牲吧。而

且，首先得把天佐给我的帽子拿下来。我那信，是技巧地写的，如果分析一下，一切可以明白的。

祝好！

梅

三月廿三日

我底论拿破仑战争，大体上已经脱稿，约六万多字。不知这样的书，会有书店要否？如果有办法，我可以解决父亲底葬事（会馆限停枢半年，已经过去一个月了）和还债。卖版权也可。

247. 阿垅1950年×月×日自天津[1]

……由于这两次的失败，我深感到这一情况：一、我是偏向地被一些现象吸住了，从而钻了牛角尖；二、由于在国民党统治之下，往往采取了批判的也即敌对的心情写东西，在今天，这种习惯性，还意识地或不意识地保留了下来。这都是不好的，不但对自己不好，不但对朋友不好，而且，对于我们所爱的大的方向在这意义上说也更是不好的。所以，我检讨了一下，决定：一、要更宽阔地看问题，而不为一些现象所限制；二、批判还是得坚持，但是，更主要的，要更多更强地建设性地提出问题。你以为是应该这样么？

其次，不必说话吧，甚至一句也不要说。要他们千万把小刊停掉吧。而且，你不必在终刊上写什么。

因为，我弄错了一点，却是大的错误。如果再说话，或者你说话，人们就更会把不相干的东西加之于你的。这是使我太痛苦的。我是多渴望你好，不受我底牵累，精神愉快。我没有想到，我底迫切的心，反而

---

[1] 此信为一断片，首尾皆无。从内容判断，应在1950年两次批判后所写。

伤害了一切。诚恳地，愿你好，愉快和宁静！诚恳地，请你不要说什么话。因为在这一点上，错在我。

我还是坚持，还是要写。不过，我将从检讨和经验中锻炼自己。……

248. 阿垅 1950 年 4 月 18 日自天津

华先生：

稿昨天才挂号寄上。先请谷兄看看。

如果没有问题，告诉我，我就寄给周。如果有修改，请人把改动处（录下页数）抄给我就是。寄北京，我估计未必刊出。上次杭兄来信说，还要弄一期，那么，等一下，等我寄北京不刊后就发表。大概就是如此。我对友人底激励和帮助，抱着大的感动。宁静地做事。我是看着深渊，咬着牙齿跳下去，现在我得跃出，不管这里如何了。

童话诗寄到。长诗两种也寄来了，并且早已送出。

我觉得，《人民文学》、《文艺报》、《人民文化报》等上面有不少好东西，可以作为材料，而且有许多新鲜之极的见解，你们应该有一个全份。《人民日报》也得订，副刊极好，是周自己弄的。

想到，如果发表了，鲁兄都不会高兴的。特别的，他底上司们更会不乐。所以，如果那样，我就等南来。这里三期，大概已经见到，那么，就可以想见一般。他懂诗，但对于原则和生活，有的地方是不了然的。所以，我这里，除了要我那样到北京去，却无人可以商谈的。甸兄好而见解弱。方兄，没有深谈，但从他，特别从最近一次谈话，见解比鲁兄强，也明澈而镇定。他目前是打算息事宁人，埋头工作。

有几个地方，要稍改动一下。一、结论中：1. 第一节中，"非把它'加政治'不可"，"不可"改"就没有办法"；2. "原则也丧失去了，而使对立的……"改［为］"原则也丧失去了，不但包罗了公式主义的那种概念，而且也使对立的……"。二、附话中，最后：1. "打算抱关门主义"改"打算在发言上抱关门主义"；2. "一切，在我，只能够……"改

［为］"一切，在我，除了尽力从实际工作之外，在文学问题上就只能够……"——这两点是甸兄的意思，否则，不但给人以消极的印象，而且可能还要戴帽子和嘲弄的。

这里，也有人不满，如同南大的几个教授，连霁野[1]也在内。

祝好！

梅

四月十八日

249. 阿垅 1950 年 4 月 24 日自天津

谷先生：

改过的稿收到。甸兄信也到。

我打算就开始改写。由于一些琐碎的掣肘之事，估计起来需十天时间。预备分成两篇。

我写成了《论拿破仑战争》，五万字的样子。这里，由于倒楣的事，出不成了。这是一种技术的东西。除此之外，我是以马列主义的看法来做了一个批判。我想到：首先，这完全是一个冷门；其次，菩萨都不会触到的；最后，这对于今天的要求和今天的利益是相合的，有用的。我自己，打算多少解决一点两方面的事情：首先，是父亲底葬事；其次，几次接到成都信，景况太难，而孩子又在那里，我不得不想法帮助一些。从这里，产生了需要，也产生了勇气，写成了它。在给二十兵团的同志看。看了还是难出。而且，也感到了另一面，这样的水平，目前却没有人达到；而且自己却以为，是一本通俗的书。由于这些，我打算就寄到上海来；是不是可以向书店为我碰一下？如果有人要，我想一次卖

---

[1] "霁野" 即李霁野（1904—1997），著名作家、教育家、翻译家。曾任天津市文联主席、天津市作家协会副主席。

掉版权。得到钱，一半寄"杭州韶华巷三十四号陈静芬"，另一部分寄"成都下草市街四十七号附一号张瑚"。

去住的事，我将表示给几个人。

祝好！

梅
四月廿四日

250. 阿垅 1950 年 5 月 2 日自天津

谷、华先生：

甸兄和我今天到书店去，结果，第一步，《奥尼金》和《小红帽》各卖去二十本，一千一百倍，七五折，得款四十二万余，除印花与汇费，附上四十一万元汇票一张及清单一张。甸兄费了全力。

这次书太多了，书脊擦坏很多。书店每家每种只能要二十本。《小面人》来了几次，差不多已吃不下去了。

和知识书店经理谈了一谈，可以交他们发行。但办法是：一、七五折，一千倍；二、交书到满一个月，款全部付清，当中半个月可结一次；三、倍数上下时，照涨照落。——我们就如此作主，明日全部交去，看是如何。别的法子没有了。

我所写的小册子，还没有取回，过几日寄来。

心情又烦乱起来。一切等于讽刺。自己太想到人，老实了，反而一塌糊涂。

祝好！

梅
五月二日黄昏

方兄已离报社，在友协作总干事。

251. 阿垅 1950 年 5 月 11 日自天津

谷、华先生：

书，三日那天已经全交给书店，六月三日后清帐。到半个月，可以结算一次。总数有四百多万。这里，到车站取书时甸兄花了三万多，还他又不好，不还他又不好。

文改成二篇。删了些，但又加了些。论点一展开，就无法再减，每篇都超过了一万字，甚至到一万三千字。昨天接飞兄信，那我就先寄一份到沪，以备不时之用，今天同时挂号寄出。还得请你看看。我改了四次，每天差不多弄一万字，一直没有休息，倦透了。所以，如果没有大毛病，暂时不打算再改了。这一份在沪保存着。

五四［时］一个学校朗诵二章长诗，很好。《文艺报》十五期看到否？

路兄寄一短集来给方兄的丛书。他到中苏友协了。说暂时不写了，而且把我弄成了友协的委员——我听旁人说的。他在文艺上、气节上，比鲁兄强。可惜接近少，还没有谈"心"。田兄底诗的见解，是和乔木一致的，我才了解。

冷氏，在泰纳《艺术哲学》中看到不少篇幅。昨夜还看到他底几幅画，但不知属于哪一期？又，《苏联文艺论集》第三、四两页，谈到冷氏可以参看。（朱海观译的）

又，"日常生活中的娱乐"，"娱乐"二字，不知原文是否"play"？如果是的，意思就不止是"娱乐"。

我之去留，关键全在鲁兄本身。我是说，如果发表后的话。

祝好！

梅

五月十一日

庄、浦兄附候！

252. 阿垅 1950 年 5 月 16 日自天津

华兄：

稿昨天给鲁兄看。这次他好多了。一方面，要我们宽阔，排除"个人"的东西；另一方面，却要我简单"解释"：那就等于不要论点，也不检查对方论点，而且等于缴械。我这次决不能这样。但几个人的意见，认为反讽可不要，那将多正面效果，对谷兄也好。我考虑这一点。或许还要改一下。你们意见如何？——这是我最重要和关切的一点。我将遵从这一点。

别的，给宁兄信上谈到。

过两天，书店可以结一次帐。

关于诗丛，藜兄谈到，这里可出，但未对书店谈。问题是，要重排，而不用纸型。这一点，我想到就困难。所以和你们商谈。如果以为可以，那就直接给他信。要委婉些。

鲁兄是，大概其芳的文章触到了他。他预备答复。看是如何吧。

文艺报十六期到了否？

祝好！

梅

五月十六日

253. 阿垅 1950 年 5 月 19 日自天津

谷、华先生：

今天到书店结帐，书又说难卖什么的，但取来了一百万。除印花、

汇费等，先汇九十八万。（大概还有些零款可多）到下月六日后，一定全部结清。（三百多万）可一次寄。

你底信是昨天接到的。我还有一信，大概也已收到吧？他们要我删去刺眼的字句（其实已竭力减少了），就是说，要更"纯理论"些。我并不想完全那样做。但他们说，如果改些的话，又容易登，又更容易争取人对我们的看法。你以为如何？等对这一点的意见接到，我就发出了。

那书稿，只有如此了。一切，我承受。

祝好！

梅

五月十九日

钱明天汇。

《普式庚》，因为玛金想要，就送了他一本，所以少一本。

我深感到，坚强是必要的。这是"人"底脊椎骨。可贵的。

但是现在同时也深感到，宽阔，尤其宁静，也是必要的，重要的。否则，要给苍蝇、蚊子扰乱，甚至拖垮的。

我感到，从我们底友人，特别从你，高度的坚强。有了这个，真理有了堡垒。

宁静，我也从你感到。但有时，我也可以感到你底巨大的愤怒和沉重。这也必然如此。如果不是和尚和软体动物，当然如此。但我多愿你更宁静。宁静吧，宁静能够使坚强更大也更高。虽然有时我反而会烦扰你，但多少有你在更高的高度来看这一切，而不使身体和精神受到任何损害，损失。

为了以后，为了不久，为了未来。

从苏联文学史的书，看到高尔基是在十多年以后才被承认，才被理解。比较起来，苏联底新文学的基础厚，而我们才不过有三十年的历史。但我们现在却有了苏联例证，还有计划经济成功的例证。那么，从前者的条件说，我们应该更慢些；但从后者的条件说，我们却可以更早些，有利些。

从工人（以及工人作家）和青年，我感到了开始。

我所关切的，是好的人，特别是你和宁兄。也因为从自己感到了身体被削弱。一个兄弟底心［理］的话。

祝一切好！

梅

十九日夜

不知道何氏的"论现实主义"的书，海燕已出了否？我想研究一下。必要时，这是有用的。暂时，我愿登出；不登，则再想办法；登了，暂时不多说话，看情形。鲁兄估计会不登。又，十六期，这里，人们叫屈和激怒了，虽然无可奈何。

254.阿垅 1950 年 5 月 25 日自天津

华兄：

两信及书一包收到。飞兄和罗兄那里还来不及回信。

我已经匆匆改了，在今天寄出了。

因为，昨天，全国文联来了一个公事，交阿英，阿英又交芦甸，说我三个月无钱葬父，要这里照顾。不知谁反映，谁发动的。我不能接受。麻烦。

于是，我想到，穆罕默德式的传教。这是使人悲哀的，好像要更拖下去似的。我底胃是空的，但是我底骨头不害软骨病。只怕会愈来愈稀奇，愈来愈复杂，而这正是战斗。

祝好！

梅

五月廿五日

255. 阿垅 1950 年 5 月 26 日自天津

谷、华兄：

　　昨天的信想收到。

　　我今天准备去看一下阿英。

　　他们在小题大做。由于我父亲底葬事，他们好像奉了命令，出乎意外，而自己却又没有想到过这样的事，惊惊慌慌。看样子，似乎要由公家来办。两天的发展就如此。好像一个"作家"的父亲可以"国葬"。

　　但，我怕不这么简单。昨天我谈到一点。今天我想得更多，这就是：表现他们大公无私，对我们这流人仁至义尽，于是天下的公道，他们就和大旗一样抢住。这是不是和先父底尸体开玩笑。——不仅仅是要给我吃甜的，当给过了辣的以后。

　　我又陷在困惑和苦恼里。

　　你告诉我，该怎样办？

　　我晚间去谈，拒绝。但不知结果怎样。话又不能说穿。

　　想到孟子底话："此之谓大丈夫。"……

　　我神经质么？或者，始终要用硬的或软的给我滋味尝，好像我还没有尝够人生味似的。

　　告诉我怎么办呢？恐怕来不及。但是我是决定了的。战下去，在这事上也一样——不管打到最后如何。

　　祝好！

梅
五月二十六日

　　我从来没有向人说过什么，要求过什么。最多，当我写《拿破仑》时，说我将以这葬父。而且我想不出，谁有反映可能。

256. 阿垅 1950 年 5 月 29 日自天津

华兄：

我已拒绝了金钱的帮助。

事情也明白了。是玛金，到北京去，向田间、康濯、陈企霞谈起，才有这事的。是他们问到我，而且也是他们找人的吧。

文化局组织，又将有改变。

我和阿英谈了。但下工厂，目前连这个情绪我都没有。只想脱离文坛，到军队去。

周，不知会登不会？如果不，那才无法。还未回信。不得已时，想弄一下小刊了。

愈打愈起劲了——也就是，愈情急了，可怜也可恶。

祝好！

梅

五月廿九日

257. 阿垅 1950 年 6 月 3 日自天津

谷、华兄：

信接到。照办。这几天北京在开会，打算过两天再去信。如果能够展开，我很高兴。

我感到，他吃了辣子，吞又不是，吐又不是。好的。

第六期《大众诗歌》，可以看。或者一二日内就寄你。

给甸兄信也看到。

陈兄诗，一千多行，这刊不但容量小，而且情形也不行。《十月文丛》因人事关系停。副刊因方兄离去又无法送去。《进步日报》，文艺刊已取消。结果，和鲁兄商议了一下，他看后，由他和知识书店谈，出一

个集子，如可能，先支一点版税。

鲁兄今日谈，要怎样才能扫清市侩们。而且想写一诗，暗含刺何老爷之意，那么，他会积极起来的。

我今天又到师范学院去。据反映，激起来了对文学的兴趣。今天，除文史系的人，门口都摆了凳子，坐了四五个人。最使我感到高兴的，是一个老先生，在五四座谈会中，他站在旧诗上反对我，前次听讲，不断笔记，今天更亲热。教授们来听的也更多。**芦兄也到南开中学讲了两次，效果极好。**而且，在可能中，我们对不正确倾向，都多少指示了一些，而且提出了正面的东西。**打算继续，和扩大。**[1]

又，钱推去后，但阿英又把东西转到财政局，写上批准一五〇万。这很难。当然，我已向同志表示了。

祝好！

梅
六月三日

宁兄回来，希望过此，我们要听听上海情形。看你底信，好像上海很有人等说话似的。

258. 阿垅 1950 年 6 月 10 日自天津

谷、华兄：

书事要等你们底信。

---

[1] 黑体字部分为《第三批材料》的第 21 则摘引。《材料》未标此摘引的年份，编者根据内容推断，应为 1950 年，月份应为 6 月，阿垅误写成了 5 月。据胡风日记记载，路翎于 5 月 30 日自上海回南京，然后再到北京去，6 月 5 日日记中记载"得亦门信"，且阿垅此信中有"五四座谈会"之说，所以日期应在五四之后。"陈兄"指冀汸（陈性忠），详见第 71 页注 [2]。

宁兄有信来。

今天接了编务，想起来可能有困难，但不管它。

《人物》，是打算写的学习小册子第一篇。想通过这个卖些钱。《生活》打算另写。第二篇还未动。

宁兄底《锄地》[1]，《天津日报》转来北京批评一篇，这里也收到济南寄的一篇。不但论点如同播音机，口吻也好像回声似的，简直是一个口令下的傀儡人底操练似的。有计划吧。我打算退。但不知藜兄如何，真操心。编务最后决定权不知道能不能够取得？只要藜兄不胡来，一切是毫无问题的。近来他清醒些，不过我还担心的。

祝好！

梅

六月十日

周处已去一信。

259. 阿垅 1950 年 6 月 13 日自天津

谷、华兄：

不知道你们是否已到杭州去了？

书在交涉中，结果如何再来信。

今天接到周底信[2]，同时鲁兄也接到一信。据说鲁兄曾给他信，表示愿离这里，不干；可以到别的部门去，专搞创作。所以才有这来信

---

[1] 路翎短篇小说《锄地》，发表于 1950 年 4 月 1 日天津《文艺学习》第 1 卷第 3 期。

[2] 此信末附录了周扬 6 月 9 日给阿垅的信。如下：

　　阿垅同志：

　　　　两信收到，你的两篇文章也看了。我对于陈涌和史笃两同志批评你的文章，他们的基本论点，我是同意的。虽然他们的文章也还有某些缺点，如说理不够充分，史文态度亦不够好。（转下页）

的。不过鲁兄给他的信，不知道是在什么时候。推想起来，可能在要我去京的前后。那么，现在来信，和我同时；而且约他和钱君去谈，可见其中有着关联。这可能：或者缓和一下，或者加些压力。只不知道鲁兄给他的信，谈过什么？

文也寄回。看样子，别的论点都不提，可见吃瘪。只在一个问题上纠缠，而且还是抹煞一切的说法。

我又恐怕，他们会偷了论点去，自己修正，补充，先弄点别的什么，发表出来也不一定。

具体情形，鲁兄去后当可明了；只是想到，他不见得和我谈的。

那么，我是不是要改一下？针对他那说法改动或补充一点，对消他那"皮面"的论点？

而且，这些，是否改后拿到上海来，给罗飞？

飞兄上次来信，说文艺处打电话问小刊何以久久未出。我就想到，可

（接上页）你前次的自我批评，我也觉得是好的。因此，你这回的文章，我觉得完全是替自己辩护，没有一点自我批评，而且连上次的一点自我批评，也自己取消了。这是不好的。你花了许多篇幅辩明描写私生活的必要，这对于当前的创作有甚么好处呢？所谓私生活，照一般的了解，即是指一个人在政治的社会的活动以外，纯粹属于私人范围的生活。在艺术上表现一个伟大人物或一个普通人，当然要表现他的个性，描写他的个人生活，这是不成问题的，但主要的是描写他的政治的、社会的活动，他的事业和功绩，以及作为他生活基础的体力的与精神的劳动。离开了这些，任何个人生活，身边琐事的描写，都是无价值的，无意义的。你的理论的基本缺点，就在抽象地强调作家深入生活——而在你看来，生活又是到处存在的——因而强调作家深入私生活，另一方面则忽视甚至拒绝作家要深入工农群众生活，描写他们的阶级斗争和生产斗争，并从中改造作家的思想，改造他的人生观。这是马列主义、毛泽东文艺思想的灵魂和核心。你的理论就恰恰忽视甚至拒绝这一点，甚至认为我们在理论上强调这点，是公式主义产生的原因之一。这就是我们和你理论分歧的根本点。你的文章，尽管旁征博引了许多马列主义毛泽东著作中的字句，但却阉割了它们的革命的核心。所以，我觉得你的这种理论是不正确的，而你的这两篇答辩文章的态度也是不好的。如果你一方面检讨你理论上在这方面的缺点错误，同时修正陈、史文章中说得不够、不恰当、不正确的地方，并对目前文艺理论创作上一些公式主义的倾向从正确的态度进行适当的批评，那我们是非常欢迎的，对当前文艺运动，亦是有益的。但发表像你现在写的这两篇则是于你于读者都没有好处的。因此将它们退回你，并写了上面的意见，希望你重新加以考虑。如我有说得不对的地方，亦望指正。

　　此致
敬礼

周扬
六．九

能有关联。看现在这个情形，我更这样想法。见时把这一点转告他一下。

抄一封信，给大家看。

握手！

梅

六月十三日

260. 阿垅 1950 年 6 月 28 日自天津

谷、华兄：

信早接到。

孩子来了。是小妹带来的。她北来工作，现在在北京。路上遇政治土匪，小孩底衣物被抢。我是十六日到北京接他的。到今天已十多天了。他的问题，如何解决，还不知道。到保育院，照一般情况，需要参加工作满十年的，或父母共有十年历史的条件。现在以特殊情况在请求。如果不能解决，影响太大了。

孩子来，我多欢喜。体力和智力都好。但离开三年，生活性格变得使我大为困恼了。体力是野蛮，智力有狡猾的一面，总起来是任性。我以为我会十分爱他的，却几乎每天要打一次。痛苦得很。自己变了么？变得如此易怒，绝望。不，慢慢来。

但他一天到晚缠住我，什么事也做不成，因此文章无从改起。

如果保育院的事解决不了，我想，除了去教书，生路是没有的。人极疲倦。本来无昼寝习惯，给他拖得一坐下就闭了眼睛。

三年！如果三年的生活，就这样影响儿童，旧事物真太可怕和可恨了。

祝好！

亦门

六月廿八日

芦甸下厂了。

261. 阿垅 1950 年 7 月 1 日自天津

荒[1]、华先生：

我感到：对歌者[2]，由于他那二重性，暂时，至少是暂时，不可以心换心。由此，说话做事，一时是不宜于直白的了。这是今天他自己谈到二重性。而我底感觉，这个人，主要是一种分裂的东西：斗争在他，是大的，但基调却是个人的那种东西。

他几乎，完全否定了过去的诗。

他说，过去，影响他较深的，是三部资产阶级的作品：《茵梦湖》、《茶花女》和《维特之烦恼》。说由此在艺术上，他底美学观，是资产阶级的东西。也正因此，所以小资产阶级就喜欢他底诗，喜欢的是他那不好的一部分。这是他底十个问题之一。十个问题是，政治性的，生活观，趣味的，对艺术性的偏爱，技巧，直觉，劳动态度，体验生活，普及提高之关系，为工人服务，以及上面谈到的资产阶级美学观，全部否定的。而照我底看法，实质上，在那二重性上，照他那谈法，许多东西也是应得否定的，如技巧，观念化。

他谈到他底彷徨、孤独、虚无。

但分析是细致之极，声调是温婉的、凄凉的。

他，问题在肯定了不应肯定的部分，否定了应该给以肯定的部分。这不知也是二重性之故，容易趋向极端，从一个到另一个呢？还是虚伪？——听不出怎样的虚伪，那么，难道半推半就，半真半假吗？

我感到他那危机底深。

说到自己，还未开始。我写得极简单，或单纯。我不触人，也不使

---

[1] "荒"，胡风曾用笔名"高荒"。
[2] "歌者"指鲁藜，他曾在《七月》上发表诗集《延河散歌》。

人触我。没有人能理解，理解的则也不能说决定的话。在这种情况，在目前，我是不求解决，甚至连问题也不提出来。有生力量的问题，我了解这样。但这做法，不知会碰到什么。

欧兄事，好的。刘兄另有信。但这里，比较了解和好的，有二个，但不能在这点上起作用。看情形，这次，这样的问题怕不成。

书事，伤脑筋。刘兄和我，都只留了一本，自己也得看。另外想办法，看熟人处是否有。

祝好！

梅

七月一日

262. 阿垅 1950 年 7 月 2 日自天津

谷、华兄：

这一仗，我总得打到底的。

我的看法是这样：不改动一下，很难争取刊出；改了，如果在他那里，主要的作用也只是表示态度。还有，针对上次他的信，修补一下，也可塞口。

所以，原来想改后再给他信。现在不给信，我的看法，可能的，他有三种想法：一、我软了；二、相反，我的沉默即抗议；三、我在修改。

还有，关于论点的攫取：对于艺术的关系，大致很难，因为那是他的立脚点，向众发言即坚持的，如何自打耳光？可能的，是材料和巴尔扎克的问题。

目前，为难在：孩子在身边，而且精力大，脾气不好，一天到晚招架他，就腾不出时间和精力来。这几天在训练他午睡。今天又失败。想利用他午睡的时间都要等成功。最好，到批准进幼稚园。但不想向周说，向他，是反感很强的。

芦兄下厂，说工人很好。有许多生动的东西。

宁兄的小说集，今天见劳荣，又有一点问题。《车夫》那一篇或得抽去。就是一位李君的麻烦。

刊，这里好像没有发。但京津一带，却很多。每期三千。不过，据徐放[1]说，以及旁的反映，可能得大批判一次。

问题在人少，尤其在中心人物少。有的人不关心，有的人害怕树叶落下打破头。这就使编者毫无依靠之外，反遭遇明的暗的阻力。问题在这里，所以我是不起劲也起劲不来。

祝好！

门

七月二日

263. 阿垅 1950 年 7 月 21 日自天津

谷兄：

今天参加了常会。问题更了然了。来的有霁野、邢公畹（南大教授，请你到他家吃茶过）、方兄。对臧克家底批评，引起了总反感，说以后要反击——这是另一回事，但可见一般效果和一般情绪。又，鲁文，他们尚未见，如见后，一定会有什么的，这也好。刊以后由李主编，这也好。

方兄说，他早听说外间有要停这刊的话。最近，在一次会中何老爷提了一个案，说，凡不反映地方者，应停。暗示的是这刊。回来的人传开了，幸者恼者均有之。人们明白地开始感到了问题症结何在了。——虽然在那会中，何老爷底高见也并未通过，妙计并未得售。

[1]"徐放"（1921—2011），原名徐德锦，"七月派"诗人。1955 年被定为"胡风集团骨干分子"，1979 年获平反。此时在人民日报社工作。

难在孩子，和某些人们。我倒高兴了些。

握手！

梅

七月廿一日

昨信到否？

264. 阿垅 1950 年 7 月 24 日自天津

谷先生：

抄一份检讨给你看。

宁兄小说，方兄来信说即催他们付排。宁兄也有信来。但性兄诗，倒一时恐无从交出。

鲁兄自京来此后，又到京去了一日。他的文章[1]给文化部的负责同志王学文、周巍峙等看过。昨夜回来，和他直接谈了一些。但问题反而解决不了。

老问题：主观，自发性，群众，小资产阶级等。所以我把一切完全弄明白了。

到目前止，我真想改换工作，甚至改换生活。原因是：一、在此一无所为。孩子来了，只写过两首反侵略的政治诗（这里发表不行。打算即寄沪，请罗飞看后交梅林[2]）。二、孩子问题解决不了，无从工作。文未改也由于此。三、人们，高贵是假象。人们用别人的手做肥皂洗手，用别人作肥料"生长"。这样的人如何承处？如何在他下面做得事？如何忍受。当美感在现实的姿态前消失，更感为他牺牲是我的大错特错，

---

[1] "他的文章"指鲁藜在压力下所写《〈文艺学习〉一卷初步检讨》，后发表于《文艺学习》第 2 卷第 1 期（1950.8.1）。

[2] "梅林"（1908—1986），文艺工作者，曾在重庆抗敌文协机关工作。1955 年亦受"胡风案"牵连。

悔不当初，不该写信了。而且，如在笼中，有愤懑还得客气么？

由于实际问题（孩子和钱），也由于工作条件问题（情绪，特别是写作的可能性），我，实在，也最好，脱离所谓"坛"吧。因此，如果上海能教书，我想教书了。请为我留意一下，也请朋友们为我留意，暑期开学，找个教员。这，我考虑了，可解决上面两个问题，虽然损失也有。

但更清楚感到了周们底怯弱、卑鄙。

祝好！

梅

七月廿四日

265. 阿垅 1950 年 7 月 26 日自天津

谷先生：

信接到。

我早已感到这事加在我肩上的重量。同时，也就意识到我应当怎样做法的。问题在，个别论点和行文的火味，甸兄等再三提到，得改变一下，我也想把周那信中的东西对消一下。为了这，按住未再发，而孩子一来，动笔大感困扰，思想上的干扰之外，还有精力上的消耗。虽然如此，还是希望孩子问题能迅速解决的。

甸兄和歌者又到京一次。宁兄想会给你信。甸兄也将告诉你一些有趣的事。我只说一点。周已离国（今天动身），那么，我这文，有两个处理方法：一、寄老丁，因为她们催我谈这个；二、由于歌者那文，在此，就此刊出（要下期）。这二者，你以为怎样较好？

歌者那一文，是编好这期后才看到的。因此，我这期来不及。但我已向他提到，我将回答。他底跟着尾巴走，已决定了。

看信，似乎你认为可在这里发。但这里发，看到的人要少些，而且和歌者的扞格处将更表面化。——我和他谈了一些的。看情形再谈吧。

但谈得深些的话，怕他反有什么话说。——他这文，方兄、李先生均未见。见后，一定会有别的的。想日内去看方兄一下。

李在回答后，又来了一文，态度更显然。愈老愈强。这很好。不但对大的东西可引起一点波澜，对歌者也多少有影响的。当他将文给方兄看时，方兄说：如果作为反击，应该愈辣愈好。这和旁人完全不同：人们底态度，除了少数，是希望李不如此的。在不得已时，李将自费印单册寄人。

所以，我感到，方兄很有希望。我打算和他多接近一些。

歌者未在文中提到你，但在论点上提到了老问题，如主观等。我已向他说，但他不会改。我感到，这是命令中所给他的条件。对他，我将尽力拉一拉吧。不过，现在说话也得保留一步了的。

书，这里无他法。或者就放在这里代售，过些时再看如何。或者，便时带京交葛。

握手！

梅

七月二十六日

266. 阿垅 1950 年 8 月 17 日自天津

谷、华先生：

第一次接信后，就把东西抄改了寄出。昨天得到回信说："在研究处理中。"

今天又转到信，也接到飞兄信。不是别的，是一下闷住了。你是我底师长和长兄，不但在文学上，在思想和生活上，我也是接近了你而生长的，决不会想别的。只是感到，我底失策太糟了，如何救赎呢？他们太可恶和无耻。

至于我底想法，是这里不容易弄了之故。连座谈会也被他禁止发

言，还好像准备整风似的。写一点小文都弄得无发表处了。这回的回答，虽然答应过，在会议中他却准备了一座墙似的，我故意不早提，想来一个奇袭。他是矛盾的，对我却又一下一下逼过来。给你底信，也是矛盾的表现吧。我是认识他了。

总之，我要工作的。和方谈过，他表示，书可以教。他还提出报馆来，但看来孙是个墙。他又表示，不得已，到他那里——不过为了避嫌，非最后不能这样办。他比歌者在这方面好多了，而且是唯一可谈和有力的人。只是自己受了批评后，也有一些不便。他也要我战斗，但表示应不理歌者。

相信我，即使疲倦，不让人们吃肉的。

罗兄信不另写，这几天得弄二期。

握手！

梅

八月十七

宁兄集子连续波动，我通过方加他们一些压力，本来差不多垮了，这样，他为难，总算"帮了一手"，抽去一篇，新的一篇未加入，已付排了。沅兄诗，还想和方谈。

267. 阿垅 1950 年 8 月 21 日自天津

谷、华兄：

上信想到了？

果然，千方百计破坏了。和他直接打了一仗。还把我底回答交到如晦[1]处，如晦则推总结忙，下期再说。被捏在他人拳头里，打得很难。

---

[1] "如晦"指阿英。

但我一定抱着他打滚，使他也不痛快。

我想谈谈这个人的情况。几个月前，余行全[1]来说，北京传他检讨，当时不以为意，现在联系起来，事实本身就是一个逻辑。又，芦说，组织部老找他，他也老是惊惊慌慌。联系到过去整风，有什么人说他过去曾参加什么组织，但内情这里的人不是根本不知道，就是感到有点奇怪。英雄主义，其实是个人主义，只要碰到他一下，甚至并不碰，他就非破坏不可，不讲原则。又，地位观念强，往往为此和人斗争，那么，地位可以压倒原则。

芦是偶然看到的。我看，不见得吓吓他，而是真会做。因为他对我接近，而对他，热情的劝告，反而当作毒药。

他要组织座谈，我拒绝了。他在群众中造影响。真的，他预备整风，或开"斗争会"。——管它！

方给我介绍中学兼课。他则给我低薪制。只要孩子解决，我就可以腾出双手来。

文写得很客气。在"同一律"上进攻，他是"A=A"，又在政治标准上进攻，结论是二元论。他受不了的，非不登不可。我还要找如晦。

我打算，不得已时，将材料一切呈寄中央，率性请中央辨明是非，解决一下。

北京尚无下文。

祝好！

梅

八月廿一日

苦恼的事，做不了工作。除"学习短文"外，什么东西都不能发表，座谈会也禁止发言。这讨厌透！

---

[1] "余行全"即鲁藜友人于行前（1925—　），诗人。1955年受"胡案"牵连受到隔离审查，后被定为"受胡风反革命思想严重影响"。当时在北京市公安局工作。

又，所谓"群众"，其实只是几个他底左右人，或对他有企图和要求者。别人并不觉得我是罪该万死的。相反，他那文，起了坏影响，李来信辞主编，甚至常委，当然那是也触到一点他，但感到他在利用"人"，利用"民主"，是明白的事，此信等于抗议。

268. 阿垅 1950 年 9 月 20 日自天津

谷、华兄：

好久没有写信给你们。因为孩子一来，我真陷在泥泞中。问题既没有解决，人也疲劳得很难支持。东西，尚未动手，无时间，也腾不出精力。真是使人无从说起。但在《文艺报》又看到了一文。

昨天霁野来，因纪念文被批评，感到了大愤懑。下期有他底信发表。

这里，为了小孩，不但存在了实际问题。□□歌者和如晦曾去京。前几天这里开会，如晦的书面意见，说北京来信催，编辑部应作检讨。——真是命令主义。在会上，藜似乎还好，但已使我感到别的东西。这期，或由他，或用编辑人名义，要对我的事发言——现在已经两天博考群书，埋头作文。对我说，在其中一面，对倾向（及人），将作残酷分析。前几天，为了找一点钱，勉强写了政治诗，他俨然以友善面貌，召集同仁，给我当面恭维，实际奚落。我想了一想，后来不辩了。诗也无法在这里发表。宁兄小说集，也在他手中，不知结果如何。对他不错，却料不到如此。谈到你时，则说，读你文很少，未有研究，但对论点，他却又有不同意处云。——不辨菽麦，即定其性，就是如此。甸很伤心。我也灰心懒意。因此，在此不但实际问题无从解决起，精神上还是被这种人物所压抑，如何住下去？这次如果问我意见，我将第一次冷冷回答了。你不必说话，无用，也不必。看着就是。——所以，我有归去来兮之思。暂时找个教员当，脱离素所憎恶的文坛——但还是坚持文学斗争。此外，则希望把小孩问题解决。上海教书如可能，我想这样

做了。一切可看二卷一期。

不知道你们生活如何。书，最近才去问了一下。事隔一月余，结果两种童话各销五十本，《普式庚》二十本。书店坚持毁约。拿回来也无办法！——心中也打着一个疙瘩。性兄诗，照此样子，虽然他改了，我却失去勇气拿出去。

接到两位罗兄信。无回信心情。见时请转致。

握手！

梅

九月廿日夜

269. 阿垅 1950 年 11 月 8 日自天津

胡风先生：

信收到。

关于书，苇兄日前有信给你。昨又与歌者谈，托书店即寄来，邮费暂由书店垫。但不知说好了否。我们当再催。

目录附上。其中个别的几篇，如要时，我当改一下。

华先生寄了两本《人环二记》给我们。还汇了五十万给我，说是《琴》的，但我知道不会有这〔么〕多的。买了东西，做了棉被。

下厂还得等些时，目前有一个反美运动的工作要做。但我很难；不管它。

你好么？怀念。又时想来一次。

祝好！

圣

十一月八日

270. 阿垅 1950 年 11 月 12 日自天津

胡风先生：

　　昨天鲁兄相告，说书已由此间书店寄天下图书公司。过两天请查一下，计有：《小红帽》360 本，《奥尼金》79 本，《求仙记》144 本，如有不对时，请告我们。鲁兄亦当有信来。

　　诗论目录想已收到。

　　怀念你。

　　祝好！

梅
十一月十二日

271. 阿垅 1950 年 11 月 19 日自天津

胡风先生：

　　一篇文化杂论文，昨天寄出，想已收到？

　　听说你身体和心情都非常好，极高兴！但你底文章，看到不多。文协没有北京报，想看。

　　今天写了这一首诗，明天寄给你看。如可有机会发表，我想发表一下，对这里我想是很好的。

　　知道你底关切。放心，我心境好得多。阿英还要我写关于创作方法的文字，说到两次，但没有详谈。既然如此，我是以写为妙。

　　祝一切好！

梅
十一月十九日夜

272. 阿垅 1950 年 11 月 27 日自天津

胡风先生：

前后信接到。

我即整理，但需要整理者，为数不太多。等合同一到，我即寄出大部分。

《没有文化》，不知如何？我认为较为重要，如不能用，可转梅林或耿庸[1]。

这样，我是喜悦的。钱事小；但已足够解决我底一切了。

祝一切好！

梅

十一月廿七日

本想写一个反美剧本；原计划刘兄剧改成后即动手；现在，等这二种完工后，还是想弄。

273. 阿垅 1950 年 11 月 27 日自天津

胡风先生：

托李兄带上一点东西，想已相见和收到。天气寒冷，御寒物以充分为好。我底情况，一般而已，李兄相见时也会谈到。并有一信，见到否？请告我。很念。

歌者来京，曾有活动，他很矛盾。近接亮君他们信，想是子周之意，要他弄一个剧刊，他很欢喜。但走得成否，则这里也不单纯，看样

---

[1] "耿庸"（1922—2008），原名郑炳中，文艺理论家。胡风曾在《希望》上发表他的杂文。1955 年被定为"胡风集团骨干分子"，1980 年平反。时任上海新文艺出版社编审。

子，他还得苦闷。如此奇才，如此求人，人何不以之为奇货耶？来信"恭维"之至，可发一笑。总之，此君可不问世事，但却始终为个人寻求吃多几块肥肉之处耳。

身体好否？很念！

宁兄成行了否？

敬礼！

穆

十一月廿七日

274. 阿垅 1950 年 12 月 1 日自天津

胡先生：

收到信。

我曾有一信给你，似未收到？

诗，政治诗在家中，无法。除其中若干，可从杂志上抄。《白色花》在沪，已同时去信屠先生，请她寄我来看一下。手边有些新的。还有一些寄出无消息。

约，直寄金。[1]

我所考虑的，也是你所感到的。我在修改，不日可以完全弄好，再寄京。

款收到后，当再告。

解决了我一切的麻烦。

又写了一首讽刺杜勒斯的诗，已交此间的报，不知如何？

想接着开始一个反美剧，前信曾提到。

生活和情绪，现都很好。

---

[1] 此句指阿垅与五十年代出版社社长金长佑所订《诗与现实》出版合约。

晦来京，来拿他那报告，想将和"混乱"君[1]谈吧。

敬礼！

龙

十二月一日

275. 阿垅 1950 年 12 月 17 日自天津

胡风先生：

王兄处书已送去，病情还是那样。方兄处改天去。

和歌者谈。他说那句话给了他许多感觉。他说，对友人，要求统一可以，要求"单一"不可——他以为，你是要以自己要求自己地要求他。从他的话，可看出：一、他感到自己有弱点；二、然而为这辩护，也自感太难。结论是：对你，对诗，有尊敬意，但要求"单一"，则友人间将更有距离。我轻淡地解释了。他下厂去了，突然地。

《明天》，几家书店都有。新华曾有一个时期把它放在显著地位。但《剑》则哪一家都未见，可怪。[2]

长诗[3]读了。高丽棒子[4]的说法，正是这里工人群众中所弥漫着的雾气。这有教育作用。第十页第九行，"他们的老祖宗"误为"仙们的"。这诗宁静得很，如果和激荡的《欢乐颂》比较。

---

[1] "'混乱'君"指周扬。后亦作"昆乙"。

[2] 胡风的评论集《为了明天》于 1950 年 8 月由上海作家书屋出版，另一评论集《剑·文艺·人民》于 1950 年 10 月由上海泥土社出版。

[3] "长诗"即胡风长诗《为了朝鲜·为了人民》，在上海《解放日报》连载（1950 年 11 月 28 日、11 月 29 日、11 月 30 日）。

[4] "高丽棒子"即中国人对为虎作伥帮助日本人做坏事的朝鲜败类的称呼。胡风在诗中写道："不要误解了——/不错，高丽棒子也是朝鲜人/但朝鲜人民决不是高丽棒子！"

敬礼！

梅

十二月十七日

宁兄附候！

我底事情都做好了。

276. 阿垅 1950 年 12 月 26 日自天津

胡风先生：

信接到。田兄看到诗集后记。不知何时可印出来？我还未找到《中国青年》，那一篇，还未见着。

遗产，我写。列宁曾谈到文化中"哪怕还未发展出来的民主主义、社会主义的成份"的话，也极紧要。"未发展出来"和"成份"的说法极好。想参看顾尔希坦和《民族形式》。其他的材料手边一点也没有，总想能找一点具体的论证或例证。想一想。现在还未动手。

父亲底葬事已完成，总算了却一件大事。还想接济他们一点，看老板过了年的诺言如何而定。

又写了一点诗，一首已寄鲁煤[1]兄转你。

接到，而且重复接到《诗歌□》底征稿信。但看那形式，特别是形式，自由体似乎格格不入，没有寄稿的心情。

董迺相来，谈到发表的那首诗，说是他们那里写诗的人谈得很热烈。但这里，倒门庭冷落如故。

歌者曾要我去当一个图书馆馆长。他是总想要我离他而去大吉的，

---

[1] 鲁煤（1923—　），诗人，曾在《希望》上用笔名"牧青"发表诗集 2 篇。1955 年被定为"胡风集团一般分子"，"文革"期间升级为"骨干分子"。1980 年平反。

所以偏不去。他是假用了上面的名义，而拆穿了还是他老先生自己。这位先生弄得我真有点不懂起来。我们以客气待之——除了原则。

田兄今天和我说，他今天见了晦君。据晦君谈起，混乱君过了年要［往］天津一行。我们推想，是否我那两篇小文，他要自己缓冲一下呢？我等着。你有所闻否？

写了一信给原兄，谈诗。

津沽和南开女中的讲话，反映极好。

祝好！

梅

十二月廿六夜

277. 阿垅 1951 年 1 月 10 日自天津

胡风先生：

接到《文化》和信。前一信，和诗三册，也都接到。

《文化》我就改。书评，尤其关于爱国主义内容的，我感到困难些，因为没有这样的书在手边，但也可以试着进行的。

这一期的《文艺学习》，我有二篇漫谈形象的东西，阿英看了虽然提出一个不对题的意见，却向人夸说了一通，颇有无人写，无人理解，尤其"非自己人"之感叹。在《天津日报》副刊发表了一首短诗。又，鲁藜编的《歌诵》（诗，歌词）出了十多期，阿英看了说，这十几期，他只看了两首诗：一首是我底，关于释放俘虏的；一首，那就是千篇一律集大成地当作了一首云。

昨夜搞好了田兄底剧之第四幕，还好。二、三幕，打算即参照宁兄信回头再修改。这个完了后，我可以弄自己的了。打算这月内，写遗产和后记，可能时整理修改抗美援朝诗。

《杜勒斯》一首，这里无《光明日报》。不知如何？如已发表，便时

请向放兄说，寄我一份报。

敬礼！怀念！

亦门

一月十日

方兄本定到朝鲜，但歌者活动去，他不去了。歌者不知道去得成否？

278. 阿垅 1951 年 × 月 × 日自天津[1]

风先生：

顷朝鲜一同志来谈，他要译中国小说，他感到宁兄底几篇小说好。我也提他。他要译约十万字，但又要关于建设的题材的。因此，是否成事实，现尚难定。这朝鲜同志藜兄认识，名李烈。

又有一件关于你。

由于谈楼译《白头山》，朝鲜同志来信说译得不好。顺便谈到《山灵》（及《朝鲜风光》）。说新华书店现尚在发行此书，不快得很。

原因是，其中译了张赫宙的小说。情况可能你不知道。现在把李告诉我的□……□[2]

据说，张系偶然侥幸登上当时文坛。他是教员。把学生所写的东西，用他自己底名字去应征，得了芥川龙之介奖金。这样一来，他就不能靠旁人写作下去，才开始搞文学。

但在日本时期，他是御用文人。现已入日籍，娶日妇，反动得很。

因此，朝鲜人一提他就恨。

---

[1] 此信缺页无尾，故写信日期无法确定，仅推测年份为 1951 年。

[2] 此处后佚，疑缺页。胡风翻译小说集《山灵》，内收朝鲜作家张赫宙的小说《山灵》和《上坟的男子》等，于 1936 年 4 月由文化生活出版社初版，1951 年重版。阿垅此信提到了胡风所不知的张的情况。

至［于］《朝鲜风光》，我不知何书。据说其中评韩雪野不适当，朝鲜方面不同意。

以上有意见。

279. 阿垅 1951 年 3 月 23 日自天津

谷、华先生：

宁兄来此已多日；昨天明英也来玩了一天。他说谷先生即北来，不知何日成行？

宁兄说诗丛等即将交书店。请为我留一份诗丛；我底书，都分散在成都和杭州，尤其成都的，怕会保留不住了。甸兄要一册《逆流》集。

接到张中晓[1]底信，和转来陈涌给他的信。他说谷先生介绍他给沅兄和我，是么？去年也接到过他一封信的。

我想为蔡炽甫解决一个问题。本来这学期他可以来这里中学教书，但由于他底过去，得有一个证明。为此写信给飞兄，有些材料是交他的，但未获复信。交市委的台湾材料，也是他拿来的，可否就这一点得到一个说明的信？飞兄那里，我还想这样做，但不知道他底具体困难是怎样的。朱声那里，也送过一点东西，我也将去信。这一切，只要说明得到过他底材料就行。他目前，不但情绪上苦闷，生活也一直未解决，我想先帮助找个一般的工作如教书等先解决生活再说。不知道可以否？下［学］期他可来教书。

怀念你们，和大家！

亦门

三月二十三日

---

[1] "张中晓"（1930—1966），文学青年。后任上海新文艺出版社编辑。1955 年被定为"胡风集团骨干分子"，同年 5 月入狱。后因重病保外就医，被送往绍兴家中。"文革"中造反派勒令他返回上海，又成为打击对象，1966 年在贫病交加中去世。

280. 阿垅 1951 年 6 月 16 日自天津^[1]

华先生：

怀念你们。好久好久没有给你写信了，愿都好。

胡先生来，这次本想去看他的。但拖着拖着，他却先走了。^[2]原兄有信来，说过汉时见到他，玩了一天。

近来比较忙。多了一些事务，参加了一些座谈会，例如武训座谈会。有时有些好笑，那些老爷，一个钟头以前唱赞美诗，一个钟头才过去又翻脸六亲不认，以至连自己底澡都得用旁人以无辜的忏悔来为他们洗。所以又笑不出来，太恶劣。洛兄寄了些材料来，看起来似乎上海是个混乱的中心。

但我已赶写了一篇。抓住几点，把问题底根本挖出一些来看看。昨天才完成，来不及补充材料。此外，则在整理诗。想把这些弄好后，写些新东西，或下厂走走。

文联主办的星期早场，以歌剧的形式，演出了《小红帽》^[3]。事先不晓得，否则倒可以带孩子去看看如何。就看了的人说，很好。也不知道和你那原作有无距离。你恐怕没有知道这演出或改编吧？无论如何，也看到这是一个影响了。

就北京来的朋友说，宁兄仍在苦战。但看他自己底信，似乎希望已没有了似的。真愤激！过些时，想去看他一次。

飞兄常来么？怀念他。

还有，笔谈和现实主义^[4]，我们想要。

你写些什么新的否？

---

[1] 此信黑体字部分为《第三批材料》的第 44 则摘引，摘引时定作 1952 年写，但根据信中所写内容应为 1951 年。

[2] 胡风于 1951 年 4 月 22 日自上海到北京，5 月 29 日参加西南土地改革工作团到四川参加改，9 月 27 日回到北京。

[3] 《小红帽》为梅志所写长篇童话诗《小红帽脱险记》。

[4] "笔谈"指胡风的评论集《文艺笔谈》；"现实主义"指胡风的评论集《论现实主义的路》。

祝一切好!

梅

六月十六日

281. 阿垅 1951 年 6 月 28 日自天津

梅志先生:

　　到京去了一次。在宁兄那里,看到胡先生底信,说沿途看了不少风景人物。宁兄底剧,停排了。气人得很。但想起来,为了一个剧,居然用了全力,花了一年,也可见人们底"乏"。宁兄不久得到大连去,想他会有信的。

　　但经过了这一切,宁兄对我说,我自己也感到,对于历史或现实的理解,是深了一步的。现实主义与非现实主义的斗争,这是一个历史问题。那么,走下去吧。

　　近来还听到了一些奇奇怪怪的论点。一言难尽。

　　笔谈等收到,勿念!

　　你们都好吗? 极怀念!

　　祝好!

亦门

六月廿八日

282. 阿垅 1951 年 7 月 8 日自天津

梅志先生:

　　接到信。怀念着。知道你们好,也知道胡先生好,在目前,这就一切满足了。多想念的啊!

　　小谷参干,我以为是好的。我所感到的,是他那体力,和哲学家的

头脑，是否合适。这里的学校，这个运动也展开了。但批准的和报名的，数量上相差是极大的。

宁兄他们，本来说今天动身的。从这里一个也去大连的同志［处］我们知道了这一点。昨天和甸兄谈好，打算到车站去欢送。但刚才又听说改期了，因为大连还没有准备好房子。

诗论，也和你底信同日第一次寄来校样了。才排了一百多页，从一一三一二一二页。还不知道会不会再拖的。

知道飞兄已到雪苇处。这好。

那些老爷，这里也听说了一点。也想得到。耿和罗，如何？不管它，能冲就得冲。

我也写了一篇。由于历史资料少，有的地方弄得不太好，太性急。但得罪人是不怕的。看他们如何。

这里听说，有人由京来沪，看孙、赵二人底态度。他们很冷淡，于是整个批评也就"冷"却。怪事年年有。

多来信。祝好！

亦门

七月八日

抗美诗集，已交葛一虹[1]。改得自己还不满足。

我底孩子还好。只是少人和他玩，他一回来，我就被缠住，也难怪他啊。

283. 阿垅 1951 年 7 月 13 日自天津

梅志先生：

问你一件事：张中晓的情况知道否？当然也看他的健康如何而定，

---

[1]"葛一虹"（1913—2005），戏剧理论家、出版家。此时为天下图书公司经理。曾出版胡风的《时间开始了》和《为了朝鲜，为了人类》等著作。

因为和芦甸谈到过他的工作。

这里到大连去的同志已走。宁兄想也同行。本来想到车站去，但考虑了一下，人多，就不了。

祝好！

亦门

七月十三日

284. 阿垅 1951 年 7 月 20 日自天津

纪华先生：

接到书和信。

小谷，原来如此。这一方面，他还是可能保尔·柯察金似地发展的，一方面则在他自己，以及亲友们，在他底人生和政治上的追求和帮助。你底心境，我多少了解些。也感到，今天的问题是在括弧里的"中国作风"上，除掉这点，别的顾虑是少的。难怪你。但一切还是放在鼓励和帮助上。

张中晓底情况，过去，知道些否？请告我。因为，这里，发展得好时，需要人，需要战斗的人。因此，如果这一方面有个了解，可以给他在这里找工作的。

什志，罗飞处前几天我已寄去。全份没有了。而且这里赠书，因为不是自己印的，赠送多半以写稿者为限。元化[1]要，我争取一下。但请告我他底地点。

敬礼！

亦门

七月二十日

---

[1] "元化"即王元化（1920—2008），笔名方典等，文艺理论家、教授。1955 年被定为"胡风集团骨干分子"，1980 年平反，后曾任上海市委宣传部长等职。时任上海新文艺出版社总编辑兼副社长，出版过胡风的著作。

告诉罗洛，接朱声信，说他接到萧荑[1]一信、说林祥治在华阳乡间当乡长（？）云。

285. 阿垅 1951 年 7 月 31 日自天津

玘华先生：

好么？胡先生有信么？都很念！

沲兄底诗，《春满江南》，另挂号寄上。意见，我已写给他自己。感到轻，和他自己过去的战绩比较而言。

今天孩子生日，或是明天。他在保育院。他又麻烦我：保育院，六岁满了就得接回；小学，满七岁才有资格考；留在身边，我不能工作；不留在身边，他不能处理自己底生活。我懂得一个妇女底负担了。但这也得负担下去，这就是人生。

附信，便时转给洛兄。

敬礼！

亦门

七月卅一日

关于张中晓，这里或许可谈工作。过去，知道些么？

286. 阿垅 1951 年 8 月 13 日自天津

华兄：

接到信。和植芳兄底书。顺便时，问候他。

谷兄归期尚未一定么？

---

[1] "萧荑"，曾在《希望》和《呼吸》发表作品，其他情况不详。

　　这里，人们对我，由于工作和生活，一般都可以说，已经很好了。所以，最近组织找了我。但由于批评，和到延安，人们还不能了解，发展如何，尚未定。我不急。在工作和生活中，让人们来理解。

　　阿英调华北文联，但目前尚未走。曾和我谈过，要调去，这在我也好。也有甸兄。在这里，也腻了。华北文联以创作为主，事务可能减少或不负担。不知走得成否？如不行，等谷兄回后，再谈。

　　孩子底年龄我早已老实地报了。老实，是好的，但却碰钉。问题是，小学住读，条件不行，因为他还没有处理生活的能力。走读，则我参加土改又不行了；不读，一天到晚，工作就不易。孩子底发展，健康，生活，我不能不管。没有帮手，一个人，就难了。——说句笑话，对孩子，我是心惊胆战地怕使他发展得不好的。

　　你们好么？

　　祝好！

梅

八月十三日

287. 阿垅 1951 年 8 月 15 日自天津

玑华先生：

　　昨天在给飞兄底信中，附了一信，想已转来。

　　张瑚要看《财主底儿女们》。到这里的旧书店问了一下，要五万元，不能买了。你那里，好像还有，我想要一部。宁兄底《人民万岁》，改为《迎着明天》，今天看到了，在书店中买了一本。无论如何，总算和读者见面了。但印得小器而不好看。

　　四八期《文艺报》中，看到批评沩兄底诗；马凡陀又叮了我一下。真像这个天气的苍蝇蚊子一样。

　　中晓我觉得在上海工作好。上海活泼，朋友多可以商量。这里，由

于变动，一时不能有机会了。

昨天给飞兄的信中，谈了一些问题。是我和甸兄深加考虑了现在的情况和这里的经验而写的。宁兄从大连来信，也谈到枝节地弄，可能弄得反而不好的。

天气闷热。据说为多年所未有。大脑炎流行，不敢接孩子回来玩。上海有海风，傍晚还好。过得么好？

两本小人书，给孩子看和讲。他很欢喜这一类的东西。

祝好！

亦门

八月十五日

附候植芳兄夫妇、庄兄。

288. 阿垅 1951 年 8 月 16 日自天津[1]

华先生：

昨发一信，想已收到。

今天，我底连襟来，他是在《青年报》工作的。谈到对萧也牧的批评及萧底初步检讨。在萧的作品中，人们认为那里面所存在的问题是：一、立场问题，二、创作态度问题，三、动机问题。萧底检讨中，则有为"趣味"而写作的话。所谓立场问题，是说小资产阶级的东西，"趣味"的东西，等等。主要的，则说上海方面的文艺工作者，在这方面存在着严重的问题，具体的表现则从萧底作品，说解放区的老作家也有重视"趣味"的，而这"趣味"，是反对政治的，是上海的作家和电影所欢喜的，云云。

这当然是一般的说法。

---

[1] 此信黑体字部分为《第三批材料》的第 16 则摘引。

但我想到几个问题。

前次给飞兄底信中，我提到两点：一、和上海那些人，我们对于他们，是有原则上的区别的。因此，在写批评时，就得明确地分别这一点，而不能含胡地，看起来就好像和他们相近，或容易被人们拉到他们一道去。而且，零星的、枝节的批评，还是不写，或写得慎重才好。**二、现在是得帮助雪苇，把上海打一个基础，埋头工作，在群众中做好工作，这样开始。所以，不能轻易地，以为有了发表机会，就随感地写，在阵地未强固前就放起枪来。特别不能使雪苇因之受到不能工作之苦，这个结果是不好的。**

因为，显然的，说上海，主要的却不是指的那些无原则的人物，而是别有所指的。

这是长期的、认真的、为人民的工作，因此是复杂的、坚苦的。

请转告飞兄洛兄。别的再谈。

祝好！

梅

八月十六日

289. 阿垄 1951 年 8 月 24 日自天津[1]

华先生：

接到信和书。

我也了解，朋友们决不会和洋场人物合流，而且，那也正是斗争的对象。但我所焦虑的，是今天的情况的复杂，说话时一抽象，人们就会利用的，而且主要的对象还是我们。一个例子，我和萧不相干，但马却转移目标到我身上，事情就是如此，得谨防扒手的也是如此。**我只是想**

---

[1] 此信黑体字部分为《第三批材料》的第18则摘引。

到，最好埋头工作，把群众基础弄好。如果要批评，那就找大的对象，而且得把论点组织和考虑得更严密些，小东西和小事情最好不理。我想，上海朋友多，商量了做，总好些。

马，当时我也很不高兴，想写信，但想了一想，最多只是刺刺他，此公皮厚，奈何他不得。所以，打算等谷兄回后，商量一下，还是从那两篇东西的处理上入手，要解决得从比较根本的东西开始。天下最可怕者两种人：不要命的和不要脸的。

我想，雪苇在，搞好基础，有了条件的，先做这个。

方典很热情。我则由于情绪波动，很狼狈。希望能够恢复精神上的年青。这几天病了一些时候，现在好些。

怀念你们。

祝好！

亦门

八月廿四日

290. 阿垅 1951 年 8 月 29 日自天津

玘华先生：

飞兄曾向我要孩子底照片。他还未照。我因为"整干"中需要倒照了，添了两张，寄给你们。

华北文联因还没有房屋，在筹备阶段，大约得半年后才能正式工作，人事也得到那时确定。甸兄下月即去京筹备。

我底工作，正在考虑中。别的没什么。考虑的是孩子底教育和生活。主要的问题，则到风先生回时谈一谈。然后我再决定还是南来或留在北方。我很想在能解决孩子问题的条件下，从事实际工作；这比文坛好，而也可以仍然写作之类的。坛，混乱不说；工作，事务，此外却比较空。这个可能性怕不多。

诗论排到四二七页，第一部分才完。看样子，又得拖，虽然来信说九月底或可完成。还有两个部分，不知何时动手。

这里的人，到华北文联成立，几乎要调空的。如我仍在津，那就前后左右都是不懂文艺的人，工作将更无从做起的。如到华北文联，阿英底领导恐仍然疲塌，也难说结果如何。

组织问题，小组已通过。但有一位同志在理论上提出了批评问题，得转到党委决定；不行时，还得再转上去似的。

你们好吗？愿好，远远地，深深地！

敬礼！

梅

八月二十九日

291. 阿垅 1951 年 9 月 2 日自天津

华兄：

八月三十一日《人民日报》上有谈到《文艺学习》的文字。对《没有文化》那一篇，说是那是谈论美国没有文化的内容错误的东西。

今天《天津日报》文艺周刊上，有一篇批评，说路翎底《朱桂花的故事》，写的工人都是落后的，不健康的，并号召批评。

什么道理呢？

我推想：可能还是周君之意，马君执笔。而这里，则是望风行事的。

完全不对。这是人们底怯与慌。但恶得很。既无分析，也无批判，只有囫囵吞枣的风格，只有踏杀蚂蚁的做法。

不知道是什么得罪了。

所以想，等谷兄回时，和他谈一下。我想离坛而去实际工作。并想，以大目标，正面写点东西，看是如何？

难道批判武训是错了，而引来了这些？

好！可见他们是和《武训传》的作者们痛痒相关啊！好笑！

但我不会由此泄气。你们也不要生气吧。知道就是。

好么？

祝福！

梅

九月二日

292. 阿垅 1951 年 9 月 17 日自天津

玘华先生：

这里的情况，方纪要留我。但几个月来，知道了一些事情；这次跟他谈了半天，才感到人不是单纯的。他当然有某种友情，但这种友情敌不过：一、大的东西，这由于他向上爬而增涨起来；二、他需要能为他做事的人。主要的一点是，在理论上，他认为有着问题，这就很不易共事，其实他浅薄。这样，又使我感到看人难。关键是阿英来调，可能不放，那以后就讨厌了。我争取，看以后发展如何。

不知是飞兄还是洛兄，曾向我要孩子底照片。这里照了，寄来二张，一张给你看看，一张给他们中的一个；如两都要，以后我再添洗。看样子很不坏，但顽皮得厉害呢。

西南土改团，闻已有一批回来。谷兄是否九月底才回？极念！

甸兄已来调，大概日内可去京。

诗论二部排到三四五页。

关于批评，董迺相回津，听了一些。感到是：人们心惊胆战——连你咳嗽一声他都会发神经，于是疾言厉色，这就是那强的形式、弱的内容。董被清除出文学研究院，因为说思想意识成问题。董底详情我不清楚，但他是工人，从而我感到可能是一个一般的工人碰到了真正的小资产阶级。我多理解后再告诉你们。现在关于董，还得考察是否真有问题

以及如何。

怀念你们!

祝好!

亦门

九月十七日

293. 阿垅 1951 年 11 月 29 日自天津

玘华先生:

书,总算出来了。[1]这次才拿到十部。另外挂号寄上四部,暂时先给飞兄、元化、洛兄和雪苇。精装的共只五部,寄来一部,是给大家看看。书太少,分配不过来,但我将再设法。

胡先生已在京取到。他共拿了十部,为了送人的。

怀念你们。

洛兄病,接信能住院,好的。望友人宽慰他。

我下月可参加土改。行期大概是上旬或中旬。麻烦的,是孩子托人照顾的问题。

祝好!

亦门

十一月廿九日

书如再寄来时,请给庄涌、中晓、植芳、梅林。

---

[1] 胡风日记中记载"1951.11.9 亦门著《诗与现实》第一、二分册装出,送到。""1951.11.15 亦门从天津来。……《诗与现实》第三册送到。"

294. 阿垅 1951 年 12 月 3 日自天津

玘华先生：

《现实与诗》四部，想已收到。请给友人们。如我再寄来（现书未到），而只有两部时，可先给庄勇和中晓。植芳另寄，梅林不搞诗，书不够时暂不寄了。

精装本，谷兄、宁兄都有了。

听说你要下厂，是吗？

我已请求参加土改。如批准，则十号左右当出发。[1]

怀念你们！

握手！

梅

十二月三日

295. 阿垅 1951 年 12 月 18 日自武汉

谷兄：

在这里，见到参加各团的熟人。但因我搞学习，忙乱得很，所以没有能够和朋友们一起玩玩谈谈，只匆匆到原兄处一次。煤兄说你很怀念他。你底总结，他大部分交给了我，这对我是极好的，但却还不能有时间开始来看。

在原兄处住了一夜。由于到时已夜［里］十点多，谈得不多。但谈了几件主要的事。他底生活和工作情况很好，精神也不坏，而且检查过，并没有肺结核。不过，孩子太多，五个，在这方面，夫妇二人收入不太够。谈到一些见解。真实的，坚持的。写作却少。谈到管

---

[1] 1951 年 12 月 7 日—1952 年 5 月，阿垅在湖南桃源参加"土改"。

兄，这位先生一百八十度向后转了。看到他一篇文章，另有两篇原稿，因为最近变了远视眼，看不清，就没有看。主要的是，他唯心地完全否定过去，否定自己，而且为了这些还否定友人们，从你开始否定。主要是关于所谓自发性、自我完成、罗兰，等等。我认为：如果这是弱点的话，那应该是他自己底弱点，以前他自己是从这些上面出发的。朋友们，则各有各底内容。在内容底相同（或深或浅，或强或弱）上的结合。因为这个原因，他是无权把大家拖着咒骂的，因是形式上。他那"书香"的内容，背离组织的内容，使他在某一交叉点上和大家接近，而过了这交叉点，就应该是分歧点，愈趋而愈远。他还是他底内容。而且否定昨天得如此彻底，他当然可以再生活，但却不是婴儿，还不能不残酷地负担过去的自己（他自以为已和旧我一刀两断，互不侵犯）。这就是，好像是前进，却没有基地，不是从基地发展，而是从"0"上发展——唯心论透顶！原兄和卓兄和他都有争辩。惠兄[1]则说，他是从地位出发（因为想调工作到武汉来）。我听原兄告诉我后，并看了他那篇文章，说："是假的。"原兄变了脸色，说："我不愿痛苦地想到这方面，说是什么'虚伪'。"但我以为，本质上这是"虚伪"而已。

原兄很好。煤兄去看他，未见到。我这下午放假，想再去一下。也想看卓兄。

见到艾青、李又然。李找我，很亲熟，但谈话中感到庸俗不堪（南大教书事）。艾青问我要书，说是何其芳告诉他的。

见到长佑[2]，知道一些情形。很明白，也很气人。款事和他谈了一下，他说已告诉书店的人。见甸兄时，请他代我去取可也。长佑态度很好，既未埋怨，也不太焦急。

你们好吗？怀念！

---

[1] "惠兄"指绿原妻罗惠。

[2] "长佑"即五十年代出版社社长金长佑。阿垅诗论集 3 卷本《诗与现实》在五十年代出版社出版，但不久即受批判而遭禁。胡风日记中记载："1951 年 11 月 30 日　金长佑来，《诗与现实》新华书店不批发，《人民日报》广告登不出。"

握手！

亦门
十二月十八日

宁、甸两兄问好！

296. 阿垅 1952 年 5 月 × 日自天津[1]

胡风、玘华先生：

前天回到天津。整整五个月没有给你们写信了。

我所参加的地区，土改基本上算是完成了。我这次，如说收获，就是丰富了感性的东西。一个鲜明的感觉是：在人民中，感不到任何距离，反而在小资产阶级群中，如干部，倒有些不尴不尬的。群众才是我们底镜子。一般对我都好，临走的时候，我没有想到他会哭的人也哭了。就是在干部中，认为我感情冲动，有些地方使人不快，但也说我政治性强。——我是说，群众是我们自己底土壤、底血肉、底了解者，甚至裁判者；背着他们底某种招牌的，实际上是代表不了什么群众的。如果再参加一次多好。

你底信稿，甸兄转给了我的。我还没有写。想到北京去一次，再了解一下。要作，就作得尖锐些。想到宁兄底事，真想大吼一声的。

过汉时，见到原兄和卓兄。了解你底心情。看了一些信。也谈到友人们。据说，昆乙过汉后，说你是反对派，那就了不起！

在土改中，是愉快，但也艰巨。——我想，祖国底现实任何部分都如此。

在工作中，不觉疲倦；回来，一休息，却异常乏力。所以，暂时写

---

[1] 此信未署年月日，现根据信中内容定为 1952 年 5 月。

少点。

多怀念！怀念！

友人们好！

亦门

附一张票子，这是三阳七保的同志给我的。这类票子很多。地主等于银行。地主用它买田。但农民用这种票子向地主买谷时，地主自己就拒绝了。给大家看看。

297. 阿垅 1952 年 5 月 17 日自北京

谷、华先生：

前天到京，打算今天回去。

和大家见了面，谈了一谈。

韬兄见到于刚[1]。从他底话里，可以了解一些东西，我们要韬兄给你写信。论点是老一套。

韬兄为了情势与效果，不主张我写信。放兄则从情势——另一种看法，说写信好。我们商量了一下，决定写。并把那两篇文章的事和两篇回答端上去。但大家谈的结果，还得征取你底意见，看是如何做法：单写一信呢，还是把文章也附上去？

见到晦君。他要调我，但得经过一个时间，经过整风。

在汉和这里看到你底信。感到你底激动。我底意见，无论如何，材料即使可厌，也得看。正如同作战时对障碍物地带必须通过一样。我以为，心境还是从容些，这样对工作和事情，尤其自己，都要更好些。自己深深体会这一点，当然不容易。由于激动和苦闷，我差不多

---

[1] 于刚为谢韬友人，在总理办公室工作。曾与胡风同团参加"土改"，是"土改"工作团负责人之一。

吃了大亏，在土改中，因为白须，人家叫我"陈老"，眼睛也花得厉害了。——这就是结果，损失。我愿大家更开朗些。为了事情更必要。不能更损失。

和长佑谈书事。我向他要处理的材料。另外，钱他要赖，真是个市侩！

我想回去后，休息一下，看一些材料。《真理报》社论，说《文汇报》载有全文，不知友人们能为我要一份来否？

宁兄战斗得不错。

王喆的信，商量一下，不那么写。我个人的意见，要写，就得要一个实实在在的人写。内容上，也得看人的程度的。

话说不完。

你是巨树，而且我感激你。

友人们都好吗？植芳译的《住宅问题》，我想要一本。

握手！

梅

五月十七日

298. 阿垅 1952 年 5 月 22 日自天津

谷兄：

昨天见到《人民日报》社论[1]。好得很！但不知由谁执笔？

我感到，今天问题可以开始解决了。

连丁玲底论调都转了一百八十度！

但话虽如此，还有两个问题：一、执行者在实践时仍可能照样歪曲。因为，二、他们不懂现实主义，而教条主义又是他们底血肉，这

---

[1] 指《人民日报》上发表的纪念毛泽东《在延安文艺座谈会上的讲话》发表十周年的社论。

样，在形式上接受的热闹，在内容上仍然不行，仍然有大距离。

所以，我认为：今天得把问题提上去了。

我建议：由你再写信给主席与父周[1]，说明解决之道，说明情势，说明几年来的损失，说明理论指导几年来的破坏作用，说明今后的做法。你得要求见面谈。

我考虑，我底东西也可以端上去了。如何？等你来信即行动。

握手！欢乐地！

亦门

五月廿二日

299. 阿垅 1952 年 5 月 25 日自天津

谷、华兄：

宁兄书找了几家，一时买不到。空了去找经理，看如何，可能不容易得到。

今天参加十周纪念会。决定：整风约二星期。内容：两条战线的斗争，反对资产阶级、小资产阶级的"为艺术而艺术"，脱离政治的倾向；反对概念化。提出了现实主义。

这也就是整风内容。

反对脱离政治的倾向，不知道是否要我发言。

现实主义，则理解上还是有着距离，一时怕还会新情势，老一套的。

因为，整风后组织下厂，方法是：规定主题，要交计划，还得带动工人作家——像小学生交卷，又得做国文老师替别人作文也。

会上，大吕对路翎"不接近"工人而体验生活，发表了一通。

看情形，今天是一个时机。如不在今天说话，就可能失去。把过去

---

[1]"父周"指周恩来。

的症结、今天的情势、以后的做法提出来，争取一下，可能在今天不会被漠视的。

如照某些人的做法，不过穿了新衣服；对问题的本质，不是不理解，就是有抗拒的。——如果长此下去，我想，几年之内还是不会有作品，这是一；其次，新东西仍然会被挡住或糟蹋，而让历史和人民仍然荒芜的。

如何？

握手！

梅

五月廿五夜

300. 阿垅 1952 年 × 月 × 日自天津[1]

谷、华先生：

接到信。

回来，就参加了资产阶级思想批判。整风即开始，但由于人事上调动不小，恐无精彩演出；要看方兄雅兴，但他自己为了火气也正大触霉头。不知幸运如何，或许不致西望长安。

因此，搞东西，迟滞了。如照你所说的期限，则还是很悠哉的。当去信和宁兄谈。还有，你来京事如何？如谈得成，我和甸兄，以为暂不打边鼓为妙。否则，既投宁兄以大桃，不妨报之以辣椒，使诸公尝点味道也。至于效果，各人见解不同，难些。如北京有信时，望即告。

说看材料，其实即看批评家所卖的地、水、风、火。好的，现在转看诗吧。热情和花的时代，诗的时代——却使国中无诗，罪过之极！

所列书目，有的有，但在杭州，等于没有。时代版的几种，还有《二间集》，是否可向化兄等为我要？

---

[1] 此信末所署月、日看不清，按内容录于此处。

信事，我却想到一个适当的人，欧阳兄是。如必要，可写信到南京要他弄的。如何？

见过晦君，谈得不多，但甚殷勤。我不善于对人，真要命。不过，一时调不成。打算下厂。南大又要我去，兼了每周一次的习作作为应付。看样子，人们不理解，但却颇关切生活之类，有感情就好。

既如蜗牛，那么，缓缓而行吧。付出分泌物，那轨迹有如银河。

祝好！

×月×夜

301. 阿垅 1952 年 6 月 2 日自天津

荒、华先生：

信都接到。

这些日子，考虑得多些，不比初看社论时兴奋——虽然最初也想到那是有限度的。除了人和理论这两个问题，我还感到，这里还存在着社会的根源，深深的根，因此才有一切的现象，而且不仅存在于坛上。更何况又对人。

但既然明确地提出对于概念化的否定，终究是好的事，前进了一步。人们在思想上，也得考虑到这一点了，而不能还像过去那样想得单纯或做得简单。帮助是在这里。

无耻的是，有人贼喊捉贼。但变得快，却变不好。我想那些人，既然局促于概念中，今后概念化又不行，恐怕，几年之中还是不会有东西，而且更难于有东西产生。那么，还是非得把头碰破在现实上不可的。

我底信，踌躇到今天。从时机讲，土改回来，书有问题，以及概念化的提出等，是正好的。但如果还得交下来，而且信只可写一次而不易写两次，效果的考虑，就使我踌躇。你底意见是对的。今天宁兄来信也提到。那么，一步一步走吧。

　　和刘兄看了信，谈了一下。考虑两点：人们正说你不做事，而且能工作时多多少少可以有些成效的。到京后如何，却难说。所以，我们建议，这样回答：接受工作，但说明得先到京一走。这样，人们即无从有非言，而工作，到京后看，既可改动，也不致用武无地。如何？

　　如不调工作，我整风后下厂。清理一下心情，写点东西，研究一些问题，这样走去。整风还未开始，我先作了些准备的。准备提出，但看情形也可能不提，那更简单。

　　因为，鲁兄在批判这里的一些人。他战斗了，但他理论力弱，人又只是一个。我曾诚恳而简明地和他谈了一次心。这好。但也可能由此引起什么。这些日子，听说人们对他攻得厉害，看下文如何？

　　回来，忙乱，学习，准备整风等，没有闲过。

　　宁兄书，交涉两次，可能取得一些。

　　向老板要材料，来信可恶得很。只说他们同意光明的批判云。

　　接洛兄信，知飞兄事。尚未给他信。但他这样，我是没有想到的。应该赤裸而单纯。但既然如此，只有跌而复起的。他情绪不好，我想写信。

　　这里，南大要文学教授，不知有人愿来否？

　　握手！

梅

六月二日夜

302. 阿垅 1952 年 6 月 6 日自天津

荒先生：

　　今天本来没有想到要写信。但为了附这一信，才提起笔来。

　　曾和他谈。有一次，我说：为了诗，过去对我的行为我能够忘却。他是个有一种极奇异的自尊的人。刘兄还担心这说法可能引起反效果。

当时，听了我底话，他不安地避走了。但我感觉到，他难过。于是前天，谈起，他底痛苦是一种灵魂分裂——虽然没有说含有尘俗的一面。他也突然说，含糊地，过去那些，不算。今天他拿了信，嘱便时附给你。

刘兄谈起，你给他的话，不但中肯，而且关心。是的，这两年半来，他寂寞，在艺术和爱情上固然烦闷，在地位上既受到人们打击，在尘浊的追逐中也难于有所满足，寂寞，如同沙漠。而沙漠中竟有人呼唤他底灵魂，而且不再谈到他过去的行为。

今天上午，他也来。拿了一本英文苏联文学，其中斐定的一篇，引用了他底诗。我就肯定地说，诗不能被埋没，而应该肯定和发展自己底风格。经历，真正的爱，教育了他。

在一些地方，他就像小孩，一个铜板的糖就满足，这是尘浊的面，是危机，和不稳定的因素，但也可以看到魂魄的焦渴。

只要多帮助，凭他底经历，他底感受性，是有可挽回和应挽回的一面存在着。

想起来，欢悦而沉痛。

另一件却是不愉快的事：书店说，书在书库中，将为我取来。昨天又去时，回答是当作"废纸"卖掉了！这是"废纸"，他们底才是"圣经"，这真是历史的讽刺：神圣的就是不神圣的，不神圣的又是唯一神圣的。我真想骂人。

整风未开始。他打了仗，但不知详细。他们自己正在吵架，嘴巴和拳头怕都腾空不出来。那么，忝陪座末，消耗每一秒诞生一个婴儿的时间吧！

祝一切好！

门

六月六日

他调京，可能整风后去。

303. 阿垅1952年6月9日自天津

荒、华先生：

近日好吗，很怀念！很怀念！

刚才刘兄来，谈到昨天（六月八日）《人民日报》上的一篇文章[1]，你也看到否？可以看一下。

在过汉的时候，就听说了一些方管的事。对这样的人还有何话可说。他很可以打自己底耳光，但决没有把自己底屎擦到别人脸上，甚至以别人底肉烹调成自己底佳味的权利。但也可见，他这臭肉已没人要，于是不得不以羔羊作为献祭。我记起那首"卑贱而又卑贱的灵魂"的诗，想不到，却在他底皮囊中看到！

但，这样感慨或激动并不是主要的。历史！历史！这是主要的，旧时代已粉碎，但它那碎片还是如此庞大而沉重啊。

编者底话，那又是，才是主要的。可以参照的。

这样的话，是不能接受的。

我不知道应该怎样走法，牯牛似的，还是烈马似的？人是多少应该有些高贵情绪的。在被这情绪所激荡时，是惨痛的。但正由于这一体验，即使感觉和羡慕着有些友人底坚贞，底宁静，即使想到自己应在沉痛中麻木而在工作中敏锐和强毅，总不愿友人们如我被这情绪所伤害的。

刘兄曾谈到，是否去一信声明。可以的。但也看你底意见。不理，可以的。但也看需要如何——多难于肯定如同雾气似的需要。

对得起真理就是了。

真想去信痛骂他。但又没有勇气去骂他，如同没有勇气骂癞皮狗一样。

---

[1] 舒芜在5月25日的《长江日报》上发表了《从头学习〈在延安文艺座谈会上的讲话〉》一文，除彻底否定自己的过去外，还提出"希望吕荧、路翎以及其他几个人也赶快从书斋、讲坛和创作室中走出来，投身于群众的实际斗争中……"。6月8日的《人民日报》转载了这篇文章，并加编者按，指出存在"以胡风为首的一个文艺上的小集团"，他们的文艺思想是"一种实质上属于资产阶级、小资产阶级的个人主义的文艺思想"。

人如同小行星。而真理则是恒星。

我还是有些激动。而愿敬爱的友人们，尤其你有巨大的宁静。

祝好！

梅

六月九日

304. 阿垅 1952 年 6 月 10 日自天津

荒、华先生：

刘兄来谈。我们都比昨天能够宁静些。他底想法以及提出的做法，我感到是对的。

现在是，是可以看作公开了的。而且这种缺乏分析、缺乏程序的结论或判决，是使人们只有服从而不能思考的，因此更沉重。不是主力决战，而是一颗炸弹的谋害行为。人们在这个本质上，是无力，但更卑劣。

如果提到过去的十年，那是历史清算，不具体地提出历史情况和分析，从而是不能，也不应得出任何论断的。不能今天流行草帽，就卖草帽；今天流行资产阶级的帽子，就以这类帽子相赠的。如果从历史出发，看看当时的斗争情况，看看文学方面有了什么一些现象产生，看看指导家如何指导——就怎样也不能甚至不应得出这种孤立的结论来的。如果人们提到历史，那就要求他们清算历史，这很好，一、未必有人有这巨力，二、人们也将原形毕露，三、今天的论断之背后的东西也就隐藏不住。

学习毛主席，退却或进攻，沉到农村调查似的工作去，或飞到重庆去正面揭开。到了今天，这已经不能存有高贵的善良。为了问题，只有要求解决问题。如果没有解决的希望，则索性脱离文坛，沉入工作，把精力在实际工作中表现和培养出来，把生活和实践提到面前，诚恳地工作，看他们还有何话可说，而且生活得好些时，写作也会更好——即使不能发表或不发表。如果历史真要这样，上层也不解决，十年或二十

年，看人们那时对得起这历史否？看那时的结果是什么？我们虽然微弱，对历史却是坚信的，虽然今天是沉重的。

敬爱你，祝福一切！

振声、梅上

六月十日

305. 阿垅 1952 年 6 月 20 日自天津

荒、华先生：

昨天接信。

我将准备。原来可能不谈，现在还是不一定。因为有事时，有人会告诉我的。但一、由于方文，二、则鲁兄在独战，因此之故，也许人们会提及的，其提法，虽然还未可推想。

想做事，想克服大的倦怠。回来月余，前日才写关于杜克洛的杂文一则。难在没有地盘，想争取一小角。自己底想法是，或者写土改散记，或者继续写政治杂文或政治诗等。总不能不战斗，即使只好对国外。

你宁静，很安慰。看回信如何。我暂不端上去，已准备了，如你所说的办，看以后如何。

宁兄久未来信，很念。对资产阶级那批判，完全是非政治的，反政策的。写了一些意见给他。

鲁兄说，大家要"打死他"，连老婆也反对他云。写信时，我建议，多谈他底生活、他底诗。别的方面含蓄些。他孤独，需要真的和各式各样的爱情。

祝好！

梅

六月二十日

306. 阿垅 1952 年 6 月 23 日自天津

荒、华先生：

信接到。藜兄信已转去。

事情我能了解到。不过自己总有些急躁的东西。是的，是时间。

前信提到历史，是历史唯物论的说法；而人们，是完全抽象的。

这里，今天开始整风；方式变为从个人检讨，即改为从上而下。倾向的问题要谈到。但重禹那人，是不至于涉及的了。

匆匆，祝好！

梅

六月二十三日

307. 阿垅 1952 年 6 月 26 日自天津

荒、华先生：

下午接到书。上午由于烦闷，偷跑到书店逛了一下，也正好看见了，而且又正好剩了一点钱，等不得，就买了回来。也买了元化的。那么，恰好可以送给鲁兄和刘兄了。对鲁兄，他会感到亲切的东西的。这次我有了，可不再寄。

而且，我已经把两本书浏览了一下。那内容，我们现实地感受着。批判的和保卫的，负担的和坚持的。元化底，关于罗兰，最痛快了。

前几天，正式开始。非常可笑，但也实在为难的是：出了题目，下了命令似的迫使人习题解答，而承认它。不干的。但一段短短的文字，因此考虑了两天之久。此外，我，小组通过还得大组通过——但谁也不会懂，而谁也有权。好在鲁兄搞小组，他底形式主义的做法，使人轻松了些。不要紧，也没有什么。

今天，土改回来，第一次在报纸上发表了一篇政治杂文。我想，如

果人们容许，应该陆续写下去的。

宁兄久无信，极念，不知他怎样了。

祝好！

梅

六月二十六日

308. 阿垅 1952 年 7 月 11 日自天津

荒、华先生：

这里，大致是结束了。最初，我是十二个重点之一。过后，减缩到以领导作为重点了。重点报告后，作为一般的问题，我那政治对于艺术的关系的说法才被明确地提出来。我不发言，打算听取群众的意见，然后答复。但结果，大家哑口无言。等了两天，还是如此，而且要大家写今后计划了。大概是这样就完了。

为难的是以后。文委方面，关于文联的存废，如何决定，尚未可知。文协的同志，则主张解散。鲁兄要去当记者——能否做到，在他也不可知。其余的则调到其他机构。我要求下厂，但对我如何，也不知道。如果留在这里，我决争取下厂；如文联取消，不知道如何安排；如不让我下厂，又不知道是否留住，这就麻烦。

附鲁兄一信。我曾和他谈。他还是说：一、未看你底理论；二、他认为我那论点有毛病，而批评，则在党性上是对的。他是这样宗派地看的。态度看来还好，只是打不通。

北京有信没有？很念！

祝好！

梅

七月十一日

309. 阿垅 1952 年 7 月 12 日自天津

荒、华先生:

前天发一信,想收到。

昨天听人说,图书馆又到一本书,很高兴,想先借来看一下。但今天,却看到六六期报,——你看到否? 看来,是和内部刊[物]一个样子的。[1] 如没有,找一本吧。

这样看来,不会答应移居的吧?

然而,坚实的译著出来,是好的。刚接到元化信,说是别林斯基文即出第一集,而且,可以不动一字移用于今天中国的。那么,那也该是极好的。

这里开过出版会议。说是政治的、科学的、文艺的、翻译的四个部门,以后出版都先得经过审查。而文学,则名为"定货",即作者的责任是,"出题目做文章"。不知是天津底一大特点,还是滔滔然的东西?

在过去,在蒋匪帮底统治下,踢开或踏死文化,人是可以理解的,而且也是可以忍受的,因为那是敌人,而我们要打倒它,它那无力的回击就是那样的。但今天呢?

不是说,我不理解这,但却在情绪上太难忍受了啊。

一切都在前进,军事上、建设上,工人们、学生们,使我们欢乐得愿意自己不存在。然而这,却如此反常,如此不可问,心是要狂呼了。

但不管,我是愿意做些什么,来报答和回复的。

这书,如有,寄我们吧。凭那些大师和人格,策励自己吧,我盼着。

祝健!

梅

七月十二日

---

[1] 7 月 10 日,《文艺报》总第 66 期发表了两篇《读者中来》:王戟的《对胡风文艺理论的一些意见》和苗穗的《改变对批评的恶劣态度》,要求批判胡风文艺思想。

310. 阿垅 1952 年 7 月 13 日自天津

谷、华先生：

昨日晚餐时和刘兄谈，但给来客打断了。

他以为，那是号召。而且说，最好不理。他会有信的。

我看，根据这里的做法，大块文章是否接着会有，在我是不太相信的；即使有，那也离不了老调。因为，这种简单的做法，首先是杀人而不费力的东西；从而其次，展开论战，那就多少得有像煞论点的东西，这对群众说，那就总得引起思考之类，这对先生们，是费力而无万分之万的把握力的。就是说，与其诉之于大家底脑，毋宁诉之于雾似的气氛。正由于那是不明确的东西，于是好像，也实在，获得了一种惶惑或暧昧的魅力。

卑劣！

《实践论》我才看了一遍。《矛盾论》只翻了一下。但人们，已经把那机械化了。例如说，《实践论》是唯物论，《矛盾论》是辩证法，好像《实践论》里面没有辩证法，《矛盾论》则和唯物论是两回事。这样的水平！机械化的部队，机械化的思想。

在整风中，有人提出，说"文艺底本质是政治"，那是错的。说得很认真。好像文艺底"本质"是"非政治"的，才是他们底"马列主义"。信奉马列，而使马列遭难啊！

在党内学习《实践论》时，那讲授者，有几句倒极好，说毛主席所谓联系实际，意思是，哪里有矛盾、有问题，去战胜它和解决它，那就是实际。

那么，矛盾是事物和运动底本质，是生活内无所不在和无所不包的。从这一点，那读者先生（？）底高见，是违背《实践论》和《矛盾论》的。别的还不和他谈。

愈来愈感到历史底惰力，愈来愈感到这尖锐地存在，尤其存在于文化现象之中。

问题是如何做。这里才是苦闷；这里也才是问题，别的问题是可以

不管的。有时想冲，有时又想更宁静。

异常怀念你！宁兄有过信。

附带告诉你，最近，由于看了几大部好作品，也由于苦闷之故，计划了一下，感到从五四到解放前，从童年起，可以历史地写几部如下的东西：一、不动的年代——童年，五四，和第一次世界大战，军阀统治，日本租界拱辰桥，城郊的生活；二、震动的年代——少年，中等城市的生活，齐鲁之战，大革命；三、反动的年代——青年，上海和南京，改组派，军校，学生运动，法西斯底幼虫；四、激动的年代，1.战争：京沪之战，武汉撤守，大溃败和大流亡，第二次世界大战，2.活魂灵：兵役，壮丁，师管区，伤兵，3.大后方：重庆，皖南事变，大轰炸，国难财，"四大寇"，文化现象，军事调处，复员，劫收；五、行动的年代——国大，人民战争……

但一切，还是混沌的东西和要求；以今天而论，也没有任何条件。

但只要可能，不论力量如何，我是想慢慢弄的——如果到了不让工作的话。

怀念你！望来信！

祝一切好！

梅

七月十三日

311. 阿垅 1952 年 8 月 18 日自天津

谷兄：

信接到。诗论，当看一下。

冯底书，和两本摘记，随函寄来，收到请示及。

好乏味，也好吃力。

在文艺现象上，他底理解，和那剖析，有着好的地方，重量也不

小。这是我感到：人底良知与良心，可以如何地矛盾。作为一个知识分子底标本，是怎样丑恶地漫画化了啊。

但也感到两面圆。这就是他蜕化的怯怯的因素吧。也是人们，哈哈了起来的东西吧。

禹，这人，料想起来，见面时是会脱下裤子当武器的；如果红了脸时，这正好做他底帽子用，或作面网的。

不断地想起我早年那犹大的诗来。

读这些书，有一些感觉：

"同化力"、"他化力"，以及后来的"民族形式"，其间有着根源，也无什么改变的。在感觉中，这很怪：虽说人民斗争等等，但人民斗争等等云者，却是"外力"作用或输入之后才有自己底要求，历史的要求似的。我这看法不知对否？如果如此，则历史的、内部的东西就是偶然的了，就不是真正属于自己的了。就是说：那是外部联系第一，内部联系第二，是反过来了。

在论到希腊和印度文化时，他对前者是醉心而高歌，对后者则颇为鄙夷不屑似的。这样是无异"劣等民族"的乖论的。自己底鼻子比印度高，却比西洋矮扁了。在"同化力"时，有文化"进攻"的说法，则他是文人，如为武将，则岂不将武装"进攻"么？这是违反民族主义、国际主义，那本质的暴露。

在这样论点上，一句话，他从抽象出发。

主观问题，主要是批评了浮游而灰黯的东西，那对。另一面，则又反对膨胀，也并不错。

但他自己，好像模仿鲁迅，所写的野草式的东西，则又颇有尼采来，虚无味——而且是冷冷的。即，本质地，在精神、热情之类，他是无有，或则有，亦渺茫的。

看得疲惫与草率。这样做，用处怕不多。

又，我记了一些正面的东西。所以如此，是如果他要以瓮捉鳖时，对他这鳖之烹调，最好是"请君入瓮"的。人，以子之矛，攻子之矛，不妨炮制。

若干意见，则记在摘记本中。

望来信。

祝好！

门

八月十八日

312. 阿垅 1952 年 8 月 19 日自天津

谷兄：

接十八日信。

陵兄的信，想已转京。如有事托他，望来信告我。

未找我，也未找歌君。

丁玲来津了。对学生们讲文艺。听说挖苦了一通宋之的，说是化装讲演。对苏联文学，则说不能被那形式所限制，因为我们底感觉应该是不同的云。听的人如此说，不知是否。

怀念你。便中望来信。

敬礼！

亦门

八月十九日

313. 阿垅 1952 年 9 月 4 日自天津

谷先生：

刚才刘兄来。他搬了住处。看样子还要搬，因为不能适合他写作的条件。又谈了一谈。

前几天的信，在某一点上，我谈得太简略。因为我只是感觉着，但还未深入分析。这里补充一下。请你们考虑，就全般的东西考虑我所说到的这一点。

舞台有限，人有限，力量有限。就舞台说，好像已经仅仅剩了现在的这处。从人说，连与世无争的萧也拉了出来，可见人即使多，也多不到哪里去。就力量说：一、根据人的情况，即照上面一点说，后备兵力也不见得会怎样；二、从不敢以自己的名义干，也正是无力之故。

再说，如果真有力，那就不会这样散兵战式，而应该是主力战。人力应该是主力的，论点应该是主力的，对象的东西即目标也应该是主力的，即全面的攻势，全线发动的。但现在他们这做法并不如此。这使我想到希特勒似的，在列宁格勒被挡住了，在莫斯科被挡住了，而于是南向高加索——是无力的、最后的。主力战，是不问对象如何，就如同斯大林格勒，但他们却不如此，犯了兵家之忌，逐次投入兵力，逐次消耗兵力，试探——正由于对象不可动摇。主力，那才是真正是要公开。现在，则名字都不公开呢。

再说人力。推想最大限度，可能有两位机械论的"哲学家"。但如果到了那田地，在三反、五反中他们所犯的大错，所露出的屁股，如果联系起来弄，是要使他们立刻狼狈的。

□……□再顶一下然后再不理。因为，如果：一、是吓唬一下就完事，那也没有什么；二、但由于不理而得意，反而以为这下你们可不敢了，后果反［而］麻烦。何况，舞台有限，都让他们唱不成，这是一。人有限，每人都给他一个难题——他不解答，就不能再动弹。

你可不动。我说是宁和陈可回答。

如果公开讨论，那么宁和我，就有权利要求发表那四篇，否则算得什么"公开"？所以，公开于他们不利，想来也很难做出来。

霞公，有宁底东西后，要再叽喳，就无权利；因为这得首先要他解答那两个难题后，他才有自由，而现在是已经没有了的。这样说，把萧之流也顶住，是要使他们为难的——如果是吓唬，就至此而止，如果要

公开，也就没有不被压住的人，没有不被牵制住的兵力，这就很难抽出兵力去发动另一个大攻势的。

我这建议，要看具体的全般情况，以及大家底情绪如何而定。多考虑，再决定。

我还是说得混乱，因为情绪混乱。但意思，想可看出的。

才接信。和会文章[1]，即找材料写。

祝好！

梅
九月四日

接耿兄阿 Q[2]校样。

314. 阿垅 1952 年 9 月 8 日自天津

胡风先生：

接六日夜信。

校样，第二天即寄回了。因为等。

我的意见，概要地是：一、"两段论"，否定了所谓"前期"，从而，这里面的（实际是主要的）斗争的因素，斗争地发展着的因素，也完全只有被否定的意义，这就不但是否定了鲁迅底"那一半"，也就应该是否定了"全部"；二、这样，"后期"的发展就是无因素的、无根据的，也就是天上掉下来、地下跳出来之物；三、"两段论"是"割断论"，割断了历史；四、所以，它是抽象论，形而上学，不是历史唯物主义，丧失辩证法。这是一。

---

[1] "和会文章"即配合世界和平大会的召开而写的文章。
[2] "阿 Q"指耿庸所著《〈阿 Q 正传〉研究》稿。

第二，进化论最多是形式，那实质是鲁迅底斗争要求和斗争实践，在那历史内容上，正是历史的要求、历史的实践。不能专弄帽子或牌子。

第三，阿Q，不但"精神胜利法"和革命性矛盾地存在，就是就这"精神胜利法"而论，也是矛盾物：一方面，被压迫的、退缩的对抗的要求，即胜利的要求，是存在的，不过是以歪曲了的形式存在着，原因是没有历史的物质力量。否则，那就不是"精神胜利法"，不是精神不死，而是精神灭亡了。但一方面，由于没有物质力量，却又是实质的逃避——可批判，应该批判是在此。

其他，则是些零碎意见。

其他，我觉得写得很好。

如果说禹是一条虫——那么两条虫，一条虫之二倍，之无耻，是可知的。信，知道了一点。宁告诉我的。

你说的，使我沉重，也得历史地负担起来。

材料，二千多字，可用否？附上。

好！愿愉快些！

梅

九月八日

315. 阿垅 1952 年 9 月 15 日自天津

胡风先生：

近来好否？极念！

首先是，别林斯基[1]来了！在这里，几天，仅仅几天，两大书店，都抢光了，卖得这样，是一个可喜的现象。

我正在看。接到书，就狂吞着。总的感印是：这不是一个历史现

---

[1] "别林斯基"指满涛译《别林斯基选集》出版。

象，不仅如此；而是一个活的现象，对今天的中国，是一阵清风，甚至狂飙。多好！这好！

刘兄谈到"文艺作风"问题。我查了一下，不是指风格的桎梏的，而是在统一战线的问题上最中心的内圈，即现实主义。《讲话》说得极明白。

两三篇批评后，歌者有些忙乱。一、为了摆脱天津。二、所提到朝诗人，以为指他。因为这里是对他不断挥拳，如果又遭"批评"，他是很难的。所以，前些日子，他阴沉，想来京。想来可能：一、找凤姐，调动工作；二、探究或说明那诗人是谁。刘向他说明了诗人是谁。

他给我看他底小诗，我做了一点工作，诚恳地说明几点：一、他底诗底前途；二、克服生活矛盾；三、克服概念。总的说，人的珍重和诗的珍重。他很感动。恰好又来了别林斯基。他自己说：过去的十年是牺牲了，今后不能再牺牲下去了。——这收获，我想到而又没有想到。虽然他那矛盾，还不是简［单］可以克服的。但他这几日来，情绪上很轻松。附着意见底稿，空时你看看。

评徐和陈的两篇，看了，批了。太浅薄无知，太恶毒，这些不算外，却是唯心论，非阶级论，乱七八糟，等等。例如，其中一位，以为晴雯是黛玉底影子——这是句老话。但实质，是把小姐和丫鬟，把主人和奴隶变成了两位一体，这样，还有什么脸面讲阶级呢？相反，阶级是旗子，而非阶级是他们自己。粗粗一看，已经得到了这么多的宝贝，杂货。纸老虎，不但禁受不了拳头，也禁受不了风雨呢？批评，反而暴露了批评者的魔鬼底马蹄。——所以，愤懑之余，也颇有高兴之处。唉，可怜，这样的人们！

据说，一高级内部刊物载，出版总署关于禁书的检讨：过去都未通过中央。今后除反对现实政治、危害人民的禁卖外，其他概不禁卖和出版。这也是纠偏的可喜现象。

祝好！

梅

九月十五日

和会材料收到否？

316. 阿垅 1952 年 10 月 6 日自天津

谷、宁两兄：

我有一种心境，也是一个体验，这都是对日本作战时的经验：一、最困难和紧张的，是开始战斗以前，不知道对方是怎样的；但到枪声一响，心就宁静了，因为对方底行动、力量等等，都已经了然。二、在纯防御中，在挨打主义中，是沉闷而苦痛的；但到和对方接触，自己可以回击，能够看到自己底力量，是再残酷的战况也不怕的。这个比方不太好。但我底情绪是这样。宁兄好像战久而疲乏。兄弟！我了解，我身受着。但他们是无力的，不讲理可恼，但不讲理正是无力。没有什么的。你是比我更有力和宁静的。善于休息，也善于摆脱情绪而从高度看他们吧。

还有一点，现在是连讲礼貌的话，都会被人当做空隙而乘虚直入的。也和战争一样，不是自己错，连一寸的土地也放松不得。

我的心境也不是不沉重的。但沉重既过，是兴奋与宁静的时候了。

从容战斗吧。没有什么了不起的。

另外，我想给《文艺报》写信，指出两条虫底伪造历史。上次的信，是大致的内容。不谈理论，只指出历史的真实情况，也就是撕破那假东西之全部。这做法，可以否？有一点，费尔巴哈，好像没有中译本，我没有看到和听到过。除了马恩底《费尔巴哈论》，他本人底作品似未翻译过来。有没有他底译本，你们有所知，也请告诉我。

附信稿，请提意见后寄回。我预备寄邓。似乎火气大，我压制不住。

祝好！祝好！

（那小册子的名字是什么？请即告我。）

梅

10 月 6 日夜

我非常同意这种理直气壮的说话。　　甸

317. 阿垅 1952 年 10 月 23 日自天津

谷、宁兄:

今天接到原兄信。二封。沉痛的。

他只写了自己,写了一点,未谈别的。人们认为"所问非所答",不满足,且也不会发表。这好。别的,也不会写什么的。

他很痛苦。为真理。但感到失策(对方)而含歉。

他那里,情况不同。我底估计:一、他一个人,又不了解情况,我们又少把事情告诉他;二、人们在腐烂,平日无事、无聊和无功,现在则全力压到他身上,以无赖的办法压他,以他作为唯一的工作,甚至幻想唯一的功劳的。

幸好,他总算对两条虫写信(为了解情况)而失策以外,其他还没有什么。

他现在情绪上是"两面夹攻"。我即去信,为他排除这一点。空时,也写一点吧。信,是安慰,但有时更是力量。

祝好!

梅

十月廿三日

318. 阿垅 1952 年 11 月 9 日自天津

谷、华先生:

接信。给邓信今天下午已发出。

文在修改中。决定分两篇:第一篇为主要问题,简化为万字左右;

第二篇则对"诗人",也万字左右。这样做,不登的"理由"就不可能有,而且也同样可以压一下。在我底看法,目前情势变了些,"批评"可能萎缩了也说不定,而且他们也得有一阵热闹和忙碌的。文字很快就可以寄去,再给你们信。

《文艺报》在看起来。

来信说到朱,一、二两卷中没有关于他的东西,这问题底提法我们没有懂,来信时望指出一点。

刘兄不能频繁地请假,目前不能来。如何?

握手!

门

十一月九日夜

319. 阿垅 1952 年 12 月 22 日自天津

风、华先生:

接信。近来鼓荡不起情绪。但现在,想写一点什么给两刊,在计划中有《海的沉默》、《和解》、《木木》等。

黄药眠[1]最近出了个《沉思集》,其中有评《时间开始了》,不知见到否?我还没有看,看这"黄"色安"眠""药"玩些什么催眠术。

《新文学大系》还没有找到。

近日在三个刊物上看到格律论。还想看得多一点。

"新文艺"增加了一位社长,李俊民,不懂文艺,但不知是何许人。据说我底稿子在他处。

藜兄今日来京。

---

[1] "黄药眠"(1903—1987),原名黄访、黄恍,散文家、文艺理论家。

祝好！

门

十二月廿二日

320. 阿垅 1953 年 3 月 2 日自天津

风先生：

接信。

小说集，今天和刘兄到书店去了一次，还可能有。大概一二十本总有的。你那里，需要多少？望告。

房子解决了否？我觉得刘兄说的是对的。如一时找不到，先搬文协，再告假去沪吧。

凡兄好。昨又接信，说三月一日动身来京，工作是在中宣部，搞国际宣传。到了后当有信给我的。他说：曾有过传达，"莫名其妙而已"。看来，是安之若素了。

孩子已进校。想把东西弄好，身体检查一下，然后就去走走去。

你好么？很念！

梅

三月二日

321. 阿垅 1953 年 3 月 6 日自天津

风先生：

前信想收到。接凡兄到京信。

斯大林逝世了！突然地！沉重的，沉重的。但，除掉活得更纯洁，

斗争得清醒而坚实，任何的哀悼底意义都不能比这更好。为了对他的爱，为了对他的丧失，为了对他的悲痛，我应该突破可耻的困倦，首先就是如此。

愿你好！我感到，你底悲痛也是大的，但也相信，你底力量也将是更激荡而从容的。

风和沙，昏沉的天气，日光似要隐去。不，不，一千个不！

梅

三月六日

322. 阿垅1953年3月8日自天津

风先生：

接到你和凡兄信。

集子，即争取时间整理。

阿Q，曾接庸兄信，似已印成，但说话，好像得摆下一个时间。

宁兄书，今天又买十本，便时送来。书店尚有约三十本。不知还要多少？请告。

愿一切好！

梅

三月八日

323. 阿垅1953年11月自天津

风先生：

接信。有两件想和你谈。

关于宁兄，我已写了起来。但问题是：一、赞美多，二、反驳也不少。这样做，看来信所说的情况，可能难发表，可能还得引起什么了。

难是难在何处发呢？宁兄深度大，而我又怯于怕不能全面把握，反而形成漏洞。这对"钻家"或老爷，不得不防着。所谓杀锋头，醋意，当然；但也必然由于原有的毒心吧。

如果迟些不要紧，那么首先，我得再把那些作品好好读一下。这以后，先弄点短的，谈些局部的，但亲切地；几个要点，小的现象（日常），大的意义等。然后，再全面些，长些的。如果这样，先发表些，先对读者漫谈，取得一些什么；然后深刻些，谈得广阔些。如果这样做，短的可能先寄一点来。长些的，则可多提问题，慢一点弄出来。

我想，对读者，多次也似乎比一次好。顾虑是，老爷是否乐于有这现象发生，而考虑发表或不发表；我想，可能认为过多吧？

上面是一件。又一件则是其臭君[1]。首先是你什么时候要这材料？告诉我大约时间。其次，关于诗，是否也可提？他在这里，也有大弱点。

麻烦也有。就是他所具体地批评的作品、剧等，我一本也没有。但感到：一、他是在命令作者与人物，照他自己的概念或样子写出来，去行动。二、对"客观"则竭力庇护。三、人物及作家当然可批评也应批评，但非由内容出发就不行。如果一方面从论点、思想考察，一方面用具体批评对照，假东西、坏东西是更易使人明了，即捉住了的。

如何？请即告我。这样好否？

握手！

亦门

十一月

现决定改写。

---

[1] "其臭君"指何其芳，时任北京大学文学研究所副所长。1953年2月15日，《文艺报》1953年第3期发表了何其芳的文章《现实主义的路，还是反现实主义的路？》。

324. 阿垅 1953 年 12 月 29 日自天津

玘华先生：

谷兄大概要回来了吧？[1]

孩子昨突发高热，诊断虽尚未确定，有患猩红热［的］可能。昨天疲累到深夜，自己也感到弱了。今天孩子温度稍减，看样子，又像猩红热又不像猩红热，身上有红点，但主要症候部分却反而没有。也可能是恶性扁桃腺炎，他扁桃腺一向就不好。明天再去看医生，就可确定是什么了。

今天接信，关于我那报告，有了这样的结果了。对胡，暂时我不再去信，等林来信再说。信抄上。[2]

你们看看，如何？

接晓兄信，说刘兄已从江西经沪回来。但我尚未接他信。

祝好！

梅

十二月二十九日

---

[1] 1953 年 12 月 18 日至 1954 年 1 月 5 日，胡风与路翎、鲁煤在河北省望都县参加宣传总路线的工作。

[2] 阿垅于信后附抄了胡乔木 12 月 24 日给他的信。如下：

你十月廿八日寄给我的长信以及所附材料的大部分已经读过了。你的信习、周两同志也都看了。

我现在不能在这里讨论理论上的问题，虽然我极希望你在今后的劳作中能够渐渐克服你的很大的片面性因而使你在这方面的努力和热情能够更有成就。关于你的希望：（一）理论问题作为理论问题处理，这是应当的；（二）在工作上的必要的条件，已与华北文联商洽，最近可以得到相当的结果，将由宣传部林默涵同志函告；（三）理论问题可以不致影响入党的问题，只要你合于入党的条件。

敬礼！

"林"指林默涵（1913—2008），原名林烈，文艺理论家、活动家。时任中共中央宣传部文艺处处长。

325. 阿垅 1954 年 1 月 13 日自天津

谷、华先生：

我这里还是照样。没有人找我。转告刘兄，托大海[1] 转的意思，我照做，在静候。昨天余晓从京回此，带来阿英底话，我也知道了。

听人说，有人又报告了最高当局。何事，何人，我不知道，而且也想不出人来。但又听说，昆乙一行星期日来此，勾留一周。若不找我，我也不去。据说是微服查访。我想，可能是了解兼防备的。但相信这仍然不是解决问题的，因为他决不会真诚的检讨自己，而是毋宁相反吧。

你们过年好么？

孩子又发热一次。要割治，否则仍随时可发病。到医院登记床位，要到四月云。真可怕和无法。

祝好！

梅

一月十三日

326. 阿垅 1954 年 3 月 4 日自天津

谷先生：

《初雪》在开始写，名为《温暖的初雪》[2]。大概一周内可成，成即寄。告诉你，免念。才开头。

巴人[3] 又触甸兄了，不知如何说法。想起来，大概也是"错误"与

---

[1] "大海"即冯大海（1927—1966），文艺工作者。解放后先后在天津文艺处、文联、文化局等处工作，从事编辑和写作。1953 年冬调华北文联工作。1954 年秋调全国作协，任《文艺学习》编辑。只见过胡风两三次，1955 年亦受"胡风案"牵连，受到不公正待遇。"文革"期间含冤去世。

[2] 路翎短篇小说《初雪》在《人民文学》1954 年第 1 期上发表，阿垅后写了书评《温暖的初雪》。

[3] "巴人"，原名王任叔（1901—1972），作家、外交家。

"诗意"。此"兄"抢得也真快。这里还未见到。我总有些感同身受,想报之以耳光。

何氏文,看了一遍,在想。但也真如同列宁所说,折衷主义你是捉不住的。因为一张口中不知道有几根舌头。除非,把这些舌头所连的那舌根捉住。对他,与其叫机械论,还是漂亮了他,不如直接痛快叫他折衷主义吧,即机会主义与封建主义的东方杂种。

关于宁兄,本没有想起写,但一看东西,心情就蒸腾起来。关于何,本想写,则一看起来又被呕吐感压得手和心都疲乏不堪。这对比,岂不有趣?已抓到些东西,问题在具体形成它。

对原兄,几次想写信,几次都疲塌下来。接甸兄信,知他有诗要发表,这就好。我总感到,诗人这样少,而几个强有力的人近来却又离诗而向概念,几乎使我绝望而沉痛。沅兄,《喜日》极好,是解放后最最好的,但《桥和墙》,又不行了。原兄,本来我是那样热望和幻想着,但《算起》等则使我喟然。想写信,怕会爱他们而又伤了他们,但怕伤害即非真爱。这难,这矛盾,在我是这样重。现在,有了转机,多高兴。但还得防着那不佳的影响。诗,解放后被践踏完了,而且诗人又是一个民族底声音。那么,帮助吧,原、沅、蔾兄们。

放兄文,广告上未见。这当然难。但他那焦躁的处理法,不行。首先必须自己充分强(尽自己可能的力地),首先是战胜编辑部。他那样匆忙甚至草率,如果由于外部环境,那是不幸,但必须抵抗;如果也有由于胜利感而轻敌,以及由于发表欲而轻率,这就更苦了。

诗的问题,目前是最尖锐,也最焦躁的。

不比散文。虽然,散文也只有宁兄一人,但他是巨大而沉稳,连地震也动摇不了的,所以好得多,至少比诗要好些的。

朱声又写起来,这使我欢喜。在理论方面,他是有知识和见解的。只不知道,他那些酸味儿,解放后的今天是如何了?那是风格,但却酸不得。

《诗论》,已订约。《后记》已改好寄去。意见是乱说而已,害怕而

已。我攻"格律",改后攻得更重。

亲切地祝福!

并候屠先生!

亦门

三月四日

327. 阿垅 1954 年 3 月 18 日自天津

谷、华先生:

接甸兄信,说凤姐事,下午见指桑骂槐信才了然——真仇恨这老不要脸的啊!但这难道不是绝望,甚至垂死之音吗?

丘事[1],当时最初记了些,但由于挨骂的情绪,没有把骂声记下去的心情了。原话如何说,没有记下来;但那大意是,小资产,即使死了,也不希奇云——意思则是为革命牺牲了还被拒绝于宗派之外,也还是得打鬼的。

我要回答他的。考虑的是,长呢短呢?那些"哲学"用语,倒装了唯心论啊。

敬礼!

亦

三月十八日

---

[1] "丘事",胡风《三十万言》中写道:"1950 年 3 月 14 日,周扬同志在文化部大礼堂向京津文艺干部做大报告,讲的是接受遗产等问题。其中特别提到陈亦门同志当时发表的两篇文章,态度激愤得很,把这当作小资产阶级作家'小集团'的抬头……还说,他们小集团中间也有为革命牺牲了的东平,为革命牺牲是值得尊重的,但当作作家看,那死了并没有什么可惜。"

328. 阿垅 1954 年 3 月 24 日自天津

谷、华先生：

接十九日信。

看了意见，有许多启发；但现在，暂时只有放下了。

书找到了么？

由于校样，今天才腾出手来。上午已发出，看社中如何"慎重处理"吧。

回答即写，今天看了自己底所写的文字（被割裂和曲解得厉害）和那批评本身。

批评所提的问题是：一、认识论，二、人（诗人），三、民间文艺与文艺传统。

在认识论的问题上，我［的］文字中有"人类"字样（而且我现在还认为事情正是如此），他就说"取消认识的阶级性"。这一点，由于《辩证法与自然科学》，以及苏联教授所说的科学无阶级性的话，很可以反攻（有许多实例）。但《实践论》中说"马克思主义的哲学辩证唯物论有两个最显著的特点：一个是它的阶级性……"，附注中说参看《费尔巴哈论纲》、列宁《唯物论与经验批判论》。记得列宁说过，唯物论，从来就是有党派性的话。但我没有《论纲》。你如记得那是怎样说法，请告我。

其他很混乱，但极简单，一张嘴有几条舌头而已。

关于阶级性，是否可以如此说：一、不能机械理解；二、指的是唯物论；三、科学（客观的事物规律的反映）是历史的、人类的东西。

我想在下周中寄出去。赶到四期出版前寄去。

其他一切照办。

鲁兄曾说，要我写好后寄［给］你们看。这当然好，可以在问题上、态度上作斟酌。但与时间矛盾。是否寄来呢？

匆匆，祝

好！

门

三月廿四日

329. 阿垅 1954 年 3 月 26 日自天津

谷兄:

接信。

《列宁日记》没有这本书。你把那文字抄来,我查一下,可能是别的书中的。

我想写成后来。两个东西约束我:赶时间和态度。既然不急,前一点就放下了,这样好。后一点,则我竭力说理吧。

"阶级性",原来也那样理解的。现在放心了。找到了《论纲》,不必寄了。从《论纲》,可以谈人,谈实践。到现在,我还没有用引证。

到现在,认识论问题还没有完,已经写到八九千字了。还有人和马等两个问题。恐怕会长,而不长又不行。一切如同涌来。你们看后再决定如何吧。

我是抓住写那些文章当时的情况、对象、条件等而写这的。

匆匆,祝

好!

亦门

三月廿六日

330. 阿垅 1954 年 4 月 1 日自天津

谷先生:

初稿已成。第一个感觉是,太长。看了看,又不知将怎样精简。精简有矛盾。因为人们只要是你没有说的话,就当作漏洞,以至当作你底毛病。再看一下。今日下午,或明日上午,即寄你们,先看看。春假前后,想法来京,一定来。然后集纳意见后,再作具体修改之类。

《性格》已再版,已见书。

题目，原想用《被淹死在哲学的浅水里》。因为藜兄底意见，没有用。但也没有想到另外的题目。

《列宁日记》，那材料是什么？

祝好！屠先生好！

亦门

四月一日

331. 阿垅 1954 年 4 月 7 日自天津

谷、华先生：

我大概星期五来京[1]。

鲁兄告诉我一件事。我想先告诉你们。《洼地》[2]，他听说有人在写批评，执笔者是康濯。说是宣传部认为有严重的错误。

二次文代会后，到今天，事情原来还是如此。所谓有意见等，我想，也不过是凤姐、昆乙挟天子以令诸侯而已，女性的嫉妒和男性的野蛮而已。

我想了想，是否尼姑文学才不错误呢？其他的，是纪律问题么？两国关系么？这样那样想，都莫名其妙。

又，请告甸兄，如鲁兄诗集校样寄到，请他留意一下，如有便人请即带津，他在此还有一些日子。

祝好！

门

四月七日夜

---

[1] 胡风日记中记载："1954 年 4 月 9 日　得守梅信"；"4 月 10 日　守梅来，重读他的文稿"；"4 月 11 日　下午，守梅、李离、冯大海、芦甸来"；"4 月 12 日　守梅来"。

[2] 路翎短篇小说《洼地上的战役》在《人民文学》1954 年第 3 期上发表。

332. 阿垅 1954 年 4 月 17 日自天津

谷、华先生：

回来，孩子又突发高烧，经过治疗，现在已好，不过得休息两三天。还是扁桃。

但这样，就影响到我底工作。

鲁兄昨遇孙犁，问起时，说曾接康信，谓奉令批评云。据说《人民文学》最近发表的路等底小说有错误。鲁兄还得等些日子才来京。

匆匆，祝

好！

门

四月十七夜

333. 阿垅 1954 年 4 月 21 日自天津

谷、华先生：

回来，本想动手把事情办了，却意外地遭遇了孩子底病。四十度多的热度。直到昨天，才知道是传染性肝炎。首先是要在床上休息两个月。其次则这病状很怪：无特效药；不吃东西，规定吃牛奶、鸡蛋、多种维他命，但也吃不下似的。大便白色，小便有胆红素呈红色。我在这方面毫无知识。决定请保姆。因此短期内不能动手工作，烦躁而又无法。这病底前途也不可知。

这期间，知道不负责任地批评了宁兄，康氏文，也捎带了一笔。这是什么日子！

怕你们怀念，告诉你们。稍有头绪，即动手写。

匆匆，祝

好！

亦门

四月廿一日夜

334. 阿垅 1954 年 5 月 19 日自天津

华兄：

刘兄今日已来此。

材料日内即寄你。收到后告诉我。

报告是五〇年三月十四日做的。我也到文化部礼堂去听的。是文艺干部学习第九次报告。第一次听到以马列主义接受遗产的问题，等等。

怀念你。

孩子好多了。还在家。

握手！

梅

五月十九日

335. 阿垅 1954 年 5 月 29 日自天津

谷先生：

文字，孩子回校即改；但又想来京一次。

感到几点：

一、东西要拿给周，而且得等他来时拿给他。因为：（1）他回来前，无人有力处理。（2）羽白君，他不熟悉，不能直接处理。但他为了准备处理，可能向木君等征求意见——如果这样，又将掀起必然的烟雾，而冲淡了一切。（3）因此，得向上级，而且得超过羽白君拿。中层无力（下层则更不必说）。只有超过中层，下层才被断绝。只有回上层，中层中才不至有阻拦。只有向上层，才有力解决。（4）假定周由于直接、间接的原因而有成见，这成见必须他自己解除，因此得交他。（5）向中层，无疑揭他底成见，他就不能考虑自己解除。（6）何况，他对你有好感，而成见正由于你"离开"他，这次决不能再给他以"离开"的错

觉。（7）总的说，是要拿给周，以他为起点向上拿。

二、时间问题，没关系。因为：（1）早拿也得等周来后才解决。（2）周回前也不致、不敢胡乱来搞。（3）不是堵，堵是他们的办法，不是我们的办法——因为，这样反而被动。争取从容的心情和时间，以多考虑文章本身。（4）等周，这就表示了依靠他解决。（5）文可先成，末署时间即表示为了等他。

三、批评问题。我最近考虑和考察了这一方面的问题。任何坏人坏事，如果愈暴露，愈社会化——成了社会的东西，就垮得愈快。因为只有暴露出来才为人所认识，而他本身也无法再蜗牛似的退回去，不能逃避责任。例如，诗的形式问题，某些诗和人，那垮，正是自己暴露的结果。"拉普"底错误，如果没有成为社会的东西，恐怕还会维持得久一些。其次，则目前读者已非最初似的盲目——当然懂得还不多，但也逐渐地有了怀疑而成为重量。

其它，刘兄当面谈。

阳君底情绪是自尊心吧。原则似乎怕自己陷得更深。在这里，实质上，有着非斗争的东西，我想来，即为了看他们。我以为：（1）不必责备他们；（2）但也不必要他们一定看，如果他们有不愿看的心情。

我感到，交友真难。人愈来愈不多。但我想，除了混乱、怯，别的大概不至于。历史的试炼，太光辉，但也太残酷。灵魂稍一软弱，即失去一切。

愿你心情好，身体好。历史将感激你的。

祝好！

梅

五月廿九日

336. 阿垅 1954 年 6 月 15 日自天津[1]

玘华先生：

文在动手改。想简略些；不知能做到备忘录式否。

接罗信，关于社中情况，谈得较详。可能你也接到信吧？我这里的信，如果要看，我将寄上看看。

知道了刘兄的事。他有信来。我以为，他要冷静下来才好。我感到，他太激动，而这激动所有的又是较为脆弱的内容。他提到"改行"；但含有怀疑自己底艺术能力，无过艺术生活的自信的内容。这和抗议的形式是两回事。其次，我觉得，抗议是形式，斗争是实质，因此不能当真提出什么"改行"，这是一；抗议必须用公开形式（即使在内部），否则人们又将当做没有这回事，否则不能使党和社会从这里来考察问题，这是二；"改行"如何提，也是问题，一不周密，容易被人认为退却，容易引起人们底胜利的幻觉，而且求之不得你自动退出，并且由于幻觉和胜利感可能更为变本加厉，这是三。所以，一方面要考虑提法，一方面要公开出来，才能够有一定的效果。

书已出。精本到时，再寄上。

又，关于昆乙，我感到两点可加入：一、"删削黑暗，增添欢容"说，是无原则的站到"黑暗"的立场上去了；二、把"旧艺人、旧画家"改称"民族戏曲家、民族画家、民族音乐家"等，无异说一切"旧"的才是"民族"的，而一切新的则成了非"民族"的东西。你以为可以否？

参看《文学》五三年十一月页十四及五四年五月页三。

我好，勿念！

握手！

梅

六月十五日

---

[1] 此信空白处有办案人员写下按语："刘兄事，刘兄指芦甸，芦曾给磐石同志信要求改行，等等，这里是阿垅向胡风报告情况。"

337. 阿垅 1954 年 7 月 1 日自天津 [1]

谷先生:

刚才接信，查了一下，在两卷集第二卷（外文出版局版）第七六四页第十行找到，即结论部分（倒数第四面）。

话就是那样："共产主义真可说是从社会生活底一切方面'生长起来'，他的幼芽真正是无处不有，'传染病'（这是资产阶级及其警察很喜欢使用的最'惬意'的比喻）已经根深蒂固地侵入到全机体之内。……"

这说的是，俄国无产阶级革命成功后，全世界都变了样子，国际间无产阶级与资产阶级的斗争发生了更激烈的新情势，各国党要善于估计和行动。

但本意，则如原文那样，这一历史现象，可适用于生活各方面的问题和探讨的。我感到我国也如此；即使那水平并非太高的，事实却是那样的。

我感到（或许你也正是这样做了的），末后部分提出正面建议（今后应取的做法）是重要而且首要的。我底意思，是要加强这一部分，而且使它细致化（不是具体细则，而是问题各方面）。首先，人们一向以为我们是"反对"派，如果缺少这一面，或不够，还会使人们这样看和说，以行动反驳这一点。其次，更为根本的，则只有这样提出实际建议，才能实际而具体的解决问题，为以后的文学事业在今天开阔道路。第三，这样提出建议来的结果，附带地（虽然是附带），也像镜子似的照出了那些妖形怪相来，也有这个效果。

我开头了无数次，稿纸撕毁了近百张，可是还在开始（开始）弄。这情形是近年来才有的。《诗是什么》的《后记》也如此。但我非把它弄好不行。困难是两点，短不了和在态度上的矛盾。弄成后，想来看看。

昨天见到《报》的目录，关于宁。我猜想，如果谈纪律，对象会自

----

[1] 此信空白处有办案人员写下的按语："这里是阿垅给《胡风对中央的意见书》所提出的意见，替胡风策划。"

己反而走到"纪律"的虚无主义去。如果这样，我也想写一点什么。

欧兄事，听到刘兄说到，多欢悦。这才是"人"。书，寄到南京（连小刘），却退了回来（刘兄说在电"信"局）。今天早晨再寄"电业局"了。我没有想到他还在的。是"电业局"么？告诉我。

握手！

门

七月一日

338. 阿垅 1954 年 7 月 3 日自天津

谷先生：

接信。我看的是一九五〇年莫斯科（横排版）外文出版局的版本。市上流行的也是这种。可是最近，有了我国自己底版本。（写到这里，我到书店去看一下，查一下，或买一个单行本寄你。）

屠先生底情绪我了解。但我们，除了更好、更真诚，别的，就不管吧。但也预想到一点，即一上去后，人们可能又偷去作为己有。并不是怕被拿去，而是不应被有罪者拿去装饰那罪恶。防止法，则还是那样做，有效地交中央，不通过乌烟瘴气的那一个层的人们。

祝好！

梅

七月三日

庄兄是电业局否？

查了。人民出版社版，两卷集第二卷第七六四页第十行起（共三行）（横行）。

339. 阿垅 1954 年 11 月 13 日自天津

谷、华先生:

对"诗人"文,已成。但歌者屡有意见,有道理,也没有道理。他要我参加到反胡适的工作上来,说这是目前的紧迫任务。说我对"诗人"等文,易给人以个人问题的印象云。

对"马"文,改写后,涉及到资产阶级思想。本来想好,不寄沪,而寄《文艺报》。

我想寄。沪文也寄。然后空出手来,来反胡适等。矛盾是,要我放下"马"等,而抽象地来对胡适。

望告:你同意寄,我即寄《文艺报》。

为此焦急起来。

陵兄不日回京。

握手!

亦门
十一月十三日

340. 阿垅 1954 年 11 月 14 日自天津

谷、华先生:

和歌者,这几天的反复接触,了解了内容。原来,这里相传,你在会上的发言,使人紧张。他害怕。因此直接间接这样那样,要我放弃斗争。猜想起来,大概这里的人们,也可能不仅这里的人们,以为"闹翻案"、"借机"云云。

这里传达,妨碍学术方面马克思主义思想的尊严的,有八点东西,如下(正面或反面的都在内):1. 老爷态度;2. 权威思想,偶像崇拜;3. 官报官书;4. 苏联先进经验;5. 统一战线——不许反批评;6. 党报不

讨论问题；7. 学术中允许不同意见，允许少数人坚持真理；8. 分清是非，以求真理（马克思主义）。大致如此。

这，大概你那里也已经传达了吧。

有趣的是，歌者在谈到第八点时，先说是什么"借机挑拨，搞不团结"，后来才纠正过来。这弄错了的第八点，可见一般风气。

我这样想，敷衍他，竭力不闹翻。但不得已时，则不顾一切。做的事情，再也不理他，自己搞了。这里也不了解情况。

由于紧张，由于了解情况，最近他即将来京，也可能到你处。你不妨多听他说。但不要生气；否则，他会加重对于我的干涉的。而且，从这些事看，已可全然确定，他灵魂无救，过去对他的一切都浪费了。你千万不要生气，不把他作为存在就是了。

祝好！

梅

十一月十四日

341. 阿垅 1954 年 11 月 15 日自天津[1]

谷、华先生：

接信。

刘兄将回来一次，东西托他带。

我们也苦于不了解情况。

运动是长期的，将有一年到两年。各方面地清算以胡适为首的资产阶级学术思想。

在文艺方面也如此开始。

因此，我感到，关于"日程"，首先得求得一个理解，然后进行才

---

[1] 此信黑体字部分为《第三批材料》中的第 26 则摘引。

行。两个要点：一、既不能和总的步骤矛盾；二、也不能被烟幕蒙蔽而耽误问题的提出。这里存在着矛盾和困难。

如果和总的步骤有矛盾，将给以仅仅的个人问题的印象。人们当然不能说不对。不过会使事业受到别的阻碍的。

如果被蒙蔽于烟幕，而耽误问题及时的提出，也会有同一结果，使事业受到阻碍。

要了解、研究情况。

要善于符〔合〕于总的步骤而定我们底步骤。

刘兄来，或许有帮助。

目前，问题既已提出，是否再了解一下，再进行？

你是否可写一文，从鲁迅批判胡适，从这里批判投降思想？我觉得这有好处的。

暂勿急。

找陵兄一下。如要田兄来，要陵兄来信以便请假。田兄老母健否？在京好否？他也念。

给龙信，可由宁兄或梅兄写的吧。

握手！

门

十一月十五日

《报》即看。

342. 阿垅 1955 年 2 月 6 日自天津

华兄：

近来好么？

本来，接宁兄信后，正打算就自己考虑些问题，写点什么。但昨

天，方约我谈话之中，向我提出，就你这方面写点什么。我没有力量承担这一份。心情很沉重。想看你，谈谈。或许要来一次。

我近来又浮动起消极情绪，挣扎着。有时，简直难于生活。不知如何才好。

但我却愿你心情平静。

一切，是如此没有想到。我无他求，只求对得起一切；如果这也困难，我就不知道什么是生活底应有的意义了。

祝好！

梅
二月六日

343. 阿垅 1955 年 2 月 9 日自天津

华兄：

法捷耶夫报告，看了吧？其中有些地方，是可以帮助我们作检查的。

我感到，态度，发言，是带来了不好的效果的。

如果会上发言，真诚地，作自我批判吧。

关于创作是源泉的问题，第一义的是生活，作为生活态度，有毛病的。

我以为，如自己所认识到了的，作自我批判，是最好最好的。也应该的。从这里，从新工作。

握手！

梅
二月九日

附：胡风 1955 年 2 月 10 日自北京

梅兄：

信收到。对历史的债要还，相信历史，其余一切都是毫不足道的。困难的是，心情沉重，思路迟钝，连书都不大看得进去，理论问题更是无法深入进去的。文[1]已改一遍送去，只希望能发表出来，减轻一点沉重之感，再走第二步。但也难做到罢。——所提源泉问题，当然如此，但那是文字上的不小心，所以文中未提及，提了要牵到别的问题的。

你，千万不要来。能写，你写点什么罢。参考材料印了《箭头》和《我们要的是政治内容……》二篇，大概是为了"遗产"（杜甫）问题罢。

总之，能写就写点什么罢，但要如实。不要顾忌我什么罢。

好

荒

二．十日

344. 阿垅 1955 年 2 月 11 日自天津[2]

谷兄：

我们希望你能积极参与斗争。我尤其渴望。因为，由自己检查，有很多益处：一、是向历史、党和人民负责。二、否弃了不足的（如"源泉"），才可能肯定好的，发展好的。三、事情既如此发展，就必须一次地求得解决；否则，拖容易疲乏，也容易被群众不理解。四、自己对读者如果有说服力，也就证明了自己也是无私、无情的，从而，好的影响可产生和发展，不好的一些影响则一方面可以消除，一方面可以得到纠正（对一些真实的拥护者，以及——尤其是钻空子的资产阶级的东西）。

---

[1] "文"即胡风于 1955 年 1 月至 3 月所写的《我的自我批判》，后发表在 1955 年 5 月 13 日《人民日报》上的《关于胡风反党集团的第一批材料》中。

[2] 胡风日记中记载："1955 年 2 月 12 日　芦甸来，带来守梅信。"

或许你不知道，"五把刀子"，听说被蒋贼利用了！

不这样，我以为可能有不好处：一、人们以为我们不诚恳；二、"源泉"等，自己不检查，别人也会的。

关于"源泉"，过去，由于自己水平低，也由于近年来感受的麻痹，直到最近才注意。我觉得，这是唯物论底前提，也是和唯心论的分野，再不注意是不好的。我觉得，在理论上，许多方面的毛病，是出在丧失了前提上，在有前提的情况上那是正面的，在无前提时则成了反面的。

我觉得，现在到了关键之点。我敬爱你，一直到今天、将来，长兄似地敬爱你。我不能忍受你被毁灭。而这里面，由于自己对于自己心情的体验，了解到，最大的障碍是自己底反拨，自己底倦怠。我相信你底赤诚，也相信将来你将给与事业的光辉，关键是现在，关键是在现在首先从自己底弱点来开始求得解决。

当尽了批判自己底义务，当然有批判机械论的权利，而效果将是更好的。如果不这样，首先就被人们埋在唯心论中，这只对于机械论有好处，而且现实主义的成份反而会被同时破坏的。

我相信，历史、党，将终于会理解你，爱你——当克服了弱点的时候。

因此，我建议：详密而深刻地作一自我检查，一直做到连批评者也都做不出来的那样的地步。

我也知道，我自己也如此，也为此而困恼——自己难于看清自己，而要依靠镜子。那么，和宁兄、原兄多谈，谈提纲，谈内容，谈材料，多考虑，多研究而后写成。我远，思想又不深和活，感到不能常见你是苦恼的。

这次批判的危机或困难，是，机械论的问题。但要不放松机械论，首先就得不放松我们身上唯心论的成份。

"源泉"，谈吧。不要顾虑到别的问题。

我也苦于搞不清自己［的］鬼影何在。

紧紧地握你底手，紧紧地！言不尽意！

又，由于党的任务，刘兄也要参与这场斗争，他是应该这样的。

梅

二月十一日

读了法捷耶夫对于萧洛霍夫发言的批判，感到发言底态度，更是沉重。

又，"写真实"这［句］话，同时谈到学习马克思主义。我未见全文，不知如何？

345. 阿垅 1955 年 2 月 15 日自天津

华兄：

刘兄来，谈到你心情开朗，谈到对于赫鲁晓夫底谈话的感想，使我有了安慰，感到你又站到一个精神高度，新的高度。

前信，我建议你写东西。是应得那样。现在看来，以不必急于发表或写就为好。先多作些思考，深远些看问题，以求如实、有力和有效。

近来，看了一些材料，过去只是感受，没有思考和批判地看，真不好，因为这也坏事。

近来也冷静地想了一些东西。感到，如果内部谈，对于人，对于我们，那是要好些，现在，当然不谈这点了。但像现在这样作批判，以唯物主义思想底广大影响和发展这点看，客观上应该是更好。就这一意味看，同时，对于个人弱点的克服，也将更好，我们有面向人民和历史的赤忱，我们因此也有力量负担这试炼，这问题一澄清，可以更好地前进。

因此我感到，从正视思想运动底一个意义看，和发表要求有矛盾。此外，我也接触到一些客观反映，感到目前发表实际上没有可能性。客观要求如此，现实如此。我们也只有如此，也应该如此。尽其在我，慢慢来，不必要再引起误解和别的印象。

悲多汶底话：通过痛苦，达到欢乐。

我心情也好转。

握手！

梅

二月十五日

看了苏联二次代表大会的文件，感到这巨船中有许多人类精神的珠宝。而这，你独立思考所得的，却是光彩地共同的。从这里，更可有历史的信心。但问题是由于急躁，我们底船舵却迷失了。摆正过来，再在洪流中前进啊！

346. 阿垅 1955 年 3 月 16 日自天津

谷兄：

怀念你。但主要是，想冷静地和你谈。

如果偶然性在现实中已经起了作用，那就投影于历史，也成了历史。而且，这偶然性也不仅仅是偶然性。

在这样的情况里面，面向自己来解决问题，有深度的必要。

我想得沉重。回想过去十几年的时间，以及一些理论上的跛行性，我得出了如下一点东西，觉得面向这些东西才能面向自己，也才能使自己站在一个新的立足点，一个可能高于过去的立足点。附带说说，既然为了面向自己，也就非得把对象底一些东西舍弃，即不再被局限于对象，或不再把对象的弱点来衡量和支持自己，才有真的可能。

实在说，我是看到了"源泉"以后，才不再有辩解的心情的。过去，对于本文没有想，对于批评既有情绪、又没有对照，而那提法也没有真正命中要害。其实正是要害。如果单说是"态度"，那么那是有对象的，生活是对象——这是没有什么的；但把"态度"作为"源泉"，

那就是说，生活并非第一性的。也就是说，态度、主观，本身是第一性的，态度是对象——因而是源泉。而源泉，又是四〇年早就说了的。此外，也同样过于强调主观，侧重主观。这是无从辩解的。

人的问题，主观，我看了两遍。机械论是和唯物论在这里分手。但和机械论分手，在这里，既可能到达唯物论，也可能通向唯心论的。我还没有从这里得出明确的东西，但有不安的感觉。看了恩格斯，老译本，无从解决。关于这一点，提供你参考。

以上是理论的。在行动上，我感到，十几年来——如果说错误，就有三个关键之点：一、主观论，当有领导意见时，没有及时处理，反而形成反拨；二、香港的争论，没有当作、也没有感到那是党的；三、发言的社会、群众影响。

在这样的历史里，是不可、也不应辩解了的——除了面向自己。

我读了一些材料。严重地感到，由于没有依靠党，那样的情绪是反党的，那样的思想也是（当时是盲目与幼稚、"左"）。例如《论主观》，从今天看，不但情绪是反党的，而且思想完全是唯心论的。当时水平低，又不明白此公之历史和心灵。真是一个靡非时特费勒斯[1]！

就是自己底文字，也热情而非真理。那论战今天看来是可笑的，更可怕的。

你负担一切不必负担的，而我们又使你多负担，这就造成了今天的情势。说到此是心痛的。

《意见》本来不是问题，是发言成了问题，就使它也成了问题；它成了问题，反过来又使发言更成问题。如果在内部，还不是这样的问题。公开了，那就非迫得成为问题不可。

面向着的就是这样的问题。因此，需要比自己更高，需要一次清算过去，需要彻底打开心胸。不这样，就不能解决自己，就不能无愧于历史，也不能说服人。

过去，自己没有检查自己底过去。许褚一样。迟了，但也不迟。

---

[1]"靡非时特费勒斯"即歌德诗剧《浮士德》中的魔鬼。现通译为"梅非斯特"。

　　或许我说得不对。我说得赤裸。我是向你，向历史说。但不是埋怨过去，而是呼唤未来。

　　过去，我们仅仅把对象当做对象，当做个人。不对，因为毛病正出在这里。因为这样，就产生偏向，实际上就没有从总的利益里来考量对象，也就是在一个更高的意味上没有真实地考量对象。对象，作为孤立的存在看，错在它；但从联系看，从前提看，则错在自己。问题是，这造成了的情势之下，非如此看就不能把自己放在这情势下应有的地位。

　　极怀念！愿冷静！

　　我在考虑自己，得写自己。

　　握手，握手！

梅
三月十六日

　　而且，从今天看来，那些片面的东西，离开了前提的东西，愈是辩解，反而愈陷愈深；因为在效果上，客观上是空，主观上是弱，而在实质上，客观上是更玄，主观上是更顽强。所以，今天不能再取这样辩解的内容和形式了。要把自己也当做客观的东西。

编后小记

包括了 382 封书信、近 20 万字的《阿垅致胡风书信全编》终于定稿并交付给了出版社。此时此刻，我的感触是很深的。

二十多年前，我曾初步整理选辑出了胡风与阿垅来往书信中的 26 封，题为《胡风、阿垅来往书信选》，发表于《新文学史料》1991 年第 1 期上。后又将胡风给阿垅的书信 34 封收入于《胡风全集》第 9 卷书信卷，于 1999 年 1 月出版。关于阿垅，我还写过两篇纪念文章，一篇题为《丹心白花铁骨铮铮》，发表于《新文学史料》2001 年第 2 期上；另一篇是读了同期发表的《阿垅遗书》受到震撼后，于那年 11 月所写的《可以被压碎 绝不被压服——纪念阿垅》，进一步向读者作了介绍，发表于《纵横》2004 年第 6 期，后收入拙著《我的父亲胡风》（湖北人民出版社，2007 年）。

做了这两项工作后，我自认为对阿垅的一生和为人有了一定的了解，但在今年用了大半年时间整理编辑阿垅的全部致胡风书信后，我感到我远未深刻全面地理解阿垅这个人，他的真诚、热情、正义感、原则性以及超前的远见实非常人所能及，完全不是我所能诠释和解读的了。

他这一生过得真是太累了，因为他太真诚。感情上，理想追求上，甚至经济上，几乎没有不累和不难的时候！对胡风，他直言"永远以你作这样一个师长的：不单是艺术的师长，也是战斗的和灵魂的师长"。所以在信中无话不说，坦诚相见：他的痛苦、困惑、思虑、愤激、失恋、丧妻、育子……总之，几乎他生活中的全部，都在信中表露无遗。而胡风也称他为"真诚的热血男子"，在阿垅的精神历程中给予了指点和扶持。

在此我还要说明一点。由于阿垅为人太真，对胡风又毫无保留，他往往在信中直言自己的实际感受和对人对事的看法，但有时就难免激烈偏颇，不能体谅他人的处境；在用"是或非"、"全或无"来要求自己的同时也这样要求他人，有时用词会过激失当。在编辑时，我们曾考虑再三：如不加删节地发表这些字句就可能引起某些人的误解或不满；但如加以删节，读者就不易感受当时的形势，了解信件内容。为了保存历史原貌，让读者能够从中透视到在那个时代知识分子处境的艰难，以及面临事业和组织的两难选择时的那种无奈，我们决定保留这些言词。望读者能体谅我们的苦衷，从当年的时代背景、时代语境出发，从而理解并读懂这些文字。

当我第一次整理《胡风、阿垅来往书信选》时，曾得到绿原叔叔的关注。他对阿垅、胡风二人的友谊，他对信中涉及内容背景的了解，极大地帮助了我对这批书信的准确注释；二十二年后的今天，他已离世多年，再也不能向我提供那样珍贵的帮助了。幸有罗飞叔叔，同样作为他们的友人，对我和陈沛的整理辑注工作多次加以指点和帮助，使我们得以克服时代的隔阂，顺利完成这一工作。作为晚辈的我们，对他们的帮助永志不忘。

最后要说的是，中华书局上海公司慧眼识珠，十分重视本书的价值，明知它不大可能成为畅销书，但他们还是义无反顾地支持我们，克服一切困难，将集史料与文学作品于一身的本书呈现在读者面前，不仅填补了阿垅研究中的空缺，更为中国现代文学宝库增添了一份可贵的遗产。

晓　风

2013 年 12 月